»Leben auf dünnem Eis«
Yoko Ono

Zum Buch

Yoko Ono ist weit mehr als John Lennons Frau. Die japanische Bankierstochter hatte bereits einen großen Bekanntheitsgrad erworben, als sie mit Lennon zusammentraf. Sie experimentierte mit verschiedenen Stilen und Medien und war eine der interessantesten Künstlerinnen der 50er und 60er Jahre in New York. Nach der Heirat mit John Lennon stand ihre Kunst im Schatten seiner Musik. Doch in den letzten Jahren ist diese widerspenstige Frau, die sich jeder Einordnung in gängige Kategorien entzieht, wieder häufiger zu sehen und zu hören – mit vielbeachteten Ausstellungen und Konzerten.

Zum Autor

Klaus Hübner ist Buchautor und schreibt für Zeitschriften und Anthologien Rezensionen und Porträts von literarischen und musikalischen Grenzgängern. Außerdem sind zahlreiche Gedichte und Erzählungen von ihm in verschiedenen Publikationen erschienen. Er lebt und arbeitet in Kleve.

KLAUS HÜBNER

»Leben auf dünnem Eis«

Yoko Ono

ECON & LIST TASCHENBUCH VERLAG

Econ & List Taschenbuch Verlag 1999
Der Econ & List Taschenbuch Verlag ist ein Unternehmen
der Verlagshaus Goethestraße GmbH & Co. KG, München
Originalausgabe
© 1999 by Verlagshaus Goethestraße GmbH & Co. KG, München
Umschlagkonzept: Büro Meyer & Schmidt, München – Jorge Schmidt
Umschlaggestaltung: Tabea Dietrich, Costanza Puglisi, München
Titelabbildung: Associated Press/Chris Maynard
Lektorat: Ulrike Meiser, Düsseldorf
Gesetzt aus der Rotis
Satz: Josefine Urban – KompetenzCenter, Düsseldorf
Druck und Bindung: Ebner Ulm
Printed in Germany
ISBN 3-612-26604-7

Für Erika und Tanja

IN MEMORIAM J. L.

INHALT

EINLEITUNG

»Betrachte sorgfältig drei verschiedene Bilder. Bring sie dann in deinem Kopf durcheinander.«[1] Diese dezidiert und bestimmt vorgetragene Anweisung der multimedial talentierten Künstlerin Yoko Ono steht als Motto ganz bewußt am Anfang dieses Buches. Es steckt die Themenkomplexe ab, die in den einzelnen Kapiteln behandelt werden: Kindheit, Jugend, erste Erfolge. Begegnung mit John Lennon, Heirat, gemeinsame Aktionen, Solokonzepte, die Zeit als Witwe mit geschäftlichen Aktivitäten und der künstlerische Neubeginn. Die Lebensabschnitte lassen sich unabhängig voneinander betrachten, bringen jedoch immer wieder aufs neue das Bild von Yoko Ono im Kopf gehörig durcheinander.

Wenn über Yoko Ono geredet wird, dann entweder als die Person, die die weltberühmte Rockgruppe »The Beatles« auseinanderbrachte oder als die total überdrehte Frau, die anonyme nackte Hinterteile filmte, sie ohne Handlung aneinanderreihte – wie Perlen auf einer Schnur – und dann als Kunst verkaufte. Diese Bewertungen sind falsch, weil sie nicht den Tatsachen entsprechen und weil durch diese Sicht der Person der Eindruck entsteht, sie habe nichts Eigenständiges, künstlerisch Bedeutungsvolles erschaffen. Ganz im Gegenteil: Yoko Ono war schon im frühen Lebensstadium eine ganz international orientierte Person, die vieles in sich aufnahm und künstlerisch verwertete. Und daß ihr Voname »Kind des Ozeans« bedeutet, kann als Omen für ihre spätere transplanetarische Karriere gewertet werden. Ohne Zweifel: Yoko Ono polarisierte mit ihren unterschiedlichen Aktivitäten die Welt der Kunst und die Welt der Musik. Aber: Seit ihrem ersten öffentlichen künstlerischen Auftreten – Anfang der sechziger Jahre bis weit in die achtziger Jahre hinein – erntete die »Hohepriesterin des Happenings«, wie sie von englischen Journalisten genannt wurde, fast nur Ablehnung, Hohn und Spott. Auch heute noch provozieren ihre Werke und Äußerungen heftige Reaktionen. Die subversiven Elemente ihrer Kunst spalten mühelos Kunstkritik und Verfechter des puristischen Rock 'n' Roll.

Am Anfang ihrer popmusikalischen Karriere standen harte, bisweilen schwer zu verstehende Vokalattacken, die jedem interessierten Rockmusikhörer die Gänsehaut des Schreckens über den Rücken jagten. Alle redeten von ihrer Unmusik, wobei sie genau dieses Urteil als Ergebnis der Schallplattenaufnahmen unterstellte.

Ihre Herkunft beflügelte ihre Aktivitäten natürlich, denn als Tochter eines wohlhabenden, angesehenen japanischen Bankkaufmanns wuchs sie in gutbürgerlichen Kreisen auf, in denen neben vornehmer Erziehung die Hausmusik wichtiger Bestandteil des täglichen Lebens war. Aber die bürgerliche Familie provozierte immer ihren Widerspruch. Alles war ihr zu eng, sie suchte nach Ausbruchsmöglichkeiten. Der Vater wählte für Yoko den Beruf aus: Sie sollte Pianistin werden. Aber sie hatte andere Pläne, die zwar auch im Kunstbereich angesiedelt waren, jedoch eine andere Richtung verfolgten. Sie sah sich nicht als Ausführende, sondern als Gestalterin. Das war schon ein beachtliches Stück Rebellion, das das brave japanische Mädchen gegen seinen Vater startete. Mit vierzehn Jahren stand ihr Berufswunsch fest: Sie wollte Komponistin werden.

In New York traf sie dann mit Künstlern zusammen, die alle Traditionen über Bord geworfen hatten. Fluxus und die Überbleibsel von Dada standen jetzt bei den Künstlern im Vordergrund. Happenings wurden zu einer wichtigen Mitteilungsform. Sie lösten eine heftige Reaktion im Kunstbetrieb aus.

Yoko Ono wirkte als ideenreiche Aktionistin. Sie war keine

Muse auf dem Karussell der Kunst. Schrill und bizarr gestaltete sie ihre Arbeiten, aber auch poetisch, freundlich und humorvoll. Sie verwischte ganz bewußt die Grenzen zwischen den Disziplinen Musik, Theater, Konzeptkunst und Poesie. Musik ohne Klang, so könnten ihre Fluxus-Arbeiten bezeichnet werden, denn es ging ihr um Grenzen überschreitende Kunst, die nicht in den klassischen Disziplinen verharrte. Yoko Ono erkannte die Bedeutung von Fluxus sofort: Das fließende, grenzen- und uferlose Agieren, das Überbordwerfen herkömmlicher Kunstdefinitionen, die provokante Darstellung absurder Konstellationen und Kombinationen in der Tradition des Dadaismus waren ihr nah.

Walking On Thin Ice, so lautete dann auch der Titel einer 1981 veröffentlichten Single. Er weist auf ihr Leben voller Unsicherheiten hin und verbindet als Motto Yoko Onos extreme Pole miteinander. In ihrer Person nämlich manifestiert sich das öffentliche Bild von ihr: Sie erregt – und verstört – mit ihrem Kunstverständnis viele und bereichert die Kunst- und Musikwelt, besonders die, die in den sechziger und siebziger Jahren extreme Richtungen vertritt.

Am 9. November 1966 – sie bereitete gerade ihre Ausstellung »Exhibition No. 2 – Unfinished Paintings and Objects« in London vor – lernte sie ihren späteren Ehemann John Lennon kennen. Der war zu diesem Zeitpunkt bereits weltberühmt, denn als Komponist und Gitarrist der Popgruppe »The Beatles« verehrten ihn Millionen. John Lennon war sofort fasziniert von der Künstlerin Yoko Ono und von der ihm bis dato kaum bekannten Konzeptkunst. Yoko Ono förderte sein zunächst abstraktes Interesse, welches kurze Zeit später in Gemeinschaftsarbeiten ganz konkret wurde. Sie aber war immer die bestimmende Kraft des Duos, denn erst ihre Ideen hoben das Beatles-Mitglied Lennon aus seiner engen Musikwelt hinaus in andere Sphären.

Immer häufiger angefeindet als Hexe und Zerstörerin der

11

Beatles entwickelte die »Dragonwoman« Aktionen, die mehr und mehr politische Inhalte transportierten. Das Paar »Lenono« setzte sich aktiv für den Frieden ein, in dem es verschiedene Performances und Happenings in aller Welt aufführte. Dieser Abschnitt ihres Lebens ist untrennbar mit dem Namen John Lennon verbunden.

Auch das erste Bed-in, nach ihrer Hochzeit mit dem berühmten Beatle im Amsterdamer Hilton veranstaltet, setzte Maßstäbe für die kommenden Events, die besonders die weltweiten Friedensaktionen zum Thema hatten. Yoko Ono wurde aber weiterhin von vielen verachtet, weil sie die Beatles ruinierte und aus John Lennon angeblich einen willfährigen Mitläufer machte. Und seine Popularität nur für sich nutzte.

Jede biographische Arbeit über Yoko Ono vermischt sich zwangsläufig ab einem bestimmten Datum mit der Lebensbeschreibung von John Lennon. Während der vierzehn Lennon-Jahre müssen zwei untrennbar miteinander verbundene Existenzen somit gemeinsam betrachtet werden. Denn Yoko Ono verquickte ihre persönliche und künstlerische Berufung mit der des Partner-Ichs, genauso wie Lennon während einer bestimmten Zeitspanne ohne Yoko Ono nicht leben und arbeiten konnte. Aber das hat noch nichts mit Stellungbeziehen oder gar Wertung zu tun. Es hat auch nichts damit zu tun, daß die Leistung der einen Person höher eingeschätzt würde, obwohl Yoko Ono fraglos im Vordergrund stand, wenn es um die gestaltende Kunst ging. Es hat lediglich damit zu tun, daß während eines Zeitabschnittes aus zwei Biographien eine geworden ist, so daß man, ähnlich wie in einem Zwei-Personen-Stück, bald nicht mehr entscheiden kann, wer die Hauptrolle spielt.

Es gab kaum eine Stunde, in der Yoko und John voneinander getrennt waren. Alle Aktionen planten und führten sie gemeinsam durch, viele davon bewegten sich hart am Rande des Kitsches, andere sind treffend mit dem Begriff Avantgarde zu bezeichnen. Ohne Rücksicht auf Traditionen oder den Geschmack des Publikums starteten Yoko und John auf den ersten Blick kaum verständliche Aktionen, vom Nacktfoto auf dem LP-Cover *Two Virgins* bis hin zu Anti-Vietnam-Demonstrationen und Protesten gegen die britische Nordirland-Politik. Sie verstanden aber zu provozieren.

Im Oktober 1973 kam dann die Trennung von John, das berühmte »Lost Weekend«, eine Zeit der Findung und Seelenwanderung. Ironie der Geschichte: Im zweiten Jahr der Trennung klettert seine Single *Whatever Gets You Through The Night* auf Platz eins der Billboard-Hitcharts in den USA. Diese Tatsache scheint in eindeutiger Sprache gegen die bisherigen musikalischen Gemeinschaftsarbeiten der Lennons zu sprechen. Offenbar war John nur allein wirklich erfolgreich. Yoko Onos Einfluß auf ihn war zu dieser Zeit gleich null. Sie lebte ein etwas anderes Leben und entwickelte sich als Ehefrau und Mutter zu einer sehr bestimmenden Persönlichkeit. Sie hatte sich allmählich aus dem Kunst- und Musikbetrieb zurückgezogen.

Nach der Ermordung ihres Ehemanns im Dezember 1980 verspottete die mißgünstige Welt sie wieder. Dieses Mal als geldgierige, geschäftstüchtige Lennon-Witwe, die ausschließlich das hinterlassene Vermögen mehren wollte und mit eiserner Hand sein Erbe zusammenhielt. Der Tod ihres geliebten Mannes war ein Schock für sie gewesen, eine Lebenskatastrophe, weit mehr als nur ein Schicksalsschlag. Eine Tat, die für sie eigentlich nie denkbar gewesen war, war geschehen. Ein Mann, der sich jahrelang mit voller Kraft für Frieden, Liebe und Brüderlichkeit in der Welt eingesetzt hatte, wurde das Opfer einer Gewalttat, verübt von einem psychopathischen Fan. Die Welt trauerte. Und Yoko trauerte öffentlich. Allmählich wandelte sich das Bild von ihr, als man merkte, daß sie ausschließlich zum Schutz vor gierigen »Plünderern« die künstlerischen Hinterlassenschaften John Lennons so unerbittlich verwaltete. Es ist vielleicht übertrieben, zu behaupten, daß Yoko Ono jetzt auf einmal geachtet wurde, aber eine Wandlung, was die öffentliche Meinung von ihr anging, war dennoch bemerkbar, und einige ihrer gnadenlosen Kritiker sahen sie plötzlich mit anderen Augen.

Auch gerade die jüngeren Musikerinnen erkannten jetzt, daß Yoko Ono stets ihrer Zeit voraus gewesen war, wenn sie extreme Gesangsstile und minimalistische Tendenzen für die Rockmusik entwickelt hatte. Sie bekam plötzlich Anerkennung und Würdigung für ihre ungewöhnlichen Musikexperimente, weil die New-Wave-Bewegung in ihr jetzt eine geistige Ahnin sah. Ann Magnuson von der Gruppe Bongwater äußerte treffend: »Yoko said it first, Yoko said it best – ›Woman is the nigger of the World‹. She's broken more sound barriers than Chuck Yeager. She's a living haiku. She tells the truth. She rocks. Hey, there's a reason the coolest guy in the world fell in love with her!«[2]

In den letzten Jahren veröffentlichte Yoko Ono verschiedene musikalische Retrospektiven, die ihre langjährige musikalische Arbeit vorstellen und die Gewinne daraus – etwa aus der Rockoper *New York Rock,* uraufgeführt 1994 in New York – flossen der amerikanischen Aids-Forschung zu. Im Sommer 1998 fand dann auch in München, in der Villa Stuck, die Ausstellung »Have You Seen The Horizon Lately?« statt, die einen Querschnitt ihrer vielfältigen künstlerischen Arbeit zeigte und viel beachtet wurde.

Yoko Onos Rebellion manifestiert sich besonders in ihren beiden ersten großen Lebensabschnitten: einerseits als bildende Künstlerin und andererseits als Musikerin und politisch engagierte Frau. Hier kämpfte sie besonders für die weibliche Emanzipation, die sie nach dem Tod Lennons für sich als politisches Ziel in Anspruch nahm und die ihr Bild in der Öffentlichkeit noch mehr auf das einer Hexe fokussierte. Der Satz zu dem gleichnamigen Song *Woman Is The Nigger Of The World* war in den siebziger Jahren eine zwar zutreffende, aber von vielen äußerst befremdet aufgenommene Aussage von ihr. Doch Yoko Onos Radikalität – neben der liebevollen Hingabe an Mann und Kinder ein wichtiges Charaktermerkmal – brachte die Emanzipationsbewegung einen entscheidenden Schritt nach vorne, genauso wie die kämpferischen Aktionen anderer bekannter Frauen. Indem sie die Mängel bei Namen nannte – keine Chancengleichheit, Diskriminierung, Reduktion auf ein funktionierendes Sexualobjekt – animierte sie viele ihrer Geschlechtsgenossinnen, über die eigene Situation nachzudenken und möglichst rasch Abhilfe zu schaffen. Ihr Makel aber war ihr Image als Beatles-Zerstörerin, von Neidern in die Welt gesetzt und mit viel Eifer am Leben erhalten. Der verfolgte sie immer und überall.

Dieses alles verzerrende Bild hat sich erst in den letzten Jahren endlich zum Positiven hin verändert. Die Kunstkritik erkannte Yoko Onos Verdienste um die Fluxus-Bewegung und brachte ihr die Achtung entgegen, die sie zweifellos verdient. Eine respektvolle Würdigung ihres Werkes war zuletzt mit der schon erwähnten herausragenden Ausstellung »Have You Seen The Horizon Lately?« in München möglich, die das künstlerische Leben Yoko Onos vom dünnen Eis auf eine stabile Grundlage führte. Hier wurden die vielfältigen Aspekte (bildende Kunst, Musik, Film) ihres Lebenswerkes in das Blickfeld einer breiten Öffentlichkeit gestellt, die bisher lediglich Bruchstücke – und die auch nur aus der negativ-hämischen Perspektive – zu sehen bekommen hatte. Wie es so oft ist: Auch Yoko Ono wurde erst im fortgeschrittenen Alter die Würdigung zuteil, die ihr eigentlich schon lange zugestanden hätte.

Vor dem Museum »Villa Stuck« in München stand während der Ausstellung der von Yoko Ono 1996 geschaffene »Wish Tree«. Der Text zu diesem Wunschbaum nennt ein wichtiges Lebensziel der Künstlerin, das zum Wesen ihres Gesamtwerkes gehört – etwas Gutes für den einzelnen und für alle zu tun.

»Wünsche Dir etwas.

Notiere den Wunsch auf einen Zettel.

Falte den Zettel und binde ihn um einen Zweig des Wunschbaums.

Fordere Deine Freunde auf, das gleiche zu tun.

Höre nicht auf zu wünschen,

bis die Zweige über und über mit Wünschen bedeckt sind.«[3]

1933 bis 1966

Oceanchild

»Ich erinnere mich, wie ich geboren wurde und ihm in die Augen blickte. Er hob mich auf und gab mir einen Klaps auf den Po. Ich schrie.«[4] »Kind des Ozeans«, so sollte das Mädchen heißen, das am 18. Februar 1933 in Tokio zur Welt kam. Das nämlich bedeutet »Yoko«. In dem lyrischen Namen schwingen Weltläufigkeit, Neugierde und Entdeckertum mit. Aber auch das mythologisch-philosophische Motiv vom Wasser als Lebensquelle, als kostbarstes und unverzichtbares Gut, ist enthalten, denn ohne Wasser ist Leben nicht möglich.

Im Kaiserreich Japan, als Inselstaat überall von Wasser umschlossen, regierte im Jahre 1933 das Kabinett des Ministerpräsidenten Admiral Saito. Kaiser Hirohito, der einhundertdreiundzwanzigste Tenno, schaute mehr und mehr in westliche Richtung – auf Rußland, Korea, China –, und am anderen Ende des Pazifiks zeigte sich ihm der gewaltige nordamerikanische

Erdteil. Das ehemals mächtige Japan wurde während dieser Zeit von außenpolitischen Auseinandersetzungen kräftig aufgerüttelt und verlor allmählich die Vorherrschaft in Ostasien an China. 1931 besetzte die japanische Armee die Mandschurei. Diese Okkupation bewirkte die internationale Isolation Japans, deren Folgen unter anderem der Austritt aus dem Völkerbund und die Kündigung des Washingtoner Flottenabkommens waren. Politisch gesehen eine recht heikle Situation, die aber zunächst keine Auswirkungen auf das japanische Gesellschafts- und Familienleben hatte.

Der 18. Februar 1933 war in Tokio ein kalter Wintertag – die japanischen Winter sind reich an Schnee und Frost. An solch einem kalten Tag wurde in der japanischen Hauptstadt das Mädchen Yoko geboren, das erste Kind des Ehepaares Isoko und Eisuke Ono. Der Vater hatte Mathematik und Wirtschaftswissenschaften studiert und war seit 1927 im Bankgeschäft tätig. Während Yokos Geburt war er nicht zu Hause, ja, er war noch nicht einmal in Japan. Für ein japanisches Geldinstitut, die spätere Bank of Tokyo, arbeitete er am anderen Ende des Ozeans, in San Francisco. Er war zwei Wochen vor der Geburt seiner Tochter in die USA gegangen. Und erst als Yoko Ono zwei Jahre alt war, bekam der Vater sie zum ersten Mal zu sehen. Seine Tochter kannte ihn bis dahin nur von Fotographien.

Eisuke Ono, ein sehr kunstinteressierter, gebildeter Mann, der eine klassische Ausbildung als klassischer Pianist genossen hatte, sprach sehr gut englisch und französisch. Diese zusätzlichen Qualifikationen waren seiner Stellung in der Bank förderlich und prädestinierten ihn für Auslandseinsätze. Mutter Isoko, 1911 geboren, entstammte der in Japan angesehenen und vermögenden Familie Yasuda, die ebenfalls viel mit Bankgeschäften zu tun hatte und nebenher mit Versicherungen und Grundbesitz handelte sowie Teilhaberschaften an Fabriken besaß. Yokos Urgroßvater Zenjiro Yasuda hatte diese Bankdynastie gegründet und ein riesiges Vermögen erworben. Der große, über das ganze Land verstreut lebende alte Clan der Yasudas war in Japan enorm einflußreich. Bis ins neunte Jahrhundert läßt sich, so behauptete Isoko Ono zumindest, der Stammbaum dieser Großfamilie zurückverfolgen.

Eijiro Ono, der Vater von Eisuke, sah seine Zukunft vor allem wegen finanzieller Chancen im Handel. Sein Weg führte ihn über die Bank of Japan zur Japan Industrial Bank, die er bis zu seinem Tod im Jahre 1927 leitete. Die in Japan weit verbreitete uneingeschränkte Förderung ausschließlich der männlichen Nachkommen kam auch Eisuke, dem dritten Sohn Eijiros, zugute.

Yoko Onos Eltern heirateten 1931. Die Ehe kam zustande, weil die Eltern der Brautleute das so bestimmten. Von Liebe oder Zuneigung sprach niemand. Durch die großbürgerlich zu nennende Familie ihrer Mutter und die tief in den traditionellen Werten Japans verwurzelte Herkunft des Vaters wuchs auch Yoko in einer behüteten Umgebung mit reichlich Dienstpersonal auf. Die familiären Strukturen waren als großbürgerlich zu bezeichnen. Isoko Ono, eine gutaussehende junge Frau, war umgeben von vielen fleißigen Helfern, kümmerte sich aber liebevoll um ihre Eltern. Besonders ihre kranke Mutter bedurfte intensiver Pflege. Doch die Erfüllung ihrer töchterlichen Pflichten hinderte Isoko Ono nicht daran, die Freuden des Lebens zu genießen. Um ihr Erstgeborenes kümmerten sich ja die Dienstboten und andere gute Geister. Aus diesem Grund zeichnet der ehemalige persönliche Sekretär von John Lennon und Yoko Ono, Frederic Seaman, ein wenig freundliches Bild von Yokos Mutter: »Sie stammte von einem verrufenen Zweig des immens reichen Yasuda-Clans ab und war nicht in der Lage gewesen, Yoko ohne die Hilfe Dutzender Kindermädchen, Hauslehrer, Köche, Hausmädchen und anderer Bediensteter aufzuziehen.«[5] Auch wenn das besonders schwierige Verhältnis zwischen Seaman und Yoko Ono bei dieser Aussage zu berücksichtigen ist, trifft sie einen Aspekt genau: Isoko Ono war nie eine passionierte Mutter. Sie vergnügte sich lieber in der besseren Gesellschaft als mit ihrem Kind. Trotzdem bringt sie drei Jahre nach Yokos Geburt, im Dezember 1936, den Knaben Keisuke zur Welt. Weitere fünf Jahre danach wird Yokos Schwester Setsuko geboren, zwei Monate vor der Bombardierung der pazifischen US-Flotte durch die Japaner am 7. Dezember 1941 in Pearl Harbor.

Yoko ist ein scheues und gleichzeitig trotziges Kind. Eine Fotografie im Booklet des Albums *A Story* zeigt, wie sie gerade in den USA ankommt und von Bord des Schiffes geht. Ein Offizier hockt hinter ihr auf den Planken und dreht sie vorsichtig in Richtung Kamera. Yoko Onos Haltung wirkt wie immer ein wenig widerspenstig, ihre Augen lassen erkennen, daß sie vom Abschiednehmen nicht begeistert ist. Die geballten kleinen Fäuste signalisieren Widerstand. Wahrscheinlich wäre sie lieber auf dem Schiff geblieben und eine Zeitlang ganz frei über die Meere gefahren. Wer weiß, was damals in ihr vorging.

Im Vorschulalter macht Yoko dieselben Erfahrungen wie Millionen anderer japanischer Kinder auch. Sie besucht den Kindergarten und darf hin und wieder den illustren Gästen ihrer Mutter den Tee servieren. Aber sie ist trotz dieser an sich relativ einsamen Lebensphase auch immer wieder in Gesellschaft anderer Kinder. Im Alter von zwei Jahren gewinnt sie zum Beispiel den ersten Preis auf einer Kostümparty: Verkleidet als Shirley Temple sitzt sie, umrahmt von Geishas und bärtigen Männern, vor einem Rettungsring. Andere frühe Fotographien zeigen ein dunkelhaariges, mit großen Augen in die Welt schauendes Kind. Es scheint hier kaum vorstellbar, daß sich dieses adrett gekleidete Mädchen jemals schmutzig gemacht hat. Die hochherrschaftliche konventionell-strenge Lebensführung der Eltern stand einer unverkrampften Kindheit stets im Wege. Anständiges Benehmen und Hausmusik – das waren im wesentlichen Inhalte einer Erziehung, die – wie gesagt – zum größten Teil von Bediensteten übernommen wurde.

Wie der Lennon-Biograph Alan Posner schreibt, bedrückte

Yoko die mangelnde Aufmerksamkeit ihrer Mutter oftmals: »Yoko sagt, daß sie als Kind und Jugendliche oft von der Angst gepackt wurde, sie könnte einfach wegfliegen, verschwinden. Selbst das Sprechen verlangt eine Überwindung, die sich in leichtem Stottern äußert. Dieses Stottern ist aber für Yoko der wahre Ausdruck ihres Ichs, das glatte Sprechen ist bereits falsch – als sie beginnt Musik zu machen, wird sie Stottern, Schluchzen, Schreien zu ihrem ›Markenzeichen‹ machen.«[6] Und Yoko Ono selbst erinnert sich an die Zeiten, als sie ständig Dienst- und Kindermädchen umsorgten: »Ich war oft zu müde, um Verabredungen mit Kindern zu treffen, die mit mir spielen. Und wenn ich einen Spielkameraden wollte, sah ich mich um und sagte: ›Kannst du jemanden bitten, mit mir zu spielen?‹ Und die Hausangestellten antworteten: ›Es ist immer jemand verfügbar. Er ist in zehn Minuten hier.‹«[7] Derartige Privilegien konnten aber nicht verhindern, daß sich das Mädchen einsam fühlte. Jedoch bereiteten sie diese Situation auf das spätere mit vielen Ortswechseln verbundene Leben vor. Sie lernte nämlich, sich selbst zu behaupten und sich gegenüber anderen durchzusetzen. Die Kindermädchen waren meist ihre einzigen Freundinnen, der Kontakt zu gleichaltrigen Kindern blieb auf wenige Begegnungen beschränkt. Und in den großen Gartenanlagen, die um das Haus der Onos im Stadtteil Azabu, einer wohlhabenden Gegend, angelegt worden waren, fühlte sich das Mädchen ziemlich verloren. Es gab kaum Tage, die sie als wirklich unbeschwert empfand und die mit kindgerechten Aktivitäten ausgefüllt gewesen wären.

Für Vater Ono ging die Entwicklung seiner Tochter Yoko nicht schnell genug voran. Die Pflege und Unversehrtheit ihrer Hände waren ihm das wichtigste, denn die benötigte sie zur Perfektionierung ihres Klavierspiels. Er selbst hatte sich, gegen den Willen seines Vaters, zum Pianisten ausbilden lassen, war aber gezwungen worden, ins Bankgeschäft einzusteigen. Yoko sollte also stellvertretend für ihren Vater das werden, was er gerne geworden wäre: eine erfolgreiche Klaviervirtuosin. Schon als er

Yoko als Neugeborenes sah, warf er als erstes einen prüfenden Blick auf ihre Hände: Waren das die Hände einer zukünftigen Klavierspielerin?

Das niedliche Mädchen im weißen Kleid vor dem großen Klavier schlug mächtig in die Tasten. Yoko war ein Vorführkind geworden. Ihr Vater forcierte ihre Ausbildung konsequent und suchte immer nach Auftrittsmöglichkeiten für sie. Sie war gerade einmal vier Jahre alt, als sie ihr erstes öffentliches Konzert als Pianistin geben mußte.

In der renommierten Jiyu-gakuen-Musikschule erlernte sie das Klavierspiel und die Technik der Komposition. Sie bewältigte ein großes Pensum und setzte die während des Tages gehörten und im Gedächtnis gespeicherten Klänge am Klavier rasch in Töne um. Besonders Vogelstimmen eigneten sich für derartige Transformationen. Jahre später waren diese Erfahrungen für die Studentin am Sarah Lawrence College in New York Grundlage für erste Kompositionsversuche.

Die von Yoko Ono für gleichaltrige Freundinnen und Freunde komponierten Liedchen reichten dem Vater aber nicht. Yoko fühlte einen ungeheuren Druck, der sie ihre ganze Kindheit über stark belastete. Der elterlicher Ehrgeiz verfolgte sie den ganzen Tag. Aus der ältesten Tochter solle unbedingt etwas Besonderes werden, das sagten sie ihr unaufhaltsam: »Es war seltsam; sie erzogen mich so, daß ich glauben mußte, einmal ungeheuer berühmt zu werden. Ich glaube, sie wollten mich als den ersten weiblichen Premierminister von Japan sehen, wenn nicht, dann vielleicht als Diplomatin. Was dabei herauskam, war, daß ich langsam fühlte, daß sie nicht mich selbst, sondern nur ›die Ono‹ in mir liebten.«[8]

In Yoko Onos Erinnerung verfestigten sich viele zwar an sich nebensächliche, jedoch für sie äußerst markante Begebenheiten, bei denen sie die Mutterliebe vermißte und die Jahrzehnte später noch Bedeutung haben sollten, wie die Foto-Text-Arbeit *Vertical Memory* zeigt. Auch aus der Beschreibung der dazu gehörenden Fototafel kann entnommen werden, daß Yoko Onos Kindheit nicht in dem strahlenden Glanz zu sehen ist, wie es der Unwissende aufgrund ihrer Herkunft vielleicht vermuten würde. »Yoko lebte zu Hause immer ganz in der Nähe der Hausangestellten. Sie waren ihre Familie. Einer davon hieß Soshei.« Über ihn schreibt sie in *Vertical Memory*: »Er hatte fettige Hände und ein rotes Gesicht mit einem breiten Grinsen. Er brachte mich zur Schule. Ich konnte ihn nicht leiden, also ging ich immer sehr schnell. Aber er holte mich jedesmal ein. Ich sagte meiner Mutter, ich könne alleine zur Schule gehen. ›Du weißt noch nicht, wie unheimlich die Welt ist, Yoko‹, sagte sie, ›ein Mädchen sollte ohne Begleitung nirgendwo hingehen.‹«[9]

Aber war Isoko Ono tatsächlich um ihre älteste Tochter so besorgt, wie es ihre Worte ausdrücken? Es ist durchaus möglich, daß Yoko Ono sich hier korrekt erinnert, da sie ohne Zweifel stets darauf bedacht war, das positive Bild der Familie zu wahren. Isoko Ono vermittelte der Außenwelt so zwar immer den Eindruck der um das Wohl ihres Kindes besorgten Mutter, in Wirklichkeit aber überließ sie die Erziehung und Betreuung ihrer Tochter gerne den Kindermädchen und Hausdienern – ganz so wie es für eine Frau ihres Standes üblich war.

Mutter Ono regelte somit penibel nur aus dem Hintergrund den Umgang der Bediensteten mit ihrer Tochter, sie trat selbst nur höchst selten in Erziehungs- und Umgangsfragen in Erscheinung. So durften die Kindermädchen die kleine Yoko beim Herumtragen nicht auf den Armen wiegen, weil die Mutter befürchtete, daß die Schaukelbewegungen das Mädchen verdummen könnten. Körperliche Wärme und Zuwendung durfte es nicht geben, worunter Yoko zeit ihres Lebens litt. In Yoko Onos Rückschau sind die zitierten Worte von Isoko Ono – vermutlich – aus dem verständlichen Wunsch heraus zu erklären, das Bild der Mutter in der Öffentlichkeit ein wenig freundlicher darzustellen. Eine Tatsache, die sehr viel über sie aussagt.

Für Yoko Ono begann recht früh ein Leben voller Turbulenzen. Aufgrund des Berufs von Vater Eisuko mußte die Familie verschiedene Ortswechsel mitmachen, die sie – wie schon erwähnt – auch ins Ausland führten. 1940 lebte Familie Ono so auf Long Island nahe New York. Yoko Ono besuchte dort die Grundschule. Hier lernte sie Englisch und eine völlig andere Lebensart kennen. Ihre Augen entdeckten eine Realität, die von ganz anderen Prioritäten als zu Hause in Japan beherrscht wurde. Die recht lockeren Amerikaner waren trotz der Rassendiskriminierung, die es in ihrem Land ohne Zweifel gab, Ausländern gegenüber zunächst stets freundlich gesinnt. Und das genoß sie. Private Filmaufnahmen zeigen ihre Familie beim Tennisspiel und die Kinder beim Eierlaufen. Es war eine unbeschwerte Zeit.

Die Situation änderte sich grundlegend, als sich Japan im Zweiten Weltkrieg auf Hitlers Seite stellte und bald für die Amerikaner zum Kriegsgegner wurde. Im Dreimächtepakt (Deutschland, Italien, Japan) vom 27. September 1940 verstärkte das Kaiserreich dann seine Bindung an die faschistischen Diktaturen in Europa noch. Die Situation in Amerika wurde für die japanische Familie untragbar.

Zuerst verließ Isoko Ono 1941 mit ihren Kindern die Vereinigten Staaten. Einige Wochen später folgte Eisuke Ono, der seine Tätigkeit allerdings nicht in der Heimat, sondern in Hanoi in Vietnam fortsetzte. In den USA hatte er als Vertreter der Yokohama-Sortenbank eine pikante bis schwierige Mission erfüllt, denn Japan entriß 1940 den Franzosen Indochina und plante eine Neuordnung des ostasiatischen Raumes. Die Vereinigten Staaten und Großbritannien ergriffen daraufhin umfangreiche Boykottmaßnahmen gegen das Land. Für einen japanischen Bürger war es daher sehr heikel geworden, im Feindesland Geld- und andere Geschäfte abzuschließen. Deshalb mußte auch Yokos Vater das Land verlassen.

Die Versorgungslage in Japan wurde zusehends schlechter, was selbst die begüterten Familien zu spüren bekamen. Trotzdem besuchte Yoko in Tokio eine Privatschule, die zu den besten des Landes gehörte. Dort blieb sie drei Jahre. Die Keimei-Gakuen-Akademie, von Takasumi Mitsui gegründet, befand sich in der Nähe des Elternhauses. Die Ausbildung und Erziehung dort war, ganz im Sinne des Vaters, konservativ. Dieses von einer öffentlichen Institution bestimmte Leben sollte die Tochter aus gutem Hause mit der Tradition vertraut machen. Yoko aber entfernte sich geistig rasch davon – sie hatte in der Zwischenzeit in den USA ganz andere Erfahrungen machen können. Sie besaß schon lange nicht mehr die geforderte demütige Zurückhaltung, sondern ließ ihren Gedanken freien Lauf. Auch äußerlich unterschied sie sich von den anderen japanischen Kindern: Ihre amerikanisch geprägte Kleidung stieß bei allen auf Unverständnis und Ablehnung.

Die Ereignisse des Zweiten Weltkrieges hatten in Japan ungeahnte Folgen. Die Bevölkerung litt: Am 9. März 1944 bebte Tokio unter schweren amerikanischen Bombenangriffen, achtundreißigtausend Menschen verloren ihr Leben, Millionen andere das Dach über dem Kopf. Die amerikanischen B29-Bomber vertrieben auch Yoko Ono und ihre jüngeren Geschwister Keisuke und Setsuko aus der Stadt. Sie wurden aus Sicherheitsgründen evakuiert und fuhren mit einem Dienstmädchen in ein Bauerndorf in der Nähe von Karuizawa, einem kleinen Ort, zirka einhundertundzwanzig Kilometer von Tokio entfernt. Diese Zufluchtsstätte besuchte Yoko Ono mit ihrem dritten Ehemann John Lennon und Sohn Sean Jahrzehnte später wieder.

Isoko Ono selbst folgte ihren Kindern ein paar Tage nach der Evakuierung. Viele andere Menschen aus den Städten flohen ebenfalls aufs Land, wo sie gnadenlos mit Armut und Hunger konfrontiert wurden. Plötzlich standen Sorgen im Mittelpunkt des täglichen Lebens, die vor den kriegerischen Ereignissen nahezu unbekannt waren. Vorbei waren die Zeiten der gesellschaftlichen Vergnügungen, nun galt es nur noch, für das nackte Überleben zu sorgen, was gar nicht so einfach war.

Isoko Ono war völlig überrascht, daß die Bauern die ungeliebten, reichen Stadtmenschen schröpften, wo sie nur konnten. In dieser nationalen Notsituation traten die Klassenunterschiede ganz deutlich zutage. Sie mußte nun die andere Seite menschlicher Existenz in ihrer ganzen Aggressivität kennenlernen: Armut, Demütigung und Hunger waren an der Tagesordnung. Und der Hunger war so gewaltig, daß Teile des Familienschmucks gegen Reis eingetauscht werden mußten, obwohl die Bauern auch dann mit ihrer Hilfe weiterhin sehr zögerlich waren. Diese entbehrungsreiche Zeit blieb Yoko Ono in sehr schlechter Erinnerung. Nur mit Tagträumen erhielt sie sich aufrecht, sie ermöglichten ihr das Überleben. Die Entbehrungen dieser harten Zeit prägten Yoko Onos Empfinden für Ungerechtigkeiten und schärften ihre Sinne für Meinungsverschiedenheiten, die ihren Grund immer nur im gegenseitigen Haß der Menschen haben. Sie entwickelte ein Verantwortungsgefühl für andere, materiell schlechter gestellte Menschen. Der Krieg jedoch übertraf alles, was die menschliche Leidensfähigkeit unter normalen Umständen aushalten konnte. Diese Tatsache ging auch an Yoko Ono nicht spurlos vorüber. Die Verantwortung für ihre jüngeren Geschwister lasteten auf ihren Schultern, sie nahm die außergewöhnliche Aufgabe jedoch, ohne zu zögern, an.

Aber: Im Gegensatz zu Keisuke und Setsuko blühte Yoko Ono in dieser finsteren Zeit und trotz der feindseligen Umgebung sogar irgendwie auf. Den Hänseleien der Dorfkinder hielt sie stand, trotzte den wilden Jungen und lief in Bauernkleidung herum. Sie erlebte Dinge, wie sie bisher in ihrer Kindheit noch nicht vorgekommen waren. Leidvolles, aber auch Schönes.

Die Texttafel zum Motiv »Arzt II«, aus der bereits erwähnten Installation *Vertical Memory,* schildert eine Episode aus dieser extremen Zeit, die Yoko Ono und ihre Geschwister intensiv durchlebten und erdulden mußten. Auf der wird ihre Angst vor der tödlichen Gefahr ganz deutlich. Die wenigen Sätze lassen erkennen, daß sie darüber hinaus Furchtbares erlebt hatte: »Während des Krieges wurde ich mit meinem jüngeren Bruder, meiner jüngeren Schwester und einem Kindermädchen in die Präfektur Nagano geschickt, um den Bombenangriffen zu entfliehen. Als ich dort wegen Unterernährung krank wurde, kam oft ein Arzt zu uns nach Hause. Eines Tages sagte er mir, während er mich untersuchte, ich solle die Augen schließen. Ich fühlte mich sehr unwohl. Plötzlich preßten sich warme, feuchte Lippen auf meinen Mund. Ich erstarrte. Als ich meine Augen aufmachte, sah ich, wie er auf mich herabsah.«[10] Die Erinnerung an diese für sie furchtbare Situation blieb ihr selbst im Erwachsenenalter immer präsent. Dieser Mann nahm sich gegenüber dem kleinen hungernden Mädchen ein Recht heraus, das er nur aus der Macht, die er als Arzt über dieses Kind besaß, herleiten konnte. Die Unterdrückung, die Yoko Ono fast während ihrer gesamten Kindheit ertragen mußte, setzte sich in dieser Situation aufs neue fort.

Yoko Ono war zwölf Jahre alt, als die Amerikaner im August 1945 eine Atombombe auf Hiroshima und eine auf Nagasaki abwarfen. Der Feind der Japaner zeigte sein häßlichstes Gesicht und kämpfte mit einer Vernichtungswaffe, die das ganze bisherige Arsenal an Kriegsgerät in den Schatten stellte. US-Präsident Harry S. Truman griff zu diesem ungeheuren Kriegsinstrument, um den Widerstandswillen der Japaner endgültig zu brechen. Yoko Ono lebte noch immer auf dem Lande und erfuhr von diesen schrecklichen, alles zerstörenden Angriffen nur von fern. Trotzdem blieb ihr der durch diese Ereignisse ausgelöste Schock im Gedächtnis – untilgbar bis in die jüngste Vergangenheit.

Zweiundfünfzig Jahre später sollte Yoko Ono eine Musik zu dem Theaterstück »Hiroshima« des Dramatikers Ron Destro schreiben. Komposition und Text bedeuteten eine Art Befreiungsakt, mit dem ihr Trauma aus der Vernichtungsaktion der Alliierten verarbeitet werden konnte. Denn Yoko Ono erzählte in diesem Zusammenhang, daß sie durch Destros Vorhaben im Jahre 1994 an den bevorstehenden fünfzigsten Jahrestag der Atombombenabwürfe auf die japanischen Großstädte mit aller Deutlichkeit erinnert worden sei. Destro nimmt ihre Gefühle auf und in einer Theaterszene beschreibt er, wie ein kleines Mädchen eintausend Papierkraniche faltet. Denn es ist Tradition in Japan, für jeden großen Wunsch eintausend dieser Vögel aus Papier herzustellen. Das Mädchen aber stirbt, bevor es mit der Arbeit fertig ist ... »I was particulary touched by that scene, and went into the studio. I first recorded *Hiroshima Sky Is Always Blue* and realized that it was too long to be in a play. ›Never Mind‹, I thought. ›I should just keep recording when I'm inspired.‹«[11] Der dritte Song auf der Rising-CD heißt *Kurushi*. Das Wort bedeutet soviel wie quälen, verletzen oder ersticken. Bei den Studioaufnahmen wird Yoko Ono von dem Gefühl, selbst dieses Mädchen aus dem Theaterstück zu sein, überwältigt. An einem Punkt der Sessions hört sie sich selbst sagen: »Mommy, Mommy, I'm in pain.«[12] Sie konnte kaum glauben, was dort mit ihr passierte – fast fünfzig Jahre nach den Kriegsereignissen in ihrem Heimatland. Rief sie tatsächlich nach ihrer Mutter? Woher kamen diese Gedanken? Zeigten sich hier plötzlich die verschütteten und unterdrückten wahren Gefühle für eine Frau, die ihre Mutter ist? Kann es tatsächlich möglich sein, daß sich durch einen Rock-Song ein solcher Gefühlsstau auflöst? Bei genauem Hinhören drängen sich Fragen wie diese auf. Yoko fühlte sich in jenem Moment ganz intensiv an ihre Mutterrolle erinnert und an ihren Sohn Sean, der auch immer mitten in der Nacht nach ihr rief, wenn etwas ihn quälte. Sean hatte das Glück, daß seine Mutter die Rufe hörte und sich um ihn kümmerte. Ein warmherziges Verhalten und eine solche Zuwendung hatte Yoko Ono immer bei ihrer eigenen Mutter vermißt. Um so überraschter reagiert sie nun auf solche extremen

Gefühle, die niemand dauerhaft verdrängen sollte. Yoko Ono ruft wieder und wieder nach ihre Mutter – aber niemals bekommt sie eine Antwort.

Ron Destro, der davon wußte, öffnete somit später mit seinem Wunsch, Yoko Ono möge einige Songs für sein Theaterstück schreiben, bei ihr verschüttete Gräben, die schmerzende und unangenehme Kindheitserlebnisse verbargen. Vielleicht liegt in den authentischen Gefühlen auch der Grund, daß die Produktion *Rising* von 1996 künstlerisch von so überzeugender Qualität ist und bei vielen, auch jüngeren Hörern starke Beachtung fand und findet.

Der Song *Warzone* auf der Platte *Rising* nimmt sich dieses Traumas im stakkatoartigen Singsang besonders an. Die Erinnerungen und Gefühle brechen – unterlegt von einem aggressiven Punksound, mit wütenden, die Ohnmacht vor der Gewalt andeutenden Attacken – ungezügelt aus Yoko Ono heraus. So direkt, spontan und ungefiltert war lange nichts mehr von ihr zu hören gewesen. Der Text klagt – in seiner ganz reduzierten Sprache – den Krieg in ihrer japanischen Heimat an. Analogien erkennt Yoko Ono – unabhängig von den Geschehnissen im Zweiten Weltkrieg – heute aber auf der ganzen Welt: »Towns burning / Throats chocking / Watch out / Check out / Warzone ha / Warzone ha«.[13] Ihr Zorn ist hier deutlich zu spüren. Und in dem Song schwingt auch eine Portion Unversöhnlichkeit mit, die neben der Erinnerung an den Krieg auch in ihrem persönlichen Schicksal ihre Wurzeln hat.

Erst einige Monate nach der Kapitulation Japans, die am 15. August 1945 von Kaiser Hirohito verkündet wurde, kehrten Isoko Ono und ihre Kinder nach Tokio, in das Haus von Isokos Eltern in Kamakura, zurück. Sie hatten zunächst das offizielle Ende des Krieges nicht mitbekommen, da auf dem Lande kein Radiogerät zur Verfügung gestanden hatte.

Yoko Ono ging in der Stadt wieder zur Schule. Als wäre nichts gewesen, stand die Gakushuin-Schule ab 1946 allen offen, die sich den kostspieligen Unterricht weiter leisten konnten. Dazu gehörten auch die Eltern Ono, die ihrer Tochter eine qualifizierte Schulausbildung ermöglichten. Für die Kinder minderbemittelter Familien fand der Unterricht in Baracken statt. Yoko Ono ging nun auch in dieselbe Klasse wie Kronprinz Akihito. Die strengen japanischen Sitten und traditionellen Rituale hatten sie alle wieder eingeholt. Und Yoko Ono mußte sich ihnen beugen. Schule und Elternhaus übernahmen erneut das Zepter in ihrem Leben, so, wie es vor dem großen Krieg gewesen war.

Von Vater Eisuke Ono erhielt die Familie erst zu Beginn des Jahres 1946 ein Lebenszeichen. Während seiner Tätigkeit in Hanoi hatte ihn sein Arbeitgeber zum Filialdirektor der Yokohama-Sortenbank ernannt. Nach der erzwungenen Rückkehr aus Vietnam jedoch – er kam mit einem Truppentransportschiff nach dem Aufenthalt in einem Internierungslager nach Japan zurück – durfte er auf Befehl der Besatzungsmacht seine Ämter zunächst dort nicht ausüben. Jedoch bereits 1947 kletterte Eisuke Ono die Karriereleiter wieder hinauf, denn die Amerikaner erlaubten, daß die in ihren Augen am meisten am Expansionskrieg schuldigen Industriebarone und Bankiers in die früheren Positionen zurückkehrten. Eisuke Ono arbeitete bald darauf in leitender Funktion in der Bank of Tokyo.

Das Leben der Familie Ono änderte sich aber während der amerikanischen Besatzungszeit in vielerlei Beziehung. Vieles war anders geworden. Besonders das in Japan unübliche und äußerst verpönte andere Benehmen der Menschen der westlichen Gesellschaften entsetzte Isoko Ono, obwohl sie nach Kriegsende oft Umgang mit amerikanischen Soldaten gehabt hatte und durch ihre Aufenthalte in den USA darum wußte. Die jungen unerfahrenen GIs dachten überhaupt nicht darüber nach, wie die japanische Bevölkerung darauf reagierte, wenn sie zum Beispiel – wie selbstverständlich – Häuser und Wohnungen mit Schuhen betraten. In traditionsbewußten Familien, so wie im Haus von Familie Ono, kam dieses Verhalten einer

Majestätsbeleidigung gleich. Yoko bekam hier erneut die Unterschiede in östlicher und westlicher Lebensauffassung und Lebensart deutlich zu spüren, nachdem sie während ihres ersten Amerikaaufenthaltes bereits einige Erfahrungen mit der Neuen Welt hatte machen können.

Im Gakushuin schloß sich Yoko Ono der dort bestehenden Theatergruppe an, die in der Jungenschule ihre Proben durchführte. Dort traf sie auch auf den zwei Jahre jüngeren Kaisersohn Yoshi, der sie wegen ihrer Talente, was die schönen Künste anging, verehrte. Aber sie war ganz anders als er. Rebellisch eben. Wenn Yoko Ono ohne Erlaubnis in der Schule erschien und dadurch die festgeschriebenen Anstandsregeln in eklatanter Weise verletzte, schockierte sie damit nicht nur ihre Lehrer, sondern setzte erneut ein Zeichen des Widerstands gegen ihre ganz in der Tradition eingebundene Mutter Isoko. Ihr Aufbegehren war aber nie offen provokativ, sondern vollzog sich durch Ungehorsam in vielen nebensächlichen Dingen. Das Verhältnis zwischen Eltern und Tochter spiegelte auch in der Familie Ono die weitverbreitete japanische Art des Familienlebens wider: Die Weiblichkeit hütete Haus und Hof, und die Frauen füllten ganz die traditionelle Frauenrolle aus, der Vater stand im Beruf und kümmerte sich kaum um die Dinge, die zu Hause geschahen. Der männliche Teil der Familie hielt sich auch traditionell besonders zurück, wenn es um Emotionen ging. Ein Vater durfte keine Gefühle zeigen. Die Mutter regelte das Leben im Alltag und war für die Erziehung der Kinder zuständig. Und in wohlhabenden Familien gab sie ihre Pflichten gerne an Bedienstete ab, so wie es Isoko tat.

Das Berufsziel, das der Vater für Yoko Ono festgelegt hatte, nämlich die künstlerische Laufbahn einer Pianistin einzuschlagen, gefiel ihr zunächst überhaupt nicht. Sie wollte zwar in ihren musikalischen Fähigkeiten weiter gefördert werden, jedoch nicht als ausführende Künstlerin, sondern als gestaltende, erneuernde und zukunftsweisende Komponistin arbeiten.

Als sie ihre Vorstellungen äußerte, begann im Hause Ono ein Kampf zwischen Yoko und ihrem Vater. Sie verehrte insgeheim den erfolgreichen Bankmanager und wollte nicht um jeden Preis seinen Zorn, gar seine Feindschaft provozieren. Deshalb gab sie irgendwann auf, lenkte ein und begann neben den Kompositionsstudien eine Ausbildung als Sängerin.

In Japan war die Gesangsausbildung untrennbar mit dem Studium europäischer Opernliteratur verbunden. Das gehörte zu den Pflichtfächern. Daran kam auch Yoko Ono nicht vorbei, obwohl sie sich für die von Wagner, Mozart oder Verdi geschaffenen Vokalpartituren nie sonderlich begeisterte. Sie beendete deshalb schon nach kurzer Zeit das Gesangsstudium und schrieb sich 1952 – mit neunzehn Jahren – an der Gakushuin-Universität für das Fach Philosophie ein. Vater Eisuke befand sich zu dieser Zeit in den Diensten der Bank of Tokyo in New York. Yoko Ono wollte unbedingt sein Wohlwollen und brauchte sein Einverständnis für den Studienwechsel. Sie telegrafierte und bat um seine Erlaubnis. Und siehe da: Eisuke Ono erteilte ihr sein Einverständnis – ganz gegen ihre Erwartungen. Er achtete zum ersten Mal ihren Entschluß. In der Gakushuin-Universität war sie die erste Studentin in dem von Männern beherrschten Studienzweig, ein Beleg dafür, daß japanische Mädchen und Frauen in dieser Zeit noch immer in ein völlig anderes Rollenbild gezwungen waren. Aber Yoko Ono flüchtete – trotz ihres anfänglichen Engagements – schon nach zwei Semestern aus diesem Korsett, das ihr den Atem für neue, unbekannte, quer zum vorbestimmten schnurgeraden Lebensweg liegende Erfahrungen und Aktivitäten nahm. Ihre Erwartungen waren ganz andere. Und so bog sie konsequent in andere Bahnen ab.

Nach einer beruflichen Zwischenstation in Asien bekam Vater Ono im Jahre 1953 erneut einen Ruf in die Vereinigten Staaten von Amerika. Das Verhältnis zwischen Japan und den USA hatte sich soweit normalisiert, daß ein reger Geschäftsverkehr wieder möglich wurde. Eisuke Ono stieg die Karriereleiter weitere Sprossen hinauf: Er übernahm in New York diesmal die Leitung der amerikanischen Niederlassung der Bank of Tokyo. Nun folgte ihm die ganze Familie an die Ostküste und bezog ein Haus im vornehmen Scarsdale, einem Vorort von New York. Das Haus in der Charthage Road 74 paßte zu den hohen Ansprüchen. Es war groß und entsprach genau dem verwöhnten Geschmack der Bankiersfamilie.

Nach der Ankunft in Amerika studierte Yoko Ono zunächst Musik an der Harvard University Summer School. Zwei Jahre später erfolgte der Wechsel zum Sarah Lawrence College in Bronxville, wo sie sich für die Studiengänge Philosophie und Komposition entschied. »Dort konnte Yoko die Auswirkungen ihrer überaus konventionellen Erziehung abschütteln, denn am College wimmelte es geradezu von Bohemiens und der Kunstszene zuneigenden jungen Damen aus wohlhabenden exzentrischen Familien, deren Geld entweder aus dem Showgeschäft stammte oder ererbt war.«[14] Yoko Ono hat diese Zeit genossen, befreit vom Druck ihres Elternhauses, nicht länger belästigt von den Ansprüchen des Vaters. Zwischen sich und dem traditionell engen Elternhaus lagen zwar nur wenige Minuten Fußweg. Aber der Wind wehte für Yoko Ono jetzt aus einer anderen Richtung. Doch im College fand sie nur langsam Zugang zu ihren Kommilitoninnen und Kommilitonen, die in ihr zunächst hauptsächlich eine merkwürdig erzogene Japanerin sahen. Das anerzogene Verhalten und die gesellschaftlichen Pflichten von Yoko Ono machten sie stutzig – viel anfangen konnten sie damit im Grunde nicht. Natürlich: Yoko Ono trat anfangs sehr schüchtern und reserviert auf, weil sie Menschen grundsätzlich als bedrohlich empfand und unsicher war.

Obwohl sie den klassischen Ausbildungsweg eigentlich nicht gehen wollte, erhielt sie wieder Klavierunterricht. Er gehörte unweigerlich dazu. Die Zeit an der Hochschule betrachtete sie somit, was die Inhalte anging, nicht als positiv. Tief im Innern war sie bald davon überzeugt, die falsche Entscheidung getroffen zu haben. Für Musik interessierte sie sich zwar, aber eben nicht für aus Europa importierte Beethoven-, Bach- oder Mozart-Kompositionen. Die junge Frau wollte die andere Seite der Tonkunst kennenlernen, das un-erhörte, un-gehörte Gemisch aus Klang und Lärm. Destruktion wollte sie zeigen und alles Unkonventionelle. Sie fahndete nach den Tönen hinter der traditionellen Musik. Wer die erste Gemeinschaftsproduktion von Yoko Ono und John Lennon anhört (*Two Virgins*), versteht sofort den Wunsch aus dieser Zeit, musikalische Grenzzäune einzureißen und mit einer Rebellion dem Konservatoriumsgehabe entgegenzutreten.

Gerade machte in Japan die Künstlergruppe Gutai viel von sich reden. Die Männer und Frauen um Kazuo Shiraga drückten sich in Malerei, Performance, Objektkunst aus und bildeten die Speerspitze japanischer Experimentalkunst. Wie Yoko Ono selbst konstatierte, bekam sie davon zwar nichts mit, aber es ist unschwer vorstellbar, daß sie, wäre sie in Japan geblieben, sich sofort dieser Gruppe angeschlossen hätte. Jedenfalls: Sie fühlte dasselbe. Alles war für sie voller Gegensätze.

Die Gegensätze, die für Yoko Ono in den USA besonders spürbar wurden, bilden so die Grundfesten ihrer Kunst. Besonders der ost-westliche Kontrast in der Sprache, im Denken und in der Auffassung über Kunstphilosophie sorgte bei ihr für Verwirrung. Sie schwankte zwischen altjapanischen Pflichten und modernen Versuchungen. Ein Konflikt, der blieb und sie treffend beschreibt. Ihre Musik spiegelt das ganz besonders wieder.

Das Studium, das ungeliebte, besaß für Yoko Ono aber auch eine positive Seite. Sie lernte, auf Menschen zuzugehen, knüpfte endlich auch Kontakte zu Kommilitonen, die nicht in ihrem Fachbereich studierten – und zu Leuten, die sich an der Kunst ausprobierten. Dazu zählten in erster Linie Musikanten aller Art, denn Yoko verlor ihren ursprünglichen Berufswunsch nicht aus den Augen: Der Traum vom Komponieren war noch lange nicht ausgeträumt. Sie interessierte sich sehr für die Musik von Arnold Schönberg und Anton Webern, die das Kompositionsprinzip der Zwölftonvariante beherrschten und Vorbild für Yoko Onos eigene musikalische Kreationen waren. Über die musikalischen Einflüsse erzählte sie später: « Als ich noch zu Sarah Lawrence ging, hielt ich mich vorwiegend in der Musikbücherei auf und hörte Schönberg und Webern; die begeisterten mich wirklich. Ich komponierte damals einige serielle Werke, war aber zu faul, die ganze Partitur zu schreiben. Außerdem entwickelte ich das *Match Piece,* ich entzündete einfach ein Streichholz und sah zu, bis es verschwunden war.«[15] Damals paßte zwar noch nicht alles zusammen, was Yoko Ono in ihrer Phantasie mit sich herumtrug, aber die ersten erstaunlichen Ansätze einer nonkonformistischen Kunst- und Musikauffassung waren durchaus vorhanden.

Die avantgardistischen Musikstudienkreise zogen sie an, und dort lernte sie auch einen Landsmann, Toshi Ichiyanagi, kennen, der mit dieser Szene schon bestens vertraut war. Wie sehr die Mitglieder der japanischen Kolonie in den USA untereinander befreundet waren, ist am Beispiel ihrer Freundschaft mit Toshi zu sehen, der ein sehr talentierter Kompositionsschüler war. Ihr gemeinsamer Freund Tanaka Kozo hatte die beiden zusammengebracht. Kozo studierte an der Columbia University und lernte Yoko Ono durch einen ihrer Vettern kennen.

Toshi Ichiyanagi studierte unter anderem bei John Cage und Aaron Copland, zwei Komponisten der Moderne, die in der amerikanischen zeitgenössischen Musik damals bereits einen klingenden Namen besaßen. Für Yoko Ono tat sich eine neue Welt auf, die ihren Plänen sehr entgegenkam: »Ich wußte damals, daß ich in eine bestimmte Richtung steuerte, nur noch nicht genau, wohin. Das machte mich einsam. Der Gedanke aber, etwas tun zu können, den Menschen etwas zu hinterlassen, begeisterte mich... Ich wußte, daß ich die Gefühle von Angst und Einsamkeit, die mich mein ganzes Leben nicht losgelassen haben, allein deshalb schon artikulieren mußte, weil sie ein universelles Problem waren.«[16] Das vom Vater verursachte Trauma und Ergebnisse ihrer Erziehung durch Schuldgefühle verfolgten sie weiter, auch wenn sie sich aus dessen Umklammerung nach und nach lösen konnte. Versagensängste und Minderwertigkeitsgefühle quälten sie immerzu.

Erst war es daher die Suche nach einer Gegenwelt zu der ihres Vaters, die sie in die Zirkel der Avantgardisten trieb, aber sie konnte vor sich selbst nicht davonlaufen, obwohl sie es anfänglich glaubte. Cage & Co verbreiteten eine Aura des absolut Ungewöhnlichen. Sie verlangten die totale Hinwendung zum von Traditionen bereinigten modernen Künstlertum. Dazu wollte Yoko Ono gehören, in dieser Umgebung sah sie die Chance, daß ihre Kreativität erkannt und gefördert werden könnte. Da hier eine erfolgversprechende Darstellungsplattform vorhanden war, wollte sie die Gelegenheit, ohne zu zögern, beim Schopf fassen. »Träumst Du deinen Traum alleine, ist es nur ein Traum; träumen wir den Traum zusammen, ist er Realität«[17], schrieb sie Jahrzehnte später auf ein Plattencover. Diese Aussage, die ihre Lebensphilosophie und ihre Vision von Kunst in exakter Art und Weise reflektierte, paßt sehr gut in die Situation hinein, wie sie sich Yoko Ono in New York darstellte.

Toshi Ichiyanagi war ein stiller, schweigsamer Mensch. Am 4. Februar 1933 in Kobe geboren, kam er, wie Yoko Ono, aus einer christlichen Familie des japanischen Bürgertums. Das Elternhaus gab ihm die Musikalität von Anfang an mit auf den Lebensweg. Vater Ichiyanagi arbeitete als Cellist, die Mutter spielte Klavier – wenn auch nicht professionell. Die Familie förderte sein Talent ohne Einschränkung. Im Jahre 1952, ein Jahr bevor Yoko Ono dorthin ging, übersiedelte er nach New York, wo er an der Juilliard School of Music studieren konnte. Dieses Institut, das seine Existenz dem amerikanischen Händler und Mäzen Augustus D. Juilliard (1836–1919) verdankte, förderte mit Hilfe einer Hinterlassenschaft von zirka 20 Millionen Dollar mittellose Musikstudenten. Auch Ichiyanagi kam in den Genuß finanzieller Unterstützung. Und Ende der fünfziger Jahre kam es auch für ihn zu der zukunftsweisenden und entscheidenden Begegnung mit John Cage. An der New School for Social Research, wo John Cage unter anderem experimentelle Komposition lehrte, belegte auch Toshi Ichiyanagi (neben anderen Schülern wie George Brecht, Dick Higgins, Allan Kaprow und Jackson MacLow) seine Kurse. Das alles imponierte Yoko Ono sehr, die ja unbedingt dieselbe Laufbahn einschlagen wollte: Komponieren und damit berühmt werden, das war es. Die Sympathie zwischen Ichiyanagi und ihr beschränkte sich nicht nur auf die gemeinsamen künstlerischen Interessen; allmählich kam die Liebe dazu.

Yokos Eltern verabschiedeten sich 1957 aus den USA und gingen zurück in ihr Heimatland. Die vierundzwanzigjährige Tochter blieb allein in New York zurück. Sie hatte alles darangesetzt, dem Einflußbereich der Eltern zu entfliehen und besonders der Dominanz des Vaters aus dem Wege zu gehen. Schon kurze Zeit später heiratete sie Toshi Ichiyanagi. Vielleicht auch aus Trotz. Dieser Schritt mißfiel ihren Eltern nun völlig. Von Japan aus versuchten sie alles, diese Ehe zu verhindern – vergeblich. Für Yoko Ono bedeutete diese Heirat eine weitere Rebellion – ein entscheidender Schritt in eine avantgardistische Zukunft, denn mit einem Komponisten als Ehemann war sie mitten unter den Künstlern der Fluxus-, Happening- und Kunstszene.

Eine kleine Wohnung in der Amsterdam Avenue wurde das Zuhause des frischvermählten Paares. Geld war von Anfang an knapp. Toshi Ichiyanagis Einkünfte kamen aus einem Stipendium, das ihm von der Juilliard School zugestanden worden war. Es wurde dann aber noch vor Ablauf der Frist zurückgezogen. Um die Haushaltskasse aufzubessern, arbeitete Yoko Ono als Dolmetscherin für eine Export-Import-Firma und reiste mit japanischen Kaufleuten herum. Aber irgendwie reichte es hinten und vorne nicht.

Ausbruch, Trennung und Pieces

In der unüberschaubaren Großstadt New York lebten zwei Menschen auf engstem Raum zusammen, die so recht gar nicht zueinander zu passen schienen. Toshi Ichiyanagi, der genau wie Yoko den neuen Strömungen wie Fluxus in der bildenden Kunst oder Aleatorik in der Musik zugetan war, war eher ein introvertierter Mensch, der mit strenger Disziplin seine Arbeit verfolgte. Wie Freunde des Paares beobachteten, stand er in vielerlei Beziehung unter dem starken Einfluß seiner Ehefrau, die immer neue Impulse gab und die das Heft in der Hand hielt. Yoko Ono suchte verstärkt die Öffentlichkeit, und das bedeutete auch einen konsequenten Schritt weiter bei ihrer Flucht aus der Vergangenheit. Promiskuität gehörte für sie dazu. Sie war Symbol der Befreiung, und sexuelle Eskapaden leistete sie sich immerzu. Ihr Ehemann sah ohnmächtig zu. Nicht alle blieben ohne Folgen: »Yoko lebte ihre sexuellen Abenteuer und sprach lange Zeit später auch davon, damals mehrfach abgetrieben zu haben.«[18] Vage Andeutungen, sie habe bereits während dieser Zeit ein Kind zur Welt gebracht (so von Lennon-Biograph Goldman kolportiert), werden aber nirgendwo bestätigt.

Ausbruch und Aufbruch – diese beiden eng miteinander verknüpften Pole bilden Anfang der sechziger Jahre die Eckpunkte in Yokos Entwicklung als Künstlerin. Durch die Kontakte zu

John Cage, David Tudor, Robert Rauschenberg, Alan Kaprow, Merce Cunningham und dem Living Theatre von Julian Beck und Judith Malina lernte sie auch die Arbeiten der Dadaisten kennen. In diesen Kreisen begegnete sie ebenso der radikalen Kunstauffassung eines Marcel Duchamp. Solche Querdenker und Nonkonformisten prägten neben den musikalischen Außenseitern Yoko Onos Kunstverständnis entscheidend. Die von Marcel Duchamp in seiner Schrift *Der kreative Akt* (1957) geäußerten Gedanken über die Position des Künstlers im Verhältnis zu den Betrachtern übernahm Yoko Ono so für ihre Kunst. Duchamp schreibt: »Alles in allem wird der kreative Akt nicht vom Künstler allein vollzogen; der Zuschauer bringt das Werk in Kontakt mit der äußeren Welt, indem er dessen innere Qualifikationen entziffert und interpretiert und damit seinen Beitrag zum kreativen Akt hinzufügt. Dies wird noch deutlicher, wenn die Nachwelt ihr endgültiges Verdikt ausspricht und manchmal vergessene Künstler rehabilitiert.«[19] Es war in ihren Augen wichtig, das Publikum mit in die Arbeiten einzubeziehen, es nicht isoliert im weihevollen Museumstempel mit Kreationen der zeitgenössischen Kunstszene allein zu lassen. Yoko Ono suchte nun konsequent die Nähe zum Publikum, in dem sie dessen Spiel- und Berührungstrieb in gewisser Weise akzeptierte und in die Abläufe ihrer Performances und Events integrierte.

Das Jahr 1960 gab so den Startschuß für Yoko Onos dauerhafte Präsenz im Schmelztiegel Big Apple, und es wurde zum Schlüsseljahr der noch in den Anfängen schlummernden Fluxus-Bewegung. Fluxus war aber nicht auf die Vereinigten Staaten begrenzt, Fluxus passierte auch in Japan und Europa. Natürlich gab es schon seit Anfang der fünfziger Jahre Bestrebungen, den Dadaismus in einer neuen, zeitgemäßeren Form weiterzuführen. Daneben entwickelte sich allmählich die Darstellungsform Happening, die verschiedene Aspekte und Bereiche der Kunst miteinander zu verbinden suchte. Als ein Eckpfeiler kann das

Event angesehen werden, daß Allan Kaprow im Oktober 1959 in der Reuben Gallery in New York unter der Bezeichnung *18 Happenings in 6 Parts* veranstaltete.

Der unter dem von George Maciunas 1961 geprägten Begriff »Fluxus« parallel ablaufende Kunstprozeß erlebte sodann eine vielfältige internationale Ausprägung. In Paris etwa stürzte sich Yves Klein kopfüber aus einem Fenster auf die Straße. »Der Sprung ins Leere« bedeutete einen Sprung ins Ungewisse, einen symbolischen Schritt ganz nach vorne, an die Spitze einer aufmüpfigen, respektlosen, radikalen Kunst, die sich weniger im Objekt als vielmehr durch die Idee und den Augenblick manifestierte. Maciunas betätigte sich als Vordenker und Türöffner der Bewegung, der auch ohne große finanzielle Möglichkeiten jede Gelegenheit nutzte, das Ding Fluxus, wie der Name es schon sagt, in Fluß zu bringen. Der Hochschullehrer und Autor Hans Belting erklärt das Phänomen folgendermaßen: »Zugleich trat immer gebieterischer eine Ideenkunst hervor, die sich statt durch Werke durch Ideen einführte, also das Werk als Ort der Kommunikation aufkündigte. Der Künstler trat, wenn er kein Werk mehr produzierte, in der ›performance‹ dem Betrachter mit seinem Körper gegenüber und blieb mit diesem ephemeren Auftritt in der Erinnerung, statt daß er mit einem Werk für alle Zeit präsent blieb ... Ereignisse, deren Umrisse sich aber immer bald verflüchtigen und nur noch als mythische Daten erinnert werden, treten an die Stelle von Werken.«[20] Zu den Protagonisten der Bewegung zählt ohne Zweifel auch Yoko Ono, die zunächst jedoch nur den »Ort der Kommunikation« bereitstellte.

Zwei Ereignisse, die Yoko Onos persönliches Umfeld betrafen, lenkten ihre Schritte zielstrebig weiter zu den Fluxusbrüdern und -schwestern. Eine neue Bleibe als Event-Ort war wichtig. Die Wohnung in der Amsterdam Avenue, von Anfang an zu klein, eignete sich nicht als Kontakt- und Darstellungsort. So mietete das Paar in der Chambers Street ein Loft, das auch ihr neues Wohndomizil wurde. Es war eine einfache Behausung, ohne Elektrizität und nur mit fließend kaltem Wasser. Yoko Ono berichtete von der Umgebung ihres ersten Lofts und von den Bedingungen im Haus: Die Chambers Street lag außerhalb von Manhattan in einem Geschäftsviertel, das sich ständig veränderte. Die Lofts waren Klitschen, die mit ausbeuterischer Phantasie vermietet wurden. Umgeben von den unterschiedlichsten ethnischen Gruppen sowie von Fischmärkten und Lagerhäusern versuchte Yoko Ono, ein einigermaßen respektables Zuhause zu schaffen. Das Haus hatte keinen Fahrstuhl, und um größere Möbelstücke nach oben zu schaffen, wurden sie an einen großen Haken gehängt und hinaufgezogen. Die Wohnung gehörte dem Geschäftsmann im Erdgeschoß, der für die Räume 50,50 Dollar Miete verlangte. Er besaß eine Art Sportgeschäft und verkaufte Wanderausrüstung. Die Decke des Lofts war nicht besonders hoch, dafür war der Raum sehr lang. Fünf Treppen bis ins letzte Stockwerk mußten die Besucher hinaufsteigen. Das Interieur wirkte durch die holzverkleideten Wände ziemlich schmucklos, geradezu »existentiell«. Die Einrichtung reduzierte sich auf das absolut Notwendige. Mittelpunkt war ein Klavier, das auch für Hauskonzerte unbedingt gebraucht wurde.

»The windows in the back were hopeless, nothing but grime and soot. But there were windows facing the front, those old kind of windows that have wire in the panes, and they aren't transparent«,[21] erzählte Yoko Ono später. Durch ein Dachfenster konnte sie den Himmel sehen; mit ihm fühlte sie sich oft mehr verbunden als mit der Stadt New York. Alles war ihr noch immer sehr fremd. Doch im Loft fühlte sie sich sofort zu Hause, so daß sie den Mietvertrag mit dem Geschäftsmann nach kurzer Inaugenscheinnahme unterschrieb.

Sie blieb auch dort, nachdem sich die Beziehung zwischen Toshi Ichiyanagi und Yoko Ono immer mehr in Richtung Trennung und Auflösung entwickelte. Fluxus. Dann trennte sich das Paar schließlich, und eines Tages zog der Schriftsteller Michael Rumaker in die Dachwohnung ein. Aber auch Rumaker konnte keine dauerhafte Beziehung zu Yoko Ono aufbauen. Und schon nach relativ kurzer Zeit wandte sie sich dem Musiker La Monte Young zu, der ihren künstlerischen Ansprüchen viel eher zu genügen schien und der als Mann der tönenden Avantgardekunst auf der richtigen Seite stand. Das alles passierte noch Anfang der sechziger Jahre, als Fluxus noch in der Experimentierphase steckte. Zu dieser Zeit entstand auch *The Butterfly*, eine Novelle in neun Teilen von Michael Rumaker – erschienen 1962, »und zwar gleichzeitig in Kanada und in den Vereinigten Staaten«.[22] Sie zeichnete ein seltenes Porträt von Yoko Ono während der Fluxus-Tage im Loft und beschreibt Yokos Erfahrungen während des Zweiten Weltkrieges in Japan. Rumaker schilderte Yoko Ono als eine der Unschuld verpflichtete Kindfrau, die ganz der traditionellen japanischen Kultur (Haiku etc.) verbunden war. Das genaue Gegenteil von dem, was Yoko Ono wollte und auch lebte.

Auch Noch-Ehemann Toshi Ichiyanagi führte nach ihrer Trennung und bevor er 1961 nach Japan zurückkehrte, eigene Kompositionen im Loft in der Chambers Street auf. Die Veranstaltungen bekamen bald unter der Bezeichnung »Yoko Ono's Chambers Street Concerts« einen anspruchsvollen Namen. Die expandierende Fluxusgemeinde brauchte gerade in der Anfangsphase Räume, Sponsoren und selbstlos tätige Organisatoren. Dazu gehörte auch der Künstler La Monte Young. Er stellte in dieser Zeit eine Konzertserie auf die Beine, die sich über die Loftszene hinaus einen ausgezeichneten Ruf erwerben konnte. Yoko Ono verliebte sich prompt in diesen kleinen zierlichen Mann, der ein wichtiger Katalysator für ihre künstlerischen Ambitionen wurde. Es wurde ihr rasch klar: Es war für sie ein Vorteil, einen derart bekannten und wichtigen Angehörigen der musikalischen Avantgarde zu kennen. Und diesen Vorteil nutzte sie ohne große Bedenken aus.

Und er wußte es nur zu gut. La Monte Young erinnerte sich

selbst daran, von Yoko Ono vor allem deshalb eingeladen worden zu sein, weil seine ausgezeichneten Kontakte zu anderen Künstlern der aufstrebenden New Yorker Musikszene ihr Vorteile verschaffen konnten. »The first time Yoko came to my apartment at Bank Street I guess she noticed that I had all these scores that I had collected and that I knew all these composers… I knew that Yoko was an extraordinarily enterprising person and one of the first things she told me was that she wanted to be as famous as me! I was, at that time, considered very famous for an avant-garde musician. She really had an idea about building her career and doing things and moving ahead in life.«[23] Er lernte sie aber auch als eine starke Persönlichkeit kennen, die das richtige Gefühl und Gespür für Kunst besaß. Sie wußte genau, was sie vom Leben erwartete und welchen Weg sie gehen mußte, um zum Ziel zu gelangen.

Terry Jennings, Joseph Byrd, Toshi Ichiyanagi, Henry Flynt, Jackson MacLow und andere sowie Kompositionen des Organisators La Monte Young sorgten dafür, daß diese Konzerte zu einer regelmäßigen Einrichtung wurden. Joseph Byrd, studierter Psychologe und Akustiker, schwenkte ähnlich wie Yoko Ono Ende der sechziger Jahre um zur Rockmusik. Er gründete das sehr experimentell ausgerichtete Quartett »United States of America«, das zwar nur eine Schallplatte gleichen Namens im März 1968 veröffentlichte, darauf jedoch sämtliche Spielarten elektronischer Musik einsetzte. Sie berücksichtigte ausdrücklich die Fluxus-Vergangenheit Byrds.

Yoko Ono suchte zwar für ihre Kunst die Öffentlichkeit und bot mit ihren Loft-Konzerten die entsprechende Plattform, es war jedoch nie nur eine eingleisige Angelegenheit, die ausschließlich ihre Karriere förderte. Die damals relativ unbekannten Künstler La Monte Young oder Jackson MacLow nahmen ebenso gerne jede Gelegenheit war, ihre musikalischen Arbeiten zu präsentieren. Geben und Nehmen – unter dieser Prämisse ergriff Yoko Ono die Chance, zuerst als Organisatorin und Promoterin, dann als im Kunstbetrieb kreativ tätige Frau nationale und internationale Bekanntheit zu erlangen.

Yoko Ono begann dann damit, eigene Werke aufzuführen, hatte jedoch mit ihren künstlerischen Aktivitäten zunächst nicht den gewünschten Erfolg. »Everybody had advised me not to do this, Yoko recalls. They said, nobody's going to go all the way downtown to listen to this, it's just a total waste. But I had an electricity line run in from the hall, and an old gas stove that had a fan to sort of spread the heat around the room. And I had empty orange crates for chairs. At other times, I would put all the crates together to make a large table, and at night I just collected them and made a bed out of them.«[24] Sie schlug alle Bedenken und Warnungen in den Wind. Ein Grund dafür mag auch darin zu suchen sein, daß die latent vorhandene Unterdrückungstendenz der männlichen Avantgardekünstler in der Szene gegen alles Weibliche eine gewisse Trotzreaktion in ihr hervorrief. Sie wollte den Kerlen zeigen, daß auch eine Frau in der Lage ist, bedeutende Kunstevents auf die Beine zu stellen und eigenständige Kreationen zu schaffen. Und diese Japanerin konnte das erst recht!

Eine Portion Resignation machte sich dennoch sehr bald bemerkbar. Die fehlende Anerkennung der anderen bremste ihren anfänglichen Tatendrang. Auch ihre wechselnden Männerbekanntschaften trugen nicht dazu bei, die Kontinuität künstlerischen Schaffens entscheidend zu fördern. Wegen der doch recht beengten Raumsituation im Loft, das zwar seinen Zweck als Atelier und Veranstaltungsraum erfüllte, nicht jedoch der Funktion als Wohnung gerecht wurde, quartierte sich Yoko Ono eine Zeitlang bei Erica Abeel ein. Die junge Frau war ehemalige Studentin des Sarah Lawrence College. Aus dieser Zeit kannten sich die beiden. So wie erzählt wird, war Abeels Wohnung für beide Frauen nichts anderes als ein Ort, wo ständig wilde Partys gefeiert wurden. Und Männer wie das tägliche Brot zu konsumieren war ein absolutes Muß. Hier spielten natürlich die Anfänge der sexuellen Revolution eine Rolle. Es gehörte damals einfach zum Lebensgefühl dazu. Die privaten Turbulenzen in Yokos Leben standen aber zu dieser Zeit ihrer künstlerischen Entwicklung eher im Wege, denn auch das Zusammenleben mit dem japanischen Maler Shusaku Arakawa, das dann folgte, brachte nicht die Ruhe und Konzentration, die sie eigentlich für ihre Arbeit brauchte. Nun sollte es eine lange Zeit dauern, bis sie endlich neue Arbeiten präsentieren konnte.

Die von George Maciunas – zwar ohne Geld, aber mit viel Enthusiasmus in New York City in der Madison Avenue – gegründete »AG Gallery« wurde für Yoko Ono im Juli des Jahres 1961 kurzzeitig zur Bühne, auf der sie ihre Ideen darbieten konnte. Maciunas, 1931 in Litauen geboren und 1948 in die Vereinigten Staaten emigriert, war der eigentliche Motor der Fluxusbewegung. Er lebte in ständiger Geldnot, ließ sich aber nicht davon abhalten, Veranstaltungen zu organisieren und eine Zeitschrift mit dem Namen »Fluxus« herauszugeben. Die Abkürzung »AG« setzte sich aus den Anfangsbuchstaben der Vornamen von *A*lmus Salcius und *G*eorge Maciunas zusammen. Salcius lebte ebenfalls als litauischer Emigrant in New York und beteiligte sich an der Galerie, die jedoch noch im Gründungsjahr mangels finanzieller Grundlage in Konkurs ging. Maciunas war es auch, der Mitte des Jahres 1961 das Wort »Fluxus« zum ersten Mal benutzte, um damit eine Bewegung fortschrittlicher, ohne Konventionen arbeitender Künstler zu benennen. »Yoko Ono berichtet von einem Gespräch mit Maciunas während ihrer Ausstellung im Juli. Er bat sie, sich eine Bezeichnung – über der er gerade brütete – für die Bewegung auszudenken. Ihr fiel nichts ein, weil sie eigentlich weder Interesse an einer Gruppe noch an bestimmten Etiketten hatte. Ihr ging es nur um Inhalte, um die individuelle Befreiung von ästhetischen und kulturellen Zwängen, von denen sie sich als Künstlerin und Frau bedrängt sah. Doch er ließ sich von seinem Vorhaben nicht abbringen und kam am nächsten Tag in heller

Aufregung in die Galerie. Er erzählte ihr von dem Wort »Fluxus«. Er las ihr eine Defintion aus dem Lexikon vor – etwas von »der Bedeutung Wandel und in Fluß sein, dem skatologischen Wortsinn der Ausscheidung –, alles Dinge, die ihn sehr interessierten.«[25] Als der Begriff für sie mit Inhalt gefüllt war, horchte sie auf. Dies bedeutete die radikale Abkehr vom traditionellen Kunstbegriff und eine Neudefinition der Rolle des Künstlers. Das spürte sie. Die Ideen fielen bei Maciunas und Yoko auf fruchtbaren Boden. Sie begeisterte der Plan am meisten, daß nicht mehr die Künstler selbst das Werk vollenden sollten, sondern daß diese letzte Handanlegung eine andere Person, möglichst aus dem Publikum, übernehmen mußte. Ein Prinzip, was viele ihrer Arbeiten kennzeichnet.

Yoko Ono zeigte in der AG Galery ihre mit klassischer Kunst kaum zu assoziierenden Arbeiten wie *Smoke Painting:* Besucher mußten die Leinwand mit der Glut einer Zigarette entzünden und dabei beobachten, wie der Rauch aufsteigt. Das Stück dauerte so lange, bis von der Leinwand nur noch Asche übrig war. *Smoke Painting* war eindeutig ein Unikat, denn wiederholbar war das Ereignis nur mit einer anderen Leinwand. Denn die Einmaligkeit dieser und anderer Vorführungen charakterisieren das Wesen der Werke von Yoko Ono während dieser Zeit: Sobald sich das Objekt aufgelöst hatte oder die Performance beendet war, verschwand das Kunstwerk im Nichts. Es blieben lediglich schriftlich fixierte Anweisungen übrig. Die Vergänglichkeit von Kunst konnte radikaler kaum vorgeführt werden.

Toshi Ichiyanagi, John Cage, Jackson MacLow, Joseph Byrd, La Monte Young, Walter de Maria, Dick Higgins waren das Herz der Galerie, die zum Mekka des amerikanischen Fluxus wurde. Auch der japanische Künstler Ay-O (Takako Iijima) bekam über Yoko Ono Kontakt zu Maciunas, der dem japanischen Fluxuszweig, der sich dort gleichzeitig formiert hatte, wohlwollend gegenüberstand. Aus dieser Bekanntschaft sollte zwischen den beiden Männern und Yoko eine intensive Zusammenarbeit werden, die über mehrere Jahre andauerte. Wie so oft im Leben kam es aber auch hier, hinter den Kulissen von Freundschaft und Wohlwollen, zu unredlichen Aussagen und Eifersüchteleien. In einem Brief von Jill Johnston an Emmett Williams heißt es: »Was bedeutete Yoko für Fluxus in den Anfangstagen? Mein Eindruck war, nicht viel. Ist sie durch Ichiyanagi reingekommen?«[26] In dieser Äußerung kommt die Verachtung, die den weiblichen Fluxus-Mitgliedern, vor allem während der Anfangsphase, entgegengebracht wurde, zum Ausdruck. Mieko Shiomi, Shigeko Kubota, Takako Saito, Yoko Ono sind vier japanische Künstlerinnen, die wegen der traditionell engen, auf die Aufgaben einer Hausfrau und Mutter beschränkten Rolle der Frauen in Japan, nicht ernst genommen wurden, zumindest in der Anfangszeit, was sie viel, viel Kraft kostete.

Ihre ersten Annäherungsversuche an die Zirkel der Avantgardekomponisten und -musiker um John Cage fielen auch in die Zeit Anfang der Sechziger. Neben dem Klavierspiel übte sie mit ihm eine Art experimentelles Singen, in dem sie nämlich ihre Stimme wie ein Instrument einsetzte. Der vielleicht erwartete klassische Liederzyklus blieb aus, dafür kamen fremde Klänge in die menschliche Stimme. In der Praxis verwendete Yoko Ono diesen Gesangsstil zum ersten Mal in einem Konzert, das in New York im Village Gate im April 1961 stattfand. Dort demonstrierte sie, daß die Lautmalereien ihre Quellen in Geräuschen ganz außerhalb der Musik hatten.

»An Evening of Contemporary Japanese Music and Poetry«, so präsentierten sich japanische Künstler – eine musikalische Okkupation aus fremden Hemisphären. Menschen des ehemaligen Kriegsgegners Japan boten ihren Krach in New York dar, angetrieben von dieser kleinen Japanerin, die selbst mit auf der Bühne stand und ihre Komposition *Of A Grapefruit in the World of Park* mit den Musikern: David Tudor, Toshiro Mayuzumi, Toshi Ichiyanagi am Piano, La Mar Alsop, Kenji Kobayashi

– Geige, Jacob Glick – Viola und David Soyer am Cello. Auf dem Programm standen Werke von Toshiro Mayuzumi (»Metamusica« und andere) und Toshi Ichiyanagi (»Kaiki # 3«, »For Strings # 2«, »AOS« etc.). Yoko Onos Beitrag bestand aus mehreren gleichzeitig ablaufenden, akustischen Vorgängen: Der Gesang vermittelte, wie eine Grapefruit geschält, eine Zitrone ausgepreßt und die Haare eines toten Kindes gezählt werden. Dazu wurde atonale Musik live aufgeführt sowie Tonbandaufnahmen mit unverständlich gemurmelten Wörtern und motivationslos erscheinendem Gelächter abgespielt. Schon in dieser sehr frühen Arbeit ließ Yoko Ono die zerstörerischen Elemente ihrer Kunst einfließen, die sich in mehr oder weniger voluminösen Nuancen durch viele ihrer Performances und Events zogen.

Fluxus, als Speerspitze einer Grenzen überschreitenden Kunst, bestand zu großen Teilen aus Aktionen, Happenings, Events, die keine materiellen Exponate außer den Resten der benutzten Materialien übrigließen. Eine gewisse Eitelkeit und der Ewigkeitsanspruch der Kunst und Künstler sorgte aber dafür, daß auch die Fluxus-Bewegung ihre Reliquien und ikonographischen Elemente einer interessierten Nachwelt erhalten wollte. George Maciunas zeigte sich auch hier wieder einmal als treibende Kraft, denn als er »erstmals die Publikation von Fluxus-Schachteln ankündigte, schwebte ihm zunächst unter der Bezeichnung Fluxus-Yearboxes eher etwas wie ein nach Ländern unterteilter Almanach aktueller, teilweise theoretischer Texte und experimentell-aktionistischer Avantgarde-Kunst von zirka 50 Künstlern vor.«[27] Alle wichtigen Fluxus-Künstler und -Künstlerinnen beteiligten sich mit kleinen Objekten, Texten etc. an seinen Plänen.

1965 gestaltete George Maciunas *Fluxus 1,* eine Schachtel aus Holzfaserplatte, die von Yoko Ono das Objekt *Self Portrait* enthielt. Die Arbeit bestand aus einem kleinen quadratischen Spiegel und einer Druckseite. Dieses Fluxus-Objekt kehrt dann auch

1984 modifiziert in *A Box Of Smile* wieder: »Schwarze Plastik-schachtel. Inhalt: auf den Boden geklebter Spiegel. Die schon in Fluxus vorhandene Arbeit, ein kleiner Spiegel in einem Umschlag mit dem Titel *Self Portrait,* stellt die erste Materialisation dieser Idee dar. Erst durch die Präsenz des Benutzers, der in den Spiegel blickt, tritt das Werk in Erscheinung. Ono umkreist diesen Gedanken seit 1961 mit ihren *Instruction Pieces* (z. B. *Painting to Be Stepped On*, dessen Leinwand auf dem Boden liegt und auf das Betreten des Betrachters wartet, der so zum Schöpfer des Kunstwerks wird).«[28] Besonders in der Arbeit *Painting To Be Stepped On* zeigt sich eine tiefe Verbundenheit der Künstlerin zu mystisch-religiösen Elementen der japanischen Hemisphäre. Der tiefere Sinn des sehr einfachen Werkes erschließt sich aus dem Kontext Buddhismus beziehungsweise Christentum. Denn auch in Japan gab es im 16. Jahrhundert Christenverfolgungen. Menschen, die im Verdacht standen, diesem Glauben anzugehören, mußten auf ein Bild der Jungfrau Maria oder auf eines von Jesus Christus treten. Damit wollten die Inquisitoren ermitteln, wer von der drohenden Hinrichtung verschont werden konnte. Wer sich dagegen wehrte, über das Bild zu laufen, gab den Beweis für seine christliche Religiösität.

Painting To Be Stepped On gehört in dieselbe Kategorie wie das bahnbrechende *Cut Piece*. Beide Arbeiten drehten sich um die Ausübung von Gewalt und ihre Wirkung. Es geht darum zu zeigen, wie der weibliche Körper zum Objekt (in *Cut Piece*) gemacht wird, in dem man ihn aus einer unterwürfigen Haltung heraus vorführt und mißhandelt. Und es geht schließlich darum, Verachtung und Oberflächlichkeit (in *Painting To Be Stepped On*) in einer öffentlichen und unter Druck wahrzunehmenden Handlung darzustellen.

Allen äußeren Widrigkeiten zum Trotz gelang es Yoko Ono dann am 24. November 1961 in der Carnegie Recital Hall, auch eigene Arbeiten auszustellen. Das Programm bestand aus

A Grapefruit In The World Of Park, A Piece For Strawberries and Violin und *AOS – to David Tudor*. Für einen Eintrittspreis von 2,50 Dollar erlebten die Zuschauer ein multimediales Ereignis: Unter Mitwirkung von einigen bekannten Fluxus-Künstlern wurden Onos Anweisungen, die bewußt den damals wichtigen Happeningcharakter besaßen, ausgeführt. Das dreiteilige Ereignis bescherte dem Publikum ein Event, »in dem ein Darsteller zu einer Klangkulisse aus atonaler Musik, Gemurmel und heftigem Gelächter schilderte, wie man eine Grapefruit schält, eine Zitrone auspreßt und die Haare auf dem Kopf eines toten Kindes zählt.«[29] Schreien, schweres Atmen, Röcheln und Würgen waren besonders gewöhnungsbedürftige Ausdrucksmittel, die in späteren Performances und Kompositionen zum obligatorischen Accessoire gehören sollten. *A Piece for Strawberries and Violins* endete in einem gewalttätigen Ausbruch der Akteurin Yvonne Rainer, die das für die Performance benötigte Eßgeschirr zertrümmerte. Am Anfang des Stückes nahm sie an einem Tisch Platz und stand immer wieder auf. Yoko Ono intonierte dazu eine mit sehr hoher Stimme gesungene Arie, während die Silben rückwärts gesprochener Wörter im freien Rhythmus vorgetragen wurden. Hier sind zwei Elemente zu beobachten, die Yoko Ono auch immer wieder für ihre künstlerischen Arbeiten benutzte: Zerstörung und Lärm.

Auch andere Komponisten arbeiteten zu dieser Zeit mit antimusikalischen Mitteln, die am Ende – ad absurdum geführt – dafür sorgten, daß Töne und Klänge, das Hörbare schlechthin, aus den Werken verschwanden. Sie tauchten bis unter einen Begriff hinab, der die extremste künstlerische Position für Komponisten besetzt: die Stille. Das herausragende Beispiel dafür ist die Komposition *4'33"* von John Cage. Cage wählte die Bezeichnung »Music of Changes« für bestimmte Teile seiner Kompositionsarbeit, die Musik der Wandlungen. Eine Art Gegenpart dazu lieferte Yoko Ono dann durch die Kategorie *Music of Mind*. Eine ganze Serie von Events entstand unter diesem

Oberbegriff, zum Beispiel *Earth Piece* oder *Water Piece*. Das *Erdstück* präsentierte sich als besonders schwierige Aktion: Der Adressat dieses Events sollte den Klang der Weltkugel aufnehmen, den diese bei ihren Umdrehungen erzeugt. Das war natürlich unmöglich, denn diesen Sound kann niemand wahrnehmen. Hier zeigt sich aber deutlich eine Parallele zu Zen-buddhistischen Aktionen, denn »den Sound der Erde hören« verlangt lediglich, sich geistig mit dieser Aufgabe auseinanderzusetzen. Diese Gedankenarbeit setzte Yoko Ono in einer Gegenposition fort, in der sich die Flucht aus der Ausweg- und Endlosigkeit, aus der nicht erreichbaren Erleuchtung im Sinne des Zen interpretieren läßt: der Schrei, das ungebändigte Lärmen der Stimme. Das Konzept, Gefühle und unverarbeitete Erlebnisse mittels Schreien herauszulassen, findet sich wieder in *Voice Piece for Soprano – to Simone Morris* von 1961. Der Ausführungshinweis dazu lautet: »Schrei 1 – gegen den Wind. Schrei 2 – gegen die Mauer. Schrei 3 – gegen den Himmel.« Die Beschäftigung mit dieser Möglichkeit der Seelenbefragung und ihre Bewältigung findet sich Jahre später beim Umgang mit der Urschreitheorie des Psychiaters und Autors Arthur Janov wieder, bei dem Yoko Ono zusammen mit John Lennon therapeutisch behandelt wurde.

Stimme und Experiment – ein Paar, das für Yoko Ono die eigene Kindheitsgeschichte und die später beginnende Kunstperiode gleichermaßen definiert. Die aus ihrem Mund herausbrechenden Töne vollziehen in übereinstimmender Weise Emotionen und praktisch erlebte Situationen. Schreie, wie sie eine Frau ausstößt, die ein Kind auf die Welt bringt; Schreie der Angst vor dem Alleinsein; Schreie, die sich gegen errichtete Grenzen auflehnten. Die eigene Situation, die Yoko Ono als Kind aushalten mußte, findet sich in den nur partiell dem Singen ähnlichen stimmlichen Äußerungen.

Hinter der in ihren Werken lauernden und nach vorne drängenden Radikalität schimmerte trotzdem ein Hauch von Zartheit,

Emotion und Verletztlichkeit durch. Yoko Ono entwickelte sich nicht nur als skandalträchtige Künstlerin, sondern verarbeitete in gleichem Maße eine Art prosaisches Lebenskonzept.

Yoko Ono gehörte, neben Charlotte Moorman, Alison Knowles, Mieko (Chieko) Shiomi und Shigeko Kubota, in die Reihe der wenigen Frauen, die in der von Männern beherrschten und gelenkten Fluxuswelt als gleichberechtigte Künstlerinnen anerkannt wurden – wenn auch nur mühsam. Begriffe wie Gleichberechtigung oder Emanzipation zählten anfangs noch nicht zur Grundausstattung gesellschaftspolitischer Diskussionsrunden. Denn diese Gesellschaft prägte die Frauen mit den Insignien der verknöcherten, lebens- und spaßfeindlichen Prinzipien der fünfziger Jahre: Heim, Herd, Kirche, Kindererziehung. Aber für Yoko Ono gehörte leidenschaftlicher Radikalfeminismus nicht zur Kampfausstattung. Dazu war sie zu sehr in eine Künstlerwelt integriert, in der die Männer zwar das Sagen hatten, sie aber trotzdem als Künstlerin mittlerweile akzeptierten. Sie brauchte daher nicht mehr ständig um Anerkennung zu ringen; ihr künstlerischer Ausdruck sprach für sich.

Erst Jahre später, als sie schon mit John Lennon zusammenlebte, sollte sie ihren Namen und seine Popularität als Werbeträger für eine Sache, die längst überfällig war, nutzen: Gleichberechtigung für Frauen in allen Lebensbereichen.

Aber zurück zur Chambers Street und den Aktionen im Loft.

Daß die Performances vor einem zahlenmäßig kleinen Publikum stattfanden, überrascht angesichts der Größe der Räume nicht, aber es waren sehr eindrucksvolle Aktionen in erlauchtem Kreis. Am Tag eines der ersten Loft-Konzerte hatte es kräftig geschneit – vielleicht ein Grund, warum nur fünfundzwanzig Personen der Veranstaltung beiwohnten. Aber alle, die gekommen waren, gehörten zum harten Kern der Kunstkenner. Es waren Freunde und Bekannte von Yoko Ono, eine intime, kleine Gruppe, die selbst künstlerisch aktiv war. Zu den Interessierten gehörten aber ebenso schon etablierte Künstler wie

John Cage, Marcel Duchamp oder die Kunstmäzenin Peggy Guggenheim. Sie alle trieben den Fluxusgedanken vorwärts. Über die Besuche von Marcel Duchamp freute Yoko Ono sich besonders, denn die geistige Verwandtschaft zwischen beiden lag in der Inspiration, die sie aus dem Dadaismus schöpften, begründet. In *Grapefruit* reflektierte Yoko Ono ihre ersten Performances und gibt kurze, prägnante Hinweise für auf den ersten Blick undurchführbare Aktionen. Dieses mit theoretischen und praktischen Handlungsanweisungen versehene Eventbuch *Grapefruit* erschien 1964 in einer Auflage von fünfhundert Exemplaren in der »Wunternaum Press« in Tokio und New York. Später erwarb der deutsche Verlag »Bärmeier & Nikel« ebenfalls eine Lizenz, brachte jedoch nur eine stark gekürzte Ausgabe heraus.

Yoko Ono verfolgte mit dem Buch eine Mission, sie glaubte, dadurch die Phantasie und den Gestaltungswillen interessierter Künstler anregen zu können. Natürlich: Die Aufforderung, auf den Klang der sich drehenden Erde zu hören, ist auf den ersten Blick undurchführbar. Das wollte sie auch nicht wörtlich verstanden haben, vielmehr beabsichtigte sie so die Gedankenarbeit anzuregen, um mit diesen kleinen Inspirationen aus festgefahrenen Vorstellungen auszubrechen und Dinge, Ereignisse, Erlebnisse, Träume von einer anderen Position aus zu betrachten.

Ähnliches hatte Duchamp einige Jahrzehnte vorher durch die Beschriftung seiner Readymades erreicht. Ein profaner Flaschenständer stand durch das Hinzufügen weniger Wörter in einem völlig neuen Kontext. Wie schwierig jedoch für das Publikum der Umgang mit derartigen Spielereien war, zeigt die Reaktion auf Duchamps wie auf Yoko Onos Arbeiten. Die Zuschauer nahmen ihre Anregungen zu wörtlich, zu ernst, als daß sich noch Spaß und Freude daraus hätte entwickeln können. Die Ernsthaftigkeit, mit der die Kunstwelt etwa Duchamps Werk »Fountain«, ein auf den Kopf gestelltes Pissoirbecken, betrachtete, verhinderte genau das, was er eigentlich hatte erreichen wollen: hemmungsloses Lachen über ein Kunstwerk, welches gar keines ist. Yoko Ono erlebte mit einer Arbeit wie *Waterclock* etwas ähnliches. Ein Plastikrohr, zwei Tischtennisbälle und Wasser, diese Gegenstände wurden dem Betrachter vorgesetzt. Das Arrangement als Wasseruhr zu begreifen, sollte nur durch die Imagination des Betrachters real sein. Die Vorgabe der Künstlerin bestand ausschließlich in der Anregung, in dem Hinweis auf eine mögliche Definition.

Trotz des Beifalls etlicher Prominenter deutete sich ein durchschlagender Erfolg für Yoko Ono noch nicht an, was ihr ziemlich zusetzte. Dieses Gefühl, das wußte sie, versprach nichts Gutes, und dieses Bewußtsein stürzte sie in noch mehr Selbstzweifel. Die Mißachtung der Kritiker machte ihr mehr und mehr schwer zu schaffen, denn in der Presse erschienen kaum Artikel über die Veranstaltungen in ihrem Salon. Auch ihre Familie versagte ihr die Anerkennung als Künstlerin, weil sie die Frauenrolle, die die Tochter anstrebte, ablehnte. Das alte Motiv verfolgte sie noch immer – das Aufbegehren gegen die Familie. Yoko Ono wollte sich ein Leben lang durch ihre radikal-moderne Kunstauffassung vom traditionellen japanischen Frauenbild abwenden. Das paßte der Familie nicht ins Weltbild und entzweite sie für immer. Und dann der massive Plagiatsvorwurf der Kritiker. Das zwang sie so weit in die Knie, daß sie sich sogar das Leben nehmen wollte. »Als Teenager versuchte ich immer wieder, meine Pulsadern aufzuschneiden oder Tabletten zu schlucken. Und später war ich trotz massiver Unterstützung meiner Arbeit durch meine drei Männer immer eine frustrierte Künstlerin. Ich hatte das Gefühl, meine Arbeit würde von der Gesellschaft nicht anerkannt.«[30]

Yoko Ono antwortete auf die Nichtbeachtung trotzig mit kompromißloser Kunst – aber auch mit Humor. Denn es waren nicht nur die Anlehnung an Zen-buddhistische Traditionen und Duchamps Kunst, die ihre Events kennzeichneten. – Übrigens:

Die Bezeichnung »Event« benutzte der Fluxuskünstler George Brecht 1959 als erster: Präzise, knapp formulierte, auf das Notwendige reduzierte, schriftlich fixierte Notationen und Anweisungen war seine Definition dafür. Seine Handlungsvorgaben und später auch die von Yoko Ono richteten sich fast immer an das anwesende Publikum, das als anonyme Akteursmasse jetzt in das jeweilige Werk miteinbezogen wurde. Der Künstler fungierte insofern nur als Anreger und Antreiber, und je skurriler und humoristischer seine Regie war, desto mehr entglitt sie seinen Händen. Das war gewollt, und das war der spontane, nicht vorhersehbare Überraschungseffekt von Fluxus.

Eine Arbeit wie *Half-A Room* von Yoko Ono besteht somit genauso aus Witz und Ironie wie aus Provokation und neuer Sicht auf bekannte Gegenstände. Kurze, prägnante Anweisungen, die wie eine abgewandelte Form der Haikus (drei Zeilen, siebzehn Silben) gelesen werden können, reichen aus, die Umsetzung ihrer Gedanken und Pläne auf plastische Art zu bewerkstelligen. In diesem lyrischen Format dokumentierte sie einmal mehr ihre Wurzeln, nämlich das streng-orthodoxe Japan und ihre Auseinandersetzung damit. Dagegen stand das tatsächlich realisierte Ereignis, das den Avantgardecharakter ihrer Kunst offenbarte.

Depressionen in Japan

Aus dem Mißverhältnis zwischen Anspruch und Realität heraus fiel Yoko Ono einerseits in depressive Zustände und flüchtete sich andererseits immer mehr in in einen hektischen Aktionismus. Nach einer kurzen Zeit halbwegs überzeugender Konzerte in der Chambers Street wechselte sie im März 1962 ihren Aufenthaltsort und ging nach Tokio, wo ihre Familie und mittlerweile auch Noch-Eheman Toshi Ichiyanagi lebten. Der vorgeschobene Anlaß dazu war die bevorstehende

Verlobung ihres Bruders Keisuke. Sie brauchte die Familie jetzt, das spürte sie intensiv.

In Tokio schloß sie sich der japanischen Fluxusgruppe »Hi-Red Center« an, ohne jedoch wirklich ein Mitglied dieser Vereinigung zu sein. Am persönlichen künstlerischen Erfolg änderte sich kaum etwas – man beachtete sie und ihre Arbeiten nicht genug. So empfand sie es jedenfalls. Sie war sehr niedergeschlagen, krank vor Traurigkeit. Ihre Depressionen nahmen stetig zu, die Gefahr eines Selbstmordes war ständig gegeben. Schließlich sahen Familie Ono und Ehemann Toshi Ichiyanagi keinen anderen Ausweg mehr, als Yoko in ein Sanatorium einzuliefern. Das passierte auf Veranlassung ihrer Eltern und mit nachträglicher Billigung des Ehemanns. Der über Yokos Zustand sehr erschrockene Toshi Ichiyanagi besuchte sie häufig. Vielleicht hatte er ein schlechtes Gewissen, sie in Amerika allein gelassen zu haben? Anfänglich hatte sich Yoko Ono aus der persönlich-künstlerischen Verbindung mit Ichiyanagi für ihre eigenen Pläne sehr viel versprochen, aber auf beiden Ebenen war wenig übriggeblieben. Das wußten auch beide, jedoch fühlten sie sich verantwortlich füreinander. Schuldgefühle kamen trotzdem auf, die der Ehemann vielleicht durch ständige Besuche im Sanatorium und die fürsorgliche Betreuung seiner Frau zu lindern suchte.

In diesen schweren Tagen und Wochen der Traurigkeit fand eine Begegnung statt, die für Yoko Ono aber wieder einmal richtungsweisend sein sollte, obwohl sie anfänglich ihren Besucher mit einiger Skepsis betrachtete. Der junge Mann, um den es hier geht und den Toshi Ichiyanagi mitbrachte, hieß Anthony Cox und kam aus New York. Er arbeitete als Maler, Filmemacher und Musiker und kam 1937 als Sohn des Maler-Ehepaares George und Millicent Cox, geborene Gootkin, zur Welt. Seine Mutter starb an Krebs, als er sechzehn Jahre alt war. Tony Cox wuchs, ähnlich wie Yoko Ono in einer christlich-buddhistischen, aber auch christlich-jüdisch geprägten Familie auf. Millicent Gootkin war die Tochter eines jüdischen Engländers, der als Tischler arbeitete. In Tonys Leben spielten die jüdischen Traditionen auch wegen der in der Nachbarschaft wohnenden Deutschamerikaner eine untergeordnete Rolle. Niemand durfte davon etwas wissen. Aber Tony wußte die Erwartungen des anderen stets geschickt zu nutzen, denn ihm gelang es immer, so seine Tante Blanche Greenberg, von jedem das zu bekommen, was er haben wollte.[31] Flucht und Verstecken prägten immer seine Existenz, und er kam bereits im jugendlichen Alter mit der Kriminalität in Berührung.

Über das Studium an der Cooper-Union-Kunstschule machte Cox die Bekanntschaft mit den Künstlern um John Cage sowie mit La Monte Young. Aber Anthony Cox blieb trotz der Möglichkeiten und Aussichten auf eine Karriere als Künstler ein Mensch, der sich oft nur durch seine kriminellen Handlungen zu helfen wußte. Selbst seine Mäzene waren vor den betrügerischen Aktionen nie sicher. Als er dann noch Kontakt zur Drogenszene bekam und auch in dieses Geschäft einstieg, war er vollends abgerutscht. Plötzlich hatte er das eigentlich nicht gewünschte Berufsziel als professioneller Gangster vor Augen.

Seine Reise nach Japan war somit vorrangig eine Flucht vor den amerikanischen Behörden und keine Studienfahrt. Er mochte Yoko Ono sofort. Und vielleicht waren es zwei Ertrinkende, die sich hier trafen. Das spürten sie. Er versuchte Yoko Ono von den Beruhigungsmitteln, die sie ständig verabreicht bekam, wegzubringen. Er kannte sich schließlich aus im Drogengeschäft und wußte um die Folgen. Mit List gelang es ihm schließlich, Yoko Ono aus dem Sanatorium herauszuholen. Sie aber war längst nicht von ihren Depressionen geheilt.

Obwohl diese persönlichen Probleme ihr Leben in dieser Phase fast völlig beanspruchten, arbeitete sie dennoch immer wieder als Künstlerin. Für ihren Landsmann Takahiko Iimura, der den unabhängigen Undergroundfilm förderte und selbst als Regis-

seur arbeitete, komponierte Yoko Ono die Filmmusik zu »Ai«.
Die filmische Unterlegung dazu: Ein kopulierendes Paar wird in
überdimensionalen Großaufnahmen gezeigt, so daß nur noch
sich verschiebende Flächen zu sehen sind.

Zen-Buddhismus und die japanische Kultur

In den Anfängen bestand das Werk Yoko Onos nur
aus den *Pieces* – Stücken, die sich nur aus kurzen Handlungsanweisungen zusammensetzten. Später erst kamen dreidimen-
sionale, gegenständliche Arbeiten hinzu. Die Basis dieser *Pieces* ist in der japanischen Religion und hier im besonderen im
Zen-Buddhismus zu suchen. Die uralte Lehre aus der Meditation, die zur Erleuchtung des Geistes führen soll, war in der
christlich orientierten Familie Ono aber eigentlich kein Thema.
Doch durch ihre Abkehr vom Materialismus fand Yoko Ono
einen Weg, über Existenz und Geistigkeit nachzudenken, so
daß die spirituellen Weisheiten des Zen zu einer sprudelnden
Inspirationsquelle für sie wurden.
»Sollte also ›Zen‹ überhaupt verdeutscht werden«, schreibt der
Religionsphilosoph und Psychologe Alan Watts, »so entspricht
ihm am nächsten ›Erleuchtung‹. Aber gleichwohl ist Zen nicht
nur Erleuchtung, es ist auch der Weg, auf dem man sie erreicht.«[32] Konkret gibt es zwei Möglichkeiten, die technische
Ausgestaltung des Zen zu erreichen: Satori und Koan. »Seinem
Wesen nach ist Satori ein unerwartetes Erlebnis, und man
beschreibt es öfter als ein ›Umschlagen‹ des Gemüts, so wie eine
Waage plötzlich umschlägt, wenn man in eine der Schalen so
viel Material schüttet, daß das Gewicht der andern überwogen
wird. Deswegen ist es ein Erlebnis, das im allgemeinen eintritt,
nachdem man sich lange und konzentriert bemüht hat, die
Bedeutung des Zen zu ergründen.«[33]
Koan dagegen entwickelt sich im Ergebnis als eine Art der Fra-

gestellung zwischen dem Meister und seinem Schüler. Diese enthält dabei »ein Problem, das keine verstandesmäßige Lösung zuläßt. Die Antwort entbehrt der logischen Verknüpfung mit der Frage, und die Frage selber ist von solcher Art, daß sie des Verstandes spottet.«[34] Der Insider Alan Watts gibt dafür ein paar Beispiele, von denen das folgende in besonderer Weise die späteren Eventanweisungen Yoko Onos vorwegnehmen sollte: »Ein Schall entsteht beim Zusammenschlagen zweier Hände. Welch ein Schall entsteht beim Zusammenschlagen einer Hand?«[35] Auch das kontemplative Gespräch verlagerte Yoko Ono in eine monologische Handlungsanweisung, die den paradoxen Inhalt des Zen in eine spielerisch-dekadente Variante überführte. Das bereits erwähnte Buch *Grapefruit* ist als Sammelwerk onoistischer Ereigniskunst in diesem Zusammenhang von großer Bedeutung:

»Tonbandstück 1
Stein
Nimm den Lärm auf,
den ein Stein beim Altern macht.

Kopfbild 1
Betrachte sorgfältig drei verschiedene Bilder.
Bring sie dann in deinem Kopf durcheinander.«[36]

Diese Beispiele zeigen, daß Yoko Onos Eventanweisungen keine paradoxen Wortspielereien sind, sondern aus einem tiefen Verständnis zen-buddhistischer Weisheiten und Erklärungen resultieren. Auch das poetische Bild »Himmel« besitzt im Zen eine dominante Bedeutung, denn er ist ein Weg, die Erleuchtung als zielgerichtetes Handeln zu erreichen. Dieser geographisch nicht eingrenzbare Begriff besaß für Yoko Ono zweierlei Bedeutung: zum einen in der Zen-buddhistischen Verwurzelung zu ihrer japanischen Heimat und zum anderen die Erinnerung an den Himmel der Kindheit, der besonders während der Evakuierung im Zweiten Weltkrieg für Yoko Ono eine wichtige Bedeutung hatte. »Das einzige, worauf ich mich freuen konnte, war der Himmel, der immer ein altvertrauter, konstanter Faktor war. Damals habe ich mich gewissermaßen in den Himmel verliebt.«[37]

Diese Liebe war von Dauer. Anfang der sechziger Jahre entwickelte sie einige Himmelsstücke, die sowohl als Event als auch als Objekt ausgeführt wurden:

»Bild zum Betrachten des Himmels
Mach zwei Löcher in eine Leinwand.
Häng sie dann so auf, daß du beim
Durchschauen den Himmel siehst.
(Häng sie an verschiedenen Stellen auf,
um festzustellen, ob es verschiedene Himmel gibt.)«[38]

Bei den plastischen Arbeiten zum Himmelsthema variierten die Eventanweisungen. Die Beispiele zeigen aber immer, wie realitätsnah der Bezug zum imaginären Ort »Himmel« hergestellt wird:

Sky Piece No. 1: Glass Keys To Open The Skies (1967): ein Objekt bestehend aus vier gläsernen Schlüsseln, die in einer Box aus Plexiglas hängen;
Sky Machine (1965): rostfreier Stahl mit Gravuren sowie anderes Metall und handgezeichnete Karten;
Sky Clock (1965): Weckeruhr ohne Zeiger mit Himmelsmotiv;
Sky TV (1966/97): Fernsehkamera, Monitor und Verbindungskabel.

Einen zweiten Aspekt, der Yoko Onos künstlerische Arbeit in den japanischen Kulturtraditionsformen aufzeigt, stellen Nuancen und Figuren des Kabuki-Theaters dar, eine am Ende des sechzehnten Jahrhunderts entstandene volkstümliche Spielgattung. Kabuki ist ein Tanz, der ausgelassene Fröhlichkeit und erotische Spielarten zuläßt. Aber wie vieles im alten Japan, was Frauen eine eigenständigere Rolle einzunehmen ermöglichte, wurde ihnen der Kabuki-Tanz verboten und die Männer tanzten ihren Part. Yoko Ono fand hier viele Elemente, die sie für die eigene Arbeit nutzen konnte. Maskerade und die typisch geschminkten Gesichter sind wichtige Kennzeichen des Kabuki-Schauspielers, bei denen sich auch Parallelen zur Performancekunst Yoko Onos ziehen lassen. Diese Vereinnahmung einer Rolle, das Hineinschlüpfen in die Haut eines anderen charakterisierte ihre Arbeit besonders in der sogenannten *Bagism*-Periode. Auch in den Beschreibungen ihrer Events finden sich Ähnlichkeiten:

»Maskenereignis 1
Mach eine Maske, die größer ist als dein Gesicht.
Poliere diese Maske jeden Tag blank.
Wasche am Morgen statt deines Gesichts die Maske.
Wenn dich jemand küssen will,
muß er statt dessen die Maske küssen.«[39]

Natürlich haben diese Zeilen etwas von einer naiven Einfachheit. Sie erzeugen belustigtes Schmunzeln, ohne daß man sie zu ernst nehmen darf. Aber Yoko Ono gelang es auf diese Weise, einen Finger in die gesellschaftlichen Wunden Japans zu legen. Sie hielt dem Land, das auf dem Weg in eine total auf Materielles fixierte Gesellschaft war, den Spiegel vor. Yoko Ono zeigte sich erschüttert über die in Siebenmeilenstiefeln auf den Kapitalismus zustürzende Gesellschaft und versuchte, der Entwicklung spirituelle Formen entgegenzusetzen. Noch stärker kommt dieses Bemühen in ihren Anleihen beim Butoh-Tanz zum Ausdruck, der in den sechziger und siebziger Jahren aufkam, um gegen die Verwestlichung anzutanzen. Als ein Mittel gegen

Entfremdung von der eigenen Tradition verstanden die Anhänger dieses Tanzes ihre Kunst. Sie rebellierten gegen den
absoluten Materialismus, der besonders aus den Vereinigten
Staaten auf die Inseln herüberkam. Yoko Ono, die selbst in den
USA ihre künstlerische Basis fand, pendelte zwischen zwei
Welten, ohne sich endgültig für eine von ihnen entscheiden zu
können.

Zwischen Publizität und privatem Glück

Im Sogetsu Contemporary Art Centre in Tokio
wurden am 24. Mai 1962 Werke von Yoko Ono im Programm
angekündigt. Neben anderen Stücken verzeichnete ein Hand-
zettel folgende Exponate:

a piece for chairs # 1,
a piece for strawberrys and violin,
a smoke piece,
a water piece,
an imaginary piece.

Während der Veranstaltung führte Yoko Ono eines ihrer ersten
Stücke, *Lighting Piece* aus dem Jahre 1955, dem Publikum vor.
Die Handlungsanweisung »Light a match and watch till it goes
out« ist ein weiteres Zeugnis ihrer interaktiven Kunstauffassung:
Die Zuschauer müssen die eigentlichen Akteure der Performan-
ces sein, lautete immer wieder ihr Credo. Während dieser Auffüh-
rung saß Yoko Ono auf dem Schemel vor einem Flügel, Kopf und
Oberkörper leicht geneigt, die langen schwarzen Haare fielen ins
Gesicht. Sie entzündete ein Streichholz, in der linken Hand hielt
sie eine Zigarette. Das im Grunde ganz profane Rauchen einer
Zigarette wurde in diesem Augenblick zu einer poetischen Geste,
alles Materielle trat hinter dem Emotionalen und Geistigen zu-

rück. Da die Zigarette nicht angezündet wurde, erfüllte sich *Lighting Piece* in Vollendung, die relativ kurze Zeitspanne vom Anreißen des Streichholzes bis zum Erlöschen der kleinen Flamme nötigte zur stummen, intensiven Beobachtung.

Dieses kleine poetische Werk verarbeitete sie 1966 auch als Film *Number 1 (Fluxfilm 14)*. Kameramann Peter Moore nahm den Abbrennvorgang in Zeitlupe auf, so daß die gefilmte Aktion auf fünf Minuten gestreckt wurde. In dieser Arbeit manifestierten sich ihre medienübergreifenden Darstellungsmöglichkeiten: in textualer Hinsicht gab es die schriftliche Anweisung, als Aktionskunst die Live-Performance und als wiederholbares Ereignis den Film. Der Kontext zwischen Idee und Ausführung bewegte sich auf der Ebene der Zen-buddhistischen Philosophie – Notation des Events und Performance als Metapher für Frage und Antwort. Ein Beispiel dafür war ebenso die Ausstellung *Instructions for Painting* im Sogetsu Contemporary Art Center. Denn sie lebte nur von der hinter *Grapefruit* steckenden Idee. In den Räumen hingen keine Bilder, sondern es gab nur von Toshi Ichiyanagi, ihrem Ehemann, übersetzte Texte zu lesen. Auch diese Anweisungen richteten sich an das Publikum, das durch seine aktive Beteilung erst den Erfolg der Ausstellung garantieren würde: *Painting for the Wind* und *Painting to be Stepped on* – »Laß ein Stück Leinwand oder ein fertiges Bild auf dem Fußboden oder auf der Straße herumliegen.«[40]

Wie sehr diese und auch spätere Werke in der traditionellen japanischen Kultur verwurzelt sind, wird einmal mehr deutlich, wenn die literarisch-philosophischen Formen berücksichtigt werden. Haiku, Kabuki oder auch der Butoh-Tanz finden ihr Echo in den Objekten und minimalistischen Happenings Yoko Onos. Die Verbindung zwischen der Natur und den Auswirkungen menschlichen Handelns zeigen sich in der vollständig klaren Standortbestimmung, die Yoko Ono für ihre Arbeiten vom Publikum einforderte. Wer sich darauf einläßt, die von der Künstlerin vorgegebenen Anleitungen auszuführen, wird zum Mittelpunkt japanisch geprägter Darstellungsformen. Anklänge und Parallelen zu Zen-buddhistischen Übungsabläufen sind in diesen frühen Werken zu entdecken, obwohl Yoko Ono, wie bereits erwähnt, aus einem auch stark christlich geprägten Elternhaus stammt. Vor allem geistige Reinheit, das oberste Ziel der japanischen Religion, strebte sie während dieser Schaffensperiode an. Besonders in John Cage fand sie einen ebenfalls von Zen beeinflußten geistigen Seelenverwandten, dessen Arbeiten stark mit dem Prinzip des Zufalls (Aleatorik) verbunden waren. Der Zufall spielte im Werk Yoko Onos immer dann Regie, wenn das Publikum aufgefordert war, ihre nur aus einer Idee bestehenden Arbeit zu vollenden. Spätestens dann gab Yoko Ono die Regie aus der Hand und überließ den Zuschauern das Betätigungsfeld. Auch die von John Cage aus dem Buch »I Ging« entnommenen Inspirationen waren eine weitere Quelle für Yoko Ono, die ihre Wanderung zwischen zwei Welten mit dem Rüstzeug ihres Lehrers im Gepäck fortsetzte. Neben diesen philosophischen Grundlagen schöpfte sie aus ihren Kindheitserinnerungen, die auch von den Kriegsereignissen und den damit verbundenen Entbehrungen, Ängsten und Überlebenssorgen geprägt waren.

Yoko Onos Beziehung zu Anthony Cox entwickelte sich zu einem Liebesverhältnis. Eine Tatsache, die die konservativen Eltern von Yoko Ono erneut mit Furcht und ablehnender Distanz beobachteten. Doch Yoko Ono war glücklich – eine positive Nebenwirkung dieser neuen Beziehung: Die Kontakte zur New Yorker Fluxusgemeinde wurden jetzt durch ihre Verbindungen zu Anthony Cox und Toshi Ichiyanagi, die in dieser Szene zu Hause waren, noch intensiviert. Und so ergab sich für sie die Möglichkeit, gemeinsam mit John Cage und David Tudor im Herbst 1962 eine sechs Wochen dauernde Japantournee zu starten. Die nötigen Kontakte, die auch für eine positive öffentliche Meinung zur Tournee sorgten, stellte Toshi Ichiyanagi, der Aufsätze zu John Cage und zu aleatorischen Kompositionsarbeiten publizierte, her.

Die Japantournee mit den beiden wichtigen und anerkannten amerikanischen Künstlern bedeutete für Yoko Ono Genesung von ihrer schon so lange andauernden psychischen Krankheit. Sie sah wieder Licht am Horizont, und sie fühlte plötzlich wieder, daß sie gebraucht wurde. Entsprechend enthusiastisch war ihr persönliches Engagement. Aus Dankbarkeit für die Unterstützung bei der Tournee und zu Ehren von Yoko Ono und Toshi Ichiyanagi widmete John Cage ihnen sein 1952 komponiertes und uraufgeführtes revolutionäres Klavierstück *4'33"* *(No. 2) (0'00")*. Dieses Werk der von ihm so genannten »verschwundenen Musik« zeigt in seiner konsequenten Endgültigkeit eine besonders gravierende Parallele zu den Eventanweisungen Yoko Onos aus dieser Zeit auf. Beim Cage-Stück passiert durch den Klavierspieler während *4'33"* nichts, nur das Publikum gestaltet die Komposition, indem es sie mit Leben (Geräusche, Atmen, Stühlerücken etc.) füllt. Auch Yoko Ono überläßt es dem Publikum, Werke wie *Painting To Be Stepped On* inhaltlich zu gestalten.

John Cage stellte seine Komposition »Music Walk« im Tokyo Cultural Centre vor. Yoko Ono agierte gemeinsam mit David Tudor: Während sie auf dem offenen Flügel liegt, präpariert John Cage die Klaviersaiten. David Tudor läuft mit einem weiteren männlichen Darsteller um den Flügel herum. Der Weg der Geher um ein Musikinstrument sollte so etwas wie eine »Musik ohne Töne« demonstrieren.

Und John Cage zeigte ein weiteres Mal seine Dankbarkeit, als er das folgende Mesostichon für Yoko Ono schrieb:

»coolest guY
        wOman
  living haiKu
       dOing
       vOice
      Never
    befOre«.[41]

Das war eine große Ehrenbezeugung, die der Mentor und Über-vater John Cage der Japanerin entgegenbrachte.

Obwohl Yoko Ono von Toshi Ichiyanagi noch nicht geschieden war, heiratete sie am 28. November 1962, nach dem Ende der Tournee mit John Cage, ihren amerikanischen Lebensgefährten Anthony Cox. Der Wirbel, den es natürlich um diese »Ehe« gab, war übergroß. Doch die Sache fand bald ein glimpfliches Ende: Nachdem die Scheidung von Ichiyanagi am 1. März 1963 erfolgen konnte, heiratete Yoko Ono am 6. Juni 1963 noch einmal und legalisierte so ihre Ehe mit Anthony Cox. Zu diesem Zeitpunkt war sie bereits schwanger, überlegte aber, ob sie das Kind überhaupt zur Welt bringen sollte. Ärzte und Ehemann Anthony redeten ihr erfolgreich zu, weil sie eine erneute Abtreibung wahrscheinlich nicht überleben würde. Und sie faßte den Entschluß, die Schwangerschaft auszutragen.

Don't Worry Kyoko

Yoko Ono war gerade dreißig Jahre alt, als sie am 8. August 1963 ihre Tochter Kyoko zur Welt brachte. Der Vater des Kindes, Anthony Cox, war der Ansicht, daß seine Ehefrau ein Kind brauche, ganz so, wie das dem natürlichen Rollenverhalten entsprechend zu erwarten sei. Das war nicht nur eine seltsam anmutende, äußerst biedere Meinung über die familiäre und gesellschaftliche Stellung der Frau, das war auch der Versuch, der querdenkenden Künstlerin Yoko Ono nachdrücklich die Aufgaben einer Mutter und Ehefrau aufzudrängen. Bei ihm trat hier ein latenter Unterdrückungswille zutage, der also auch in aufgeklärten Künstlerkreisen – natürlich unter der Oberfläche – gang und gäbe war.

Cox fühlte sich in Japan sowohl als Vater als auch als Amerikaner sehr wohl. Tokio hätte sein zweites Zuhause werden können, aber dagegen wehrte sich Yoko Ono. In Amerika konnte sie frei atmen, frei agieren, ihre freie Entfaltung probieren. Sie vermißte das alles – trotz der teilweise negativen Erinnerungen an die Stadt New York und die dortigen Stätten der Kunst. Es stellte sich heraus, daß die »Flucht« nach Japan genau das Gegenteil bewirkte, was die Reise eigentlich bringen sollte. Die Sehnsucht nach Amerika war trotz der dort noch immer zu spürenden respektlosen Intoleranz ihr gegenüber größer als alles andere.

Natürlich, auch die Fluxus-Szene in Tokio rastete nicht, sondern expandierte recht spektakulär. Da wäre sicher ebenso für Yoko Ono ein geeigneter Platz frei gewesen, aber die nichts verzeihende japanische Gesellschaft und die unerbittlich ablehnende Haltung ihrer Eltern ließen sie hier nicht heimisch werden. Anthony Cox konnte somit seine Ehefrau, die ihre Mutterrolle nur widerstrebend und oberflächlich akzeptierte, nicht im Hause halten. Das Mutterdasein überforderte sie zunehmend. Auch ihre zweite Ehe war schon nach der Geburt ihres Kindes nicht frei von Spannungen und Zwistigkeiten. Bereits damals zeigten sich Komplikationen, die später, nach der Trennung von Anthony Cox, in wilde Streitigkeiten um das Sorgerecht ausarteten.

Während der zwei Jahre in Japan arbeitete Yoko Ono weiter an ihren Objekten. *Bag Piece* wurde in Tokio aufgeführt, das bahnbrechende *Cut Piece* erblickte 1964 in Kyoto das Licht der Öffentlichkeit.

In der Kunst fand Yoko Ono die Bestätigung, Ehefrau und Mutter wollte sie nie sein. »Daß Yoko von der Mutterschaft völlig überfordert war, steht außer Frage; was ihre künstlerischen Ambitionen anging, bedeutete Kyoko eher eine Behinderung. Tatsächlich war Yoko Ono wesentlich stolzer auf ihr erstes echtes konzeptuelles Kunstwerk, *Grapefruit* – eine Sammlung von ›Wortfolgen‹, bei denen es sich um Aktionsanweisungen handelte wie: ›Entzünde ein Streichholz und sieh ihm zu, bis es ausgeht‹ oder ›Schneide ein Loch in einen Sack mit Samenkörnern und stelle ihn in den Wind‹ – als auf ihre kleine Tochter.«[42] Diese Diskrepanz zwischen der unfreiwilligen Mutterrolle und der Sehnsucht nach künstlerischer Kompetenz und Anerkennung war nicht dazu angetan, ihre Depressionen aus der Welt zu schaffen. Das war nur zu erreichen, indem sie dem negativen Einfluß des japanisch gefärbten Familienlebens entfloh und dahin zurückkehrte, wo sie ihre Pläne verwirklichen konnte. Das gelobte Land hieß natürlich Amerika, und zwar das Amerika von Cage, Maciunas, Nam June Paik und Alison Knowles. Zu diesem Zeitpunkt entwickelte sie immer stärker die andere Seite ihrer Persönlichkeit: die starke, durchsetzungsfähige, zielorientierte Frau, die ihren Weg gehen will, die nicht fremdbestimmt, sondern aus eigener Kraft und mit unbeugsamem Willen ihre Ziele verfolgt. Yoko Ono selbst zog im Hinblick auf diese Aufbruchphase später eine Parallele zu Nora Helmer aus dem Theaterstück »Nora oder ein Puppenheim« von Henrik Ibsen. »Nora hat ihren Mann und ihre Kinder verlassen, um unabhängig zu werden. Für mich symbolisiert Nora eine frühe feministische Haltung.«[43] Ihr Entschluß stand nun fest: Sie wollte aus Japan verschwinden, nach Amerika zurückkehren und sich in der dortigen Kunstszene weiter etablieren.

Das Verhältnis von Yoko Ono zu ihrer Tochter Kyoko war immer geprägt von zwei vermeintlichen Gegensätzen: Gleichgültigkeit und echte Sorge. In der frühkindlichen Lebensphase, als das Mädchen beide Elternteile – und die Mutter ganz besonders – brauchte, störte sie Kyoko fast immer. Yoko Onos Aktivitäten waren einfach nicht mit ihren familiären Pflichten in Übereinstimmung zu bringen. Es war somit Anthony Cox, der Vater, der sich vermehrt um das Kind kümmerte. Und in den Zeiten, in denen Yoko Ono plötzlich wieder ihre Muttergefühle spürte und unbedingt die Tochter sehen und bei sich haben wollte, hielt Cox sie mit allen Mitteln davon ab, dem Kind die Wechselbäder zuzumuten. Ihr ambivalentes Verhalten zu ihrem Kind Kyoko offenbarte sich schon in merkwürdigen Reaktionen. Und das war auch nach der Ermordung Lennons bei Sean, ihrem gemeinsamen Sohn, nicht anders. Auch ihn ließ sie nicht an sich heran. Yoko Ono blieb stets allein, in sich gekehrt, für Außenstehende kaum zugänglich. Sean spielte so auch in der Zeit der Trauer um John Lennon keine Rolle, er war zwar ihr Kind, aber sie hielt ihn stets von sich fern und schloß ihn aus ihrem Leben aus. »Mir ging's wie einer Ertrinkenden, mir fehlte die Energie, nach ihm zu greifen. Und er erinnerte mich so sehr an John! John und Sean waren sich so nah, daß ich dachte, ohne John wären wir keine Familie. Ihn anzusehen war schmerzlich. Es war schwer, den Schmerz des anderen zu sehen.«[44] So erklärt sie ihr Verhalten selbst.

Für Yoko Ono waren ihre Kinder so zeit ihres Lebens Fremde. Als ihre Tochter Kyoko erwachsen war, brach der Kontakt zur Mutter sogar phasenweise völlig ab. In einem Interview aus dem Jahr 1984 äußerte sich Yoko Ono zu ihrem zwiespältigen Verhältnis zu Kyoko: »Seit meinem 30. Lebensjahr war ich damit beschäftigt, mir meinen Platz im Leben zu erkämpfen. Ich war noch nicht reif, ein Kind zu haben. Tony Cox, mein damaliger Mann, ließ sich von mir scheiden und verschwand mit der Kleinen. Seither haben wir uns kaum noch gesehen. 1979 hat er mal angerufen, um John und mich in New York zu besuchen ... Aber Tony ist nie erschienen. Nach Johns Tod hat Kyoko mir ein Beileidstelegramm geschickt – das war das letzte Lebenszeichen, das ich von ihr bekommen habe.«[45] Damals appellierte sie sogar an die Tochter, mit ihr Verbindung aufzunehmen, aber wahrscheinlich ahnte sie, daß dies nur eine Reaktion in einem einsamen Moment war. Anthony Cox fügte sich leidlich und nicht ganz freiwillig in die Hauptrolle in der Familie, denn auch er sah seine Hauptaufgabe in der Umsetzung des eigenen künstlerischen Anspruchs. Aber er war zu sehr ein liebender Vater, was sich auch durch die Aktionen äußerte, durch die er seine Tochter vor der suchenden Mutter abschirmte.

Die Beziehung zur im Grunde immer unerwünschten Tochter ist ein dunkles Kapitel in Yoko Onos Leben. Aber auch sie blieb vom nagenden schlechten Gewissen nie verschont, der Schmerz über die eigene Unfähigkeit und die Scham über das charakterlose Verhalten dem Kind gegenüber quälten sie in Abständen immer wieder. Es existiert ein Tondokument, das Yoko Onos duale Gefühle für ihre Tochter in einer aggressiven, fast gewalttätigen Eruption zum Ausbruch bringt: *Don't Worry Kyoko (Mummy's Only Looking For Her Hand In The Snow)*. Darin beschäftigte sie sich neben der musikalischen Umsetzung der Urschrei-Methode nach Arthur Janov mit dem Schicksal des damals fünfjährigen Mädchens Kyoko und der gefühlsarmen Mutter. Die Schuldgefühle, die Yoko Ono bei diesem Thema in Abständen überwältigten, steckten tief drin in dem von Schreien, Gebrüll, Rufen durchzogenen Song. So teilte sie der Welt ihre selbstquälerischen Gefühle mit, um sich davon zu befreien und vielleicht auch die Absolution der Öffentlichkeit zu erhalten.

Das Auf und Ab im Verhältnis Yoko Onos zur Tochter Kyoko zeigte sich immer wieder im Wechselbad widerstreitender Gefühle. Im Sommer des Jahres 1969 etwa besuchten Mutter und Tochter Kyoko mit John Lennon und dessen Sohn Julian in Durness in Schottland Johns dort lebende Tante Mimi, die Schwester seiner Mutter Julia. Yoko und John waren gerade drei Monate verheiratet. Während der Rückfahrt nach London am 1. Juli verunglückten sie bei einem Autounfall in Golspie. Yoko, John und Kyoko erlitten nicht unerhebliche Gesichtsverletzungen, die im Lawson Memorial Hospital mit vielen Stichen genäht werden mußten. Dieser schreckliche Autounfall führte Mutter und Tochter Ono wieder enger zusammen. Die Mutterliebe und die Sorge um das leibliche Wohl ihres Kindes erinnerten Yoko Ono daran, daß auch sie Verantwortung für Kyoko besaß.

Der Streit mit Anthony Cox um die gemeinsame Tochter Kyoko nahm zum Teil groteske, zum Teil auch kriminelle Formen an. Am 29. Dezember 1969 flogen Yoko Ono und John Lennon nach Dänemark, um in Aalborg den wieder verheirateten Anthony Cox und Yokos Tochter Kyoko zu besuchen. Dort konfrontierte Cox sie mit scharfen Vorwürfen wegen Yokos angeblicher Vernachlässigung seiner Tochter und gab seiner geschiedenen Frau die Schuld am Autounfall. Eigentlich galt dieser Trip nach Dänemark nur der Tochter Kyoko. Am Ende der Reise stand dann aber – wieder einmal – eine sinn- und ergebnislose Sorgerechtsstreitigkeit, die als Ergebnis für alle Beteiligten nur Frustration und Enttäuschung übrigließ.

Der Grund des Besuches hatte nichts mit Freundschaft zu tun. Die Gäste wollten Kyokos leiblichen Vater davon überzeugen, daß das Mädchen in der Gemeinschaft Lennon – Ono eine ebenso gute Erziehung und Betreuung erfahren würde wie in der Obhut von ihm und seiner neuen Frau Melinda. »Keine Sorge, Kyoko. Mami schaut nur nach ihrer Hand im Schnee« – diese Zeile sollte in etwa bedeuten: Mutter wacht über dich, geliebte Kyoko, auch wenn du es gar nicht bemerkst. Hin und wieder, so suggeriert aber die Aussage, muß die Mutter auch an sich denken und ihr eigenes Leben leben. Denn wenn eine Mutter glücklich ist, kann sie sich wieder uneingeschränkt um ihr Kind kümmern. Anthony Cox jedoch war mittlerweile voller Haß auf Yoko, und er versuchte das Mädchen immer mehr abzuschirmen und vor der leiblichen Mutter zu verstecken. Er versuchte sogar, jeden Kontakt zu verhindern, aber trotzdem spürten Lenono das Kind im April 1971 auf der Mittelmeerinsel Mallorca auf und nahmen sie einfach mit. Die Handlung kam einer Entführung gleich. Die Situation auf der Insel nahm groteske Formen an. »Die balearische Polizei verhört die Lennons, die im Verdacht stehen, Kyoko von Tony Cox entführt zu haben. John und Yoko behaupten, Kyoko sei freiwillig mit ihnen gegangen, als sie sie in dem Kinder-Meditations-Camp besuchten. Cox gibt vor, daß das Kind gegen seinen Willen weggeschnappt wurde. Ein Richter fragt Kyoko, bei welchem Elternteil sie lieber bleiben würde. ›Bei meinem Daddy. Ich tat, was jede Mutter getan hätte‹, sagt eine weinende Yoko. ›Wir werden für sie dasein, wo immer sie auch ist.‹«[46] Dieser sehr unerfreuliche Vorgang endete mehr oder weniger befriedigend für alle Beteiligten im Mai desselben Jahres: Nachdem das Strafverfahren gegen Lenono eingestellt wurde, erteilte ein spanischer Richter ein gemeinsames Sorgerecht für die streitenden Parteien Cox und Ono.

Damit war das Kyoko-Kapitel aber längst nicht beendet. Cox verstand es immer wieder, seine Tochter vor den Besuchen der Mutter zu schützen. Ständig reiste er durch die Vereinigten Staaten, nur um Yoko Ono die Möglichkeit zu nehmen, Kyoko zu sehen und einen regelmäßigen Umgang mit ihr zu pflegen. Die Öffentlichkeit reagierte heftig auf Yoko Onos Verhalten: Auf der einen Seite wurde die ständige Anklage, Yoko Ono habe die Beatles zerstört, geschürt, auf der anderen Seite fiel sie durch die Auseinandersetzungen um das Sorgerecht für Kyoko in Ungnade.

Schließlich sprach im Dezember 1971 ein amerikanischer Richter das Sorgerecht für Kyoko, die Anthony Cox inzwischen in Rosemary umbenannt hatte, dem Vater zu. Gleichzeitig erhielten aber Yoko Ono und John Lennon ein offizielles Besuchsrecht. Und es ist nicht zu glauben: Der Streit und das Gezerre um Kyoko war damit immer noch nicht beendet. Beharrlich verweigerte Cox ihnen, das Kind zu sehen. Weihnachten 1971 eskalierte die Angelegenheit noch einmal. In Houston in Texas hatte man Cox sogar in Haft genommen, weil er bis dahin die fälligen Gerichtskosten schuldig geblieben war. Als ihn das Gericht am Heiligen Abend gegen eine Kaution auf freien Fuß ließ, tauchte er mitsamt seiner Tochter Kyoko ganz unter. Damit war für Yoko Ono die letzte Möglichkeit versperrt, ihre Tochter zu sehen. Es gab keine Spuren mehr, die auf ihren Aufenthaltsort hindeuteten. Der Kampf war verloren. Yoko Onos Mutterschaft stand nur noch auf dem Papier.

Über den Kampf um das Sorgerecht für Kyoko zeigte sie sich später schockiert. Und sie suchte die Schuld für den schmerzlichen Ausgang der Sache nicht nur bei anderen. »Wir hätten das nicht alles durchmachen müssen, und auf der Ebene von Gerichtsverhandlungen war es sogar ein Fehler. Andererseits ist es eine Einsicht, daß Kyoko sich so später einmal daran erinnern wird, daß wir Interesse an ihr hatten.«[47]

Jahrzehnte danach öffnete Yoko Ono ein Fenster ihrer Persönlichkeit und erlaubte einen Blick in ihre Mutterseele, die plötzlich wieder einmal von Mut und Liebe getrieben war. Der anonyme »Arzt VII« aus der Installation *Vertical Memory* wird dann der Transporteur ihrer Offenbarung: »Er führte einige Abtreibungen durch.« Diese einfachen Wörter, der kurze Satz, der fast im großen Zusammenhang untergeht, beraubt die Schreiberin dieses Satzes, Yoko Ono, der vertikalen Erinnerung und gibt sie der überraschten Öffentlichkeit preis. Direkt daneben steht »Arzt VIII« – »Er hat mich von meinem Sohn und von meiner Tochter entbunden.« Beide Sätze sind Zeugnisse aus dem früheren Leben, beide wünschen den offenen Blick des Publikums auf die entblößte Seele der Schöpferin. Der erste ist eine Anklage gegen sich selbst, der zweite eine Liebeserklärung. Aus diesen Bekenntnissen ragt etwas wie der sichtbare Teil eines Eisberges hervor, der aber den wesentlichen Teil ihres zwiespältigen Mutterseins im dunkeln läßt. Gleichwohl bedeuten diese Sätze einen Befreiungsakt, den Yoko Ono wohl nur durch ein Kunstwerk vollziehen konnte. Durch diesen Kniff bleibt sie noch einen Schritt hinter der Offenbarung zurück, sie vermochte sich sozusagen noch immer im Halbschatten zu verstecken.

Vertical Memory besteht aus einundzwanzig Iris-Drucken auf Papier, die alle dasselbe verzerrte männliche Gesicht zeigen. Dazu gehören kurze Texte zu verschiedenen Menschentypen, die auf Plexiglasplatten geschrieben wurden: »Begleiter, Arzt I–VIII, Vater, Fremder, Lehrer, Shosei (ein junger Angestellter), Künstler I–VI, Priester.« Bei dieser Arbeit fällt auf, daß es nur Männer sind, die Yoko Ono in der vertikalen Erinnerung – so wie sie sie nennt – behalten hat. Diese (mit einer Ausnahme) Namenlosen spielten in ihrem Leben festgeschriebene extreme Rollen, entweder tauchen sie in einer Position ganz vorne oder nur am Rande auf. Aber immer sollten sie extreme Gefühle aufzeigen. Die Betonung der männlichen Dominanz in dieser Arbeit kann so nur ein Hinweis darauf sein, daß weibliche Personen bei ihr nur in ihrer horizontalen Erinnerung existieren, also nur oberflächlich. Denn in der horizontalen Erinnerung ist jeweils nur die ihr zuletzt begegnete präsent; alle anderen verblassen, je weiter ihr Auftreten zurückliegt. Im Gegensatz dazu sind die Menschen in der vertikalen Erinnerung gleichberechtigt nebeneinandergestellt; ihre Bedeutung ist nicht teilbar, und sie bleiben in ihrer Position klar und deutlich.

In einer ähnlichen Situation muß sich auch Yoko Onos Tocher Kyoko befunden haben, als sie, gefühlsmäßig ständig zwischen Vater und Mutter hin und her gerissen, ihre Erlebnisse in einer horizontalen und einer vertikalen Erinnerung speicherte. Was bei Yoko Ono im vertikalen Erinnerungsbereich mit männlichen Rollen besetzt war, existierte für Kyoko als weibliche Ausformung, nämlich in Gestalt ihrer meistens abwesenden Mutter. Yoko Ono reflektierte in einer aktuellen Arbeit sehr deutlich den weiblichen Anteil aus der horizontalen Erinnerung heraus in *Horizontal Memory* von 1997: Hier thematisierte sie die Gewalt gegen Frauen. Im Zentrum des Objektes finden sich »anonyme Photographien von mißhandelten Frauen auf dem Boden des Ausstellungsraumes..., so daß man, wenn man sich vorwärtsbewegt, kaum umhin kann, auf sie zu treten.«[48] Yoko Ono erklärte die horizontale Erinnerung als Kurzzeitgedächtnisleistung. Die Situationen wiederholen sich, bleiben dadurch im Grunde immerwährende Gegenwart.

Doch zurück in die sechziger Jahre.

Cut Piece

Die mit Yoko Ono befreundeten amerikanischen Künstler blieben ihr, auch als sie weit weg in Japan war, verbunden. Das zeigt sich daran, daß der Name Yoko Ono etwa auf dem Verteiler des »Fluxus-Nachrichtenrundbriefs Nr. 6« vom 6. April 1963 stand, den George Maciunas mit verschiedenen Aktionsplänen verschickte. Es war sicherlich seine Absicht, für Fluxus Propaganda zu machen, jedoch erwiesen sich die Aktionspläne als so konfus und wenig überzeugend, daß Jackson MacLow – ein Mitglied der Gruppe – als Antwort darauf seinen »transatlantischen Rücktritt von Fluxus« erklärte.[49] Maciunas wollte unter anderem mittels geplanter Pannen die Verkehrsknotenpunkte auf stark befahrenen Straßen lahmlegen und U-Bahnwagen mit sperrigen Objekten verstopfen. Auch George Brecht überlegte aufgrund dieses Rundbriefes, Fluxus den Rücken zu kehren. Ob Yoko Ono sich daran beteiligt hätte? Man weiß es nicht. Die Zwiespältigkeit ihres künstlerischen Wesens in der damaligen Zeit aber hätte sich für derartige Aktionen geeignet. Jedoch: Sie lebte in Japan, und die USA waren weit weg. Sie stellte sich die Frage wahrscheinlich nicht.

Das Jahr 1964 war fast zu Ende, als Yoko Ono im November alleine die Koffer packte und nach New York zurückkehrte. Endlich. Sie wollte zurück zu ihren Anfängen. Dieser erneute USA-Aufenthalt sollte ungefähr zwei Jahre dauern. Yoko Onos Schaffenskraft explodierte fast in dieser Zeit, sie agierte motiviert und fand größere Beachtung und Anerkennung. Anthony Cox und Tochter Kyoko reisten ein paar Monate später in die USA.

Die »Fluxus«-Bewegung ging mit großen Schritten voran, sowohl in Amerika als auch jetzt verstärkt in Europa. Die Wiener Aktionisten um Hermann Nitsch, Otto Mühl, Günter Brus und Rudolf Schwarzkogler begannen mit ihren oft widerwärtig wirkenden Performances. In Deutschland repräsentierten neben anderen Wolf Vostell (»In Ulm, um Ulm und um Ulm herum« aus dem Jahre 1963) und Joseph Beuys (»Sibirische Symphonie 1. Satz«, 1963) die aufbrechenden, überlieferte Konventionen verlassenden Kunstzirkel. In der Staatlichen Kunstakademie in Düsseldorf passierte Ungeheuerliches: Am 2. und 3. Februar 1963 fand dort das »Festum Fluxorum Fluxes – Musik und Antimusik – das instrumentale Theater« statt. In Zusammenarbeit mit George Maciunas organisierte Joseph Beuys dieses »Colloquium für die Studenten der Akademie« in der Eiskellerstraße. Auf dem Programm standen Werke der ersten Garde des Fluxus und der experimentellen Musik, darunter Stücke von Toshi Ichiyanagi und Yoko Ono, John Cage und La Monte Young. Wiesbaden war spätestens seit der großen Ausstellung 1962 die europäische Fluxus-Hauptstadt. Im Hörsaal des Städtischen Museums präsentierten im September 1962 George Maciunas, Wolf Vostell, Dick Higgins, Alison Knowles, Emmett Williams und andere das Ereignis »Fluxus Internationale Festspiele Neuester Musik«; das Konzert Nr. 6 war dem Land Japan gewidmet. Zur Aufführung kamen unter anderem: »Stanzas« für eine beliebige Anzahl Streichinstrumente und »Pile« von Toshi Ichiyanagi und *Der Puls* von Yoko Ono.

Über Yoko Onos Werk wurde intensiv debattiert, und allein schon die Tatsache, daß es auf der Bühne gezeigt wurde, beweist ihre Zugehörigkeit zur Szene. Wo der Begriff »Fluxus« verwendet wurde, durfte ihr Name nicht fehlen.

Neben Fluxus entwickelte sich in ganz besonderer Weise die Pop-art. Hinter dieser Bezeichnung war alles das möglich, was im übrigen Metier keinen Namen hatte. Alltagsgegenstände, Werbung, großstädtische Lebensweise, Starkult, Comic strips, Film, Musik: Jedes hatte Platz unter dem Pop-art-Himmel. Fluxus und Pop-art bezogen sich – wie schon erwähnt – auf Marcel Duchamp und Kurt Schwitters, auf futuristische und surrealistische Elemente der Kunstgeschichte.

In der Musik passierten zu dieser Zeit ähnlich revolutionäre

Umwälzungen wie in der Kunst. Aus dem rebellischen Rock 'n' Roll entwickelte sich in England die Beat-Musik, aus der schlagerseligen heilen Welt der fünfziger Jahre brachen Leute wie Frank Zappa und Gruppen wie Velvet Underground heraus, überfluteten das Publikum mit äußerst schrägen Tönen und beeinflußten mit ihrer Musik alle anderen Kulturbereiche wie Theater, bildende Kunst und Literatur. Was zunächst in Frage gestellt wurde, wirbelten dieselben Leute durcheinander und schufen mit neuen Ideen und Inhalten etwas anderes, etwas Neues.

Nachdem die Familie Cox-Ono in New York wieder zusammengekommen war und man einen erneuten Versuch des Zusammenlebens unternommen hatte, trennten sich ihre Wege auch schon wieder.

Yoko Ono resignierte, und man versuchte ein neues Modell: Das Mädchen kam unter die Obhut von Bekannten von Anthony Cox, die auf Long Island lebten. Yoko Ono mietete eine Wohnung in der Hudson Street, Cox richtete sich in der Christopher Street häuslich ein. Beide Domizile lagen im Stadtteil Greenwich Village, dem Dorf der Künstler, Freaks, Unangepaßten und Außenseiter. In der näheren Umgebung lagen zwei markante Orte, die für Fluxus von Bedeutung waren: Bleecker Street und die New School of Social Research, wo John Cage als Dozent arbeitete.

Es zeigte sich, daß Yoko Ono rechtzeitig nach Amerika zurückgekehrt war. Das »Café au Gogo« in New York, 152, Bleecker Street, wurde zu dieser Zeit zum Schauplatz einer regelmäßigen Veranstaltung , die von George Brecht und Robert Watts organisiert wurde: Vom 2. November 1964 bis zum 22. November 1965 wurden unter dem Namen »Every Monday Night« die »Monday Night Letter Series« durchgeführt. Zu diesen großen Ereignissen traf sich die verschworene Gemeinde der Fluxus-Künstler wieder. Natürlich wirkte auch Yoko Ono mit, etwa in der Großveranstaltung »Worldtheatre« am 4., 11. und 18. Oktober 1965. Neben Werken von Erik Anderson, Andy Warhol,

Christo, Nam June Paik, Dieter Rot, Wolf Vostell und anderen wurden auch ihre Arbeiten präsentiert.

Das Jahr 1965 bescherte Yoko Ono eine Menge Präsentations-möglichkeiten. Einige Daten aus den Veranstaltungskalendern geben Aufschluß über Werke, die von Yoko Ono selbst ausge-führt oder ohne ihre Anwesenheit gezeigt wurden:

21. März 1965: »New Works«, Carnegie Recital Hall, New York,
14. Juni 1965: »Fluxus Konzert (siebte Soiree)«, Galerie Block, Berlin (u. a. von und mit Paik, Ichiyanagi, Vostell, Rot, Cage, Higgins),
27. Juni 1965: *»Bag Piece«,* Filmmaker's Cinematheque, New York,
30. August und 1. September 1965: »First World Congress: Happenings«, St. Mary's Of The Harbor, New York,
12. September und 19. September 1965: *»Morning Piece – to George Maciunas«,* 87, Christopher Street, New York,
3. Oktober 1965: »Perpetual Fluxfest«, New Cinematheque, New York.

Im Stück *Bag Piece* in der Veranstaltung »New Works Of Yoko Ono« am 21. März 1965 in der Carnegie Recital Hall arbeitete Yoko Ono nochmals mit Noch-Ehemann Anthony Cox zusam-men. Diese kaum durchschaubare Aktion – das Publikum blick-te auf einen Sack, in dem sich etwas bewegte –, die das Paar am 27. Juni wiederholte, kann als ein Akt des Neubeginns in Yoko Onos Leben für die Kunst bezeichnet werden. Sie wagte völlig neue Dinge.

Das dem agilen und rastlosen George Maciunas – ihrem großen Vorbild und Mentor – gewidmete *Morning Piece* mußte nach Yoko Onos Willen an einem ungewöhnlichen Ort aufgeführt werden. Sie wählte dafür das Dach von Haus Nummer 87 in der Christopher Street. Der Grund für die Wahl dieser Location war, daß sie ihrem Freund eine Art Auferstehungsritual widmen

Yoko Ono bei Aufnahmen für den Film Nr. 4: »Bottoms«, der zwischen 1966 und 1967 entstand. Auf einem Laufband simulierten 20 Schauspieler und Schauspielerinnen halbbekleidet Gehbewegungen.

(Foto: Keystone, Hamburg)

wollte. Die Dunkelheit und besonders der Sonnenaufgang spielten dabei eine entscheidende Rolle. Als sie das Stück 1964 konzipierte, schrieb sie deshalb in der Handlungsanweisung, daß das Publikum zwischen Sonnenaufgang und Mittag zum Ort des Geschehens kommen solle. Was besonders wichtig war, gab die Urheberin penibel vor: *Wash your ears before you come.*[50] Im Jahr 1993, viele Jahre später, notierte Yoko Ono dann noch einmal, daß ihre Erinnerung an George Maciunas so lange im dunkeln bleiben werde, bis die Sonne aufgehe. Dieses unklare Verhältnis zu ihm behinderte glücklicherweise die künstlerische Beziehung nicht.

Die Besetzungsliste des Fluxus-Orchesters unter der Leitung von La Monte Young für ein Konzert in der »Carnegie Recital Hall« am 25. September 1965 führte Yoko Ono als Violinistin an. Eine überraschende Neuigkeit, die aber in der Fluxus-Wirklichkeit nicht besonders viel zu bedeuten hatte. Anthony Cox spielte Violine, Joe Jones und Shigeko Kubota ebenfalls. Aufgeführt wurde unter anderem *Sky Piece for Jesus Christ* von Yoko Ono. Aber die Musiker benutzten ihre Instrumente nicht, um damit Töne zu erzeugen, sondern sie belagerten nur die Bühne, eingepackt und umschlungen von schmalen Stoffstreifen.

Eines der Schlüsselwerke in Onos Kunst entstand während dieser Zeit und ist als *Cut Piece* zu einem ihrer Markenzeichen geworden. Es erregte Aufsehen, weil es neue Dimensionen eröffnete und alle vorherigen Interpretationen zu der Frage, was denn nun Kunst sei und wohin sie führe, sprengte. In dieser Arbeit fanden die Attacken der Selbstzerstörung in Yoko Onos Werk ihren Höhepunkt. Von anderen Künstlern existierten zwar schon einzelne Darstellungsformen und -inhalte als Vorläufer zu dieser Arbeit, als Kombination waren sie in dieser Form jedoch bis dahin relativ unbekannt: Sexualität, Gewalt, Destruktion, Voyeurismus bestimmten alles. Das Stück kennzeichnete einen Akt der Befreiung, es forcierte Yoko Onos Willen, aus den konventionellen Kunstbegriffen endlich ganz auszubrechen, die Menschen mit einer neuen Sichtweise von darstellender Kunst zu konfrontieren.

Die Handlungsanweisung bestand aus völlig lapidarer Sprache und gestattete keinen oberflächlichen Blick auf das Ereignis, das hinter den beiden Wörtern steckte: »Schneide was.«[51] Sobald die darstellende Person (meistens war es Yoko Ono selbst) die Bühne betrat, veränderte sich die harmlos klingende Regieanweisung in ein Szenario blanker Zerstörungswut und gierigen Sexualismus.

Die Premiere von *Cut Piece* fand dann 1964 in der Yamaichi Concert Hall in Kyoto in Japan statt. Die westliche Kunstgemeinde kam erst im darauffolgenden Jahr, am 21. März 1965, während der Vorstellung neuer Ono-Werke, in den zweifelhaften Genuß, die Künstlerin in einen schockartigen Zustand zu versetzen. Yoko Ono empfand jetzt sogar ihre eigene Kunst als Bedrohung, weil sie ab einem gewissen Punkt die Events nicht mehr steuern konnte. Aggressive Verhaltensweisen der Zufallsakteure begleiteten eine gewalttätig anmutende Aktion, die ihr an manchen Punkten sogar aus den Händen zu gleiten drohte. Ein Mann beispielsweise stand einmal in der Pose des zustechenden Täters im Zentrum, so daß die Frau auf der Bühne den Eindruck bekam, er wolle ihr tatsächlich einen Hieb versetzen.

Die Teilnahme des Publikums an solchen Aktionen war zwar absolut gewollt, jedoch gewisse Risiken der spontanen Interaktion waren nicht auszuschließen. Die bewußt akzeptierte Herabwürdigung des Weiblichen und die bestehende Verletzungsgefahr gehörten ausdrücklich zum Aktionsplan dazu. »Während die Zuschauer, die dazu animiert wurden, auf die Bühne kamen und ihr einen Teil der Kleidung wegschnitten, saß Yoko Ono teilnahmslos, bis sie kaum noch etwas anhatte, auf dem Boden. Die Zuschauer konnten als destruktive Akteure einen Striptease erzeugen.«[52]

Mitte der sechziger Jahre sprach fast niemand von Emanzipation und sexueller Befreiung. Eine Provokation war schon gelungen, sobald die kleinste Abweichung von der Norm zu erkennen war. Exhibitionistische Selbstdarstellungen, wie sie heutzutage von jedermann unter den Augen eines voyeuristischen Publikums veranstaltet werden können, waren in diesen Jahren undenkbar. Und in solch prüder Zeit kniete diese Japanerin auf dem Bühnenboden, in der Hand eine scharfe Schere, und forderte das Publikum auf, die Bühne zu betreten und mit der Schere ihre Kleidung zu zerschneiden. Yoko Onos Haltung bestand in vollkommen unbeweglichem Erstarren, sie blickte ausdruckslos in den Saal hinein, ohne bewußt etwas wahrzunehmen. Auch diese bewegungslose Präsentation der Künstlerin als Objekt erinnerte an eine meditativ-religiöse Haltung, wie sie in der Zen-buddhistischen Lehre gefordert wird.

Yoko Ono schaffte so besonders durch *Cut Piece* eine Verbindung zur fernöstlichen Versenkungsmystik. In diesem Stück war das Schweigen ein wichtiges Instrument, das zusätzlich den Opfereindruck, der erzeugt werden sollte, verstärkte. Auch hier ergaben sich Parallelen zum Zen-Buddhismus und dem japanischen Kabuki-Theater. Dort sind nämlich der starre Gesichtsausdruck und die Unbeweglichkeit des Gesichtes ein wesentliches Stilmittel. Und Zeichen der Meditation, denn Buddha vermittelte in seiner Lehre als vorrangiges Ziel die Erleuchtung, die es zu erreichen gilt. Aus diesem Spektrum ihrer Erfahrung übertrug Yoko Ono durch Event-Anweisungen religiöse Erkenntnisse auf die moderne Kunst und schuf damit eine zeitgenössische Variante der spirituell erlangten absoluten Willensstärke. »Für den Zen-Buddhisten lebt alles Daseiende außer dem Menschen, leben Tiere und Pflanzen, Stein und Erde, Luft, Feuer und Wasser, anspruchslos aus der Mitte des Seins, ohne sie verlassen zu haben und verlassen zu können. Will der verirrte und verwirrte Mensch die Geborgenheit und Unschuld des Daseins erlangen, die jene so überzeugend darleben, weil sie von Grund aus absichtslos sind, dann bleibt ihm nichts anderes übrig als radikale Umkehr... Er muß nicht ›werden wie die Kindlein‹, sondern wie Wald und Fels, wie Blüte und Frucht, wie Wetter und Sturm.«[53] Und nicht zuletzt nahm Yoko Ono den Inhalt der wegweisenden Komposition *4'33"* von John Cage für ihre Arbeit in Anspruch.

Mit der Demonstration der ständigen Verfügbarkeit des weiblichen Körpers versuchte Yoko Ono auch eine Rebellion gegen Rollenklischees und gesellschaftliche Mißstände und zeigte die ganze Ohnmacht weiblicher Existenz. Indem sie sich selbst zum willenlosen Objekt degradierte, bewies sie den Ausführenden von *Cut Piece* damit, wie sehr diese selbst manipuliert wurden und für den schnellen Kunsthöhepunkt Respekt und Achtung vor anderen Menschen über Bord warfen. Yoko Ono betrachtete diese Arbeit aber auch als einen persönlichen Befreiungsakt, der ihre Ängste und Unsicherheiten aus der Welt schaffen sollte. »Ich hatte das Gefühl, mich nicht mehr respektieren zu können, wenn ich nicht den Mut dazu aufbrächte. Ich war immer der Überzeugung, daß bei einem engagierten Künstler die Kunst an erster Stelle kommt, das Leben erst an zweiter.«[54]

Die Zweischneidigkeit im wahrsten Sinne des Wortes verdoppelt sich bei näherer Betrachtung zu einer Dimension des Vierfachen. »Nachdem sie das Publikum aufgefordert hatte, heraufzukommen und ihr die Kleider vom Leib zu schneiden, saß sie während der Performance bewegungslos auf der Bühne; wenn ihre Brüste entblößt wurden, bedeckte sie sie mit den Händen. *Cut Piece* enthüllt die Wechselbeziehung zwischen Exhibitionismus und Schaulust, zwischen Opfer und Täter, zwischen Sadist und Masochist; als heterosexuelle Frau legt Ono das geschlechterspezifische Verhältnis männlicher und weiblicher Subjekte als Objekte füreinander offen.«[55]

Hinzu kommt noch ein Aspekt. Dadurch, daß sie in ihren Arbeiten eine zartere, prosaisch und lyrisch umwehte Kunst propagierte und herstellte, war sie in der kühl berechnenden Aktionskünstlerkolonie in eine Außenseiterposition gedrängt worden. Das enorme gesellschaftspolitische Potential in *Cut Piece* sprengte so die Fesseln eines auf reine Ästhetik aufgebauten Kunstbegriffes. Eine scharfgezeichnete Trennungslinie zwischen Subjekt und Objekt zu ziehen, das war kaum noch möglich. Während der Performance verfügten die (Laien-)Akteure plötzlich über eine große Macht und Verantwortung, die sie als normale Zuschauer im Museum bisher nicht besaßen. Yoko Ono übte in ihrer stummen, unterwürfigen Rolle insofern Macht und Kontrolle aus, indem sie als verletzliche Person wortlos eine äußerst vorsichtige Behandlung einforderte. Indem sie ihren Körper als Objekt zur Verfügung stellte, besaß sie den Schlüssel zum Verstand des Publikums.

Yoko Ono ging mit dieser Performance einen wichtigen Schritt in eine Richtung, in der die Kunst der provokanten Inszenierung ihren Platz hatte. Jahre später mündeten ihre Aktionen dann in die gemeinsam mit John Lennon inszenierten politisch motivierten Events.

Übrigens: Auch Charlotte Moorman, die Muse und Lieblingsinterpretin des Fluxus-Künstlers Nam June Paik, agierte als Darstellerin in *Cut Piece*-Aufführungen.

Das Privatleben Yoko Onos blieb trotz all ihrer anfallartigen Bemühungen, zu retten, was vielleicht noch zu retten war, in einem chaotischen Zustand. Selbst der Versuch, über ein Eheberatungsseminar ihre Verbindung zu Anthony Cox zu stabilisieren, schlug fehl. In der Zeit, als diese Beziehung mehr und mehr scheiterte, spielten finanzielle Probleme eine wichtige Rolle, denn ihre finanziellen Mittel hielten sich sehr in Grenzen. Eines Tages lernte sie einen Amerikaner kennen, der zu diesem Zeitpunkt in London lebte und dort versuchte, die künstlerischen Entwicklungen der Neuen Welt im alten Europa durchzusetzen. Mario Amaya hieß der Mann, der im Jahre 1966 auf Werbetour für das in London geplante Ereignis *Destruction in Art Symposium* in den Vereinigten Staaten war und dort auf Yoko Ono traf. Er interessierte sie sehr, und sie spürte ihre geistige Verwandtschaft. Sie wollte mit ihm arbeiten. Und nach langen Auseinandersetzungen und Streitereien um Geld willigte Anthony Cox schließlich ein, sie mit der kleinen Kyoko nach England zu begleiten, damit sie dieses Vorhaben realisieren konnte.

Zerstörung in der Kunst

London war Mitte der sechziger Jahre nicht nur für Europa die Hauptstadt einer Jugendkultur, wo man keinerlei Respekt mehr zeigte vor Althergebrachtem. »Swinging London«: Dieser Begriff umfaßte alle Facetten einer in die persönliche Freiheit strebenden jungen Generation. Dazu zählten nicht nur Musik und Kleidung, dazu gehörten ebenso das respektlose Auftreten und eine verächtliche Ignoranz gegenüber Autoritäten in Elternhaus, Schule, Ausbildung.

Alles, was aus London kam, war gut. Trendsetting passierte in dieser weltoffenen, für Neues immer empfänglichen Stadt: Carnaby Street und Piccadilly Circus erstrahlten im Glanz ständig neuer Ideen, Moden, Musiken. Die Designerin Mary Quant stolzierte im eigens kreierten Minirock durch die Straßen und forderte die schnelle Aufmerksamkeit der Presse. In vielen kleinen Dingen manifestierte sich die neue Freiheit, die schlagkräftige Parolen zur Hand hatte: »Make Love Not War« oder »Turn On, Tune In, Drop Out«. Die Liverpooler Rockgruppe »The Beatles« befand sich auf dem Höhepunkt der Karriere, und das bunte Völkchen der Hippies verbreitete süßlichen Canabis-Geruch sowie die Idee der freien Liebe und des gewaltlosen Miteinanders.

Von alledem hatte Yoko Ono erst einmal keine Ahnung, als sie ihre Füße auf englischen Boden setzte. Populäre Musik war für sie ein Fremdwort, obwohl sie doch sehr vertraut war mit ihren Noten, Instrumenten und Musikern. Dieses Vertrautsein fand jedoch auf einer anderen Ebene statt. Avantgardistische Kompositionen standen bei ihr immer im Vordergrund.

Fluxus und Popmusik, überhaupt Avantgardekunst und die Welt des Rock 'n' Roll, des Beat und der Beatles verband anfangs nichts miteinander. Diese Enklaven waren sich lange fremd, so daß nicht einmal eine abwertende Kritik aus den Lagern zu hören war. Das änderte sich erst, als in der bildenden

85

Kunst die Pop-art eine Trendwende startete und die Maler und Bildhauer Symbole, Figuren und Accessoires der populären Musik in ihre Werke integrierten.

Apropos: Auch John Lennon kam einst von der bildenden Kunst. Er besuchte als Siebzehnjähriger die Kunstakademie in Liverpool. Doch als die Begeisterung für Rockmusik die Oberhand gewann, blieb sein Interesse daran auf der Strecke. Der Erfolg der heute weltberühmten Popgruppe »The Beatles« brachte ihn in andere Sphären. Yoko Ono hörte auch erst spät von ihm und seiner Band, denn deren Songs existierten aus ihrer Sicht in einer völlig anderen Welt. »Ich hatte New York sozusagen nie verlassen. Für mich war er irgendein Engländer. Ich hatte keine Ahnung von Liverpool und diesen Dingen.«[56] Der an Kunst interessierte Zirkel in New York war offen für alles andere, aber nicht primär für die englische Populärmusikszene. Was die Musik anging, so war Yoko Ono wahrscheinlich Popart-Guru Andy Warhol näher, der mit seiner, auf das Populäre ausgerichteten Kunst schneller und zielgerichteter den Zugang zu intellektuellen Musikerkreisen gefunden hatte. »The Beatles« jedoch, und auch John Lennon als deren Mitglied, sagten der Fluxus-Künstlerin Yoko Ono lang nichts.

Zwei Jahre begegneten sich die gegensätzlichen Charaktere Yoko Ono und John Lennon daher nur selten bei irgendwelchen Anlässen, ohne persönlich miteinander bekannt gemacht zu werden. Zeitlupenhaft näherten sie sich aber einander an, beide noch fest eingebunden im jeweiligen Lager der sich widersprechenden Kunstbereiche.

Der Kontrast zwischen der Stadt New York und der Fluxus-Szene dort sowie der englischen Metropole London mit seiner Pop-art war so laut und kraß, wie kaum einer sein konnte: Fluxus propagierte die Absurdität und den völlig freien Umgang mit Kunst, und die Pop-art entwickelte sich zu einem Genre, das sämtliche Trivialmythen des 20. Jahrhunderts aufnahm und in Kunstwerke verwandelte. Passé waren die Sonnenblumenfelder van Goghs und die konstruktivistischen Malereien von Mondrian, verschwunden waren für eine lange Zeit die Impressionisten wie Manet oder die abstrakten Werke Pablo Picassos oder Joan Mirós. Über Nacht wurden Produkte zu den Objekten der Ölbilder, Collagen und Plastiken, die bis dahin lediglich als Gebrauchs- und Wegwerfgegenstände bekannt waren und bestimmungsgemäß auch so benutzt wurden: Fernsehgeräte, Coca-Cola, Tomatensuppe, Waschmittelkartons, Tonbandgeräte und Kühlschränke. Museumsreif wurden plötzlich auch Comicfiguren wie Mickey Mouse – und Musiker wie The Beatles. Namen wie Richard Hamilton, Eduardo Paolozzi, Peter Blake, Allen Jones, David Hockney und Ronald B. Kitaj brachten neue Farben, neue Formen und neue Themen ins Bild. Das Schlagwort »Neue Britische Skulptur« entpuppte sich als eine Unterverzweigung der Pop-art und war im Gegensatz zu Fluxus eine bunte Mischung aus verschiedensten Elementen des Alltags und der Mythen.

Schon recht bald sollten sich die Lücken zwischen Kunst und Kommerz endgültig schließen.

Die sechziger Jahre: Sie waren aufregend und experimentierfreudig, so wie kein Jahrzehnt davor. Die Künste wurden ordentlich durcheinandergewirbelt, Konventionen über Bord geworfen. Kurzum: Die Zeiten waren zornig und rebellisch und revolutionär. In diesen unruhigen Jahren wurde fast alles in Frage gestellt, was vorher richtig und wichtig war. Ein Leben ohne starre Mechanismen wurde vorstellbar. Selbst die doch eher bodenständige Popgruppe »The Beatles« konnte und wollte sich dieser Entwicklung nicht versperren. Auf dem sogenannten »White Album« findet sich ein Stück mit dem Titel »Revolution No. 9«, das ein ziemlich breites Spektrum der neuen Denk- und Handlungsweisen in einer aufrüttelnden Sprache aus verschiedenen Elementen verarbeitet. Dieses wilde Hörstück war zweifellos ein Abschied vom gradlinigen Rock 'n' Roll, den Musiker wie Elvis Presley, Chuck Berry oder Gene Vincent jahrelang propagierten. »Revolution No. 9« platzte wie ein Donnerschlag in das ohnehin schon offene Flower-Power- und Hippiedasein, die kakophonische Breitseite hämmerte sich in die Köpfe der verwirrten Beatles-Fans. Die sahen die Felle des harmonischen Popsongs schwimmen, ohne etwas daran ändern zu können. Bob Dylan hatte mit seinem Lied »The Times They Are A-Changin'« den Nagel auf den Kopf getroffen – die Zeiten änderten sich.

Gleichzeitig plante Gustav Metzger, Initiator des «Destruction in Arts Symposium« (DIAS) ein Mammutereignis und realisierte es auch. Einen ganzen Monat lang, vom 31. August bis zum 30. September 1966 legte er über London ein gewaltiges Fluxus-Arrangement; die Stadt erblühte für dreißig Tage zu einem Mekka der Avantgardekunst. Wer Rang und Namen hatte, stand auf der Einladungsliste, und dazu gehörten die Protagonisten von Fluxus und ähnlichen Strömungen in den Sparten Film, Architektur, Musik. Im illustren Kreis von Henry Chopin, Günter Brus, Al Hansen, Wolf Vostell, Hermann Nitsch und der spanischen ZAJ-Group sah Metzger natürlich auch für Yoko Ono Auftritte vor. Sie gehörte dazu, wurde immer in einem Atemzug mit Fluxus genannt. Hier konnte die unabhängige Kunst sich und die Produzenten in einem Forum Gleichgesinnter präsentieren. »DIAS was completely independent, and no attempt was made to receive sponsorship or financial aid from any organization. It was run on a voluntary basis and the artists paid their own expenses.«[57] Diese Sätze zeigen eine andere Seite des Abenteuers. Und die Beurteilung von DIAS macht deutlich, daß Anthony Cox mit seinen Bedenken vor den unkalkulierbaren Kosten dieses Abenteuers recht behalten sollte. Die englische Presse beobachtete und kommentierte alle Ereignisse in ihren Artikeln, und sie waren meistens von Unverständnis und Häme begleitet, besonders was dieses finanzielle Wagnis anging.

Ungefähr nach der ersten Häfte des Symposiums trat Yoko Ono

18. Juli 1968. Yoko Ono, John Lennon und Paul McCartney bei der Premiere des Beatles-Films »Yellow Submarine« in London.
(Foto: Keystone, Hamburg)

in Erscheinung. Am 12. September führte sie *Whisper Piece* und am 13. *Shadow Piece* auf. *Shadow Piece* war eine Aktion, die sie sehr oft im Programm hatte und die bis dahin zu ihren intimsten Arbeiten gehörte: Sie bat zwanzig Teilnehmer, sich auf ein großes Stück Tuch zulegen. Dann folgte sie dem Schatten (ein Symbol des eigenen Ichs) der Menschen mit imaginärer Linienführung. In diesem Werk kam besonders die poetische Seite der Ono-Events zum Vorschein. Yoko sah in dem unverkäuflichen und immer als Begleiter fungierenden Schatten eine Art zweite Person innerhalb der ersten. Das Stück hatte aber auch noch eine andere Bedeutung, wollte noch auf etwas anderes hinweisen: Durch die Atombomben auf Hiroshima und Nagasaki wurden die Menschen förmlich zu Staub. Es blieb fast nichts von ihnen übrig, nur ihr Schatten existierte weiter.

»Der Abend mit Yoko Ono« im »Africa Centre« in London am 28. und 29. September zeigte mit Unterstützung von Anthony Cox an beiden Veranstaltungstagen die Arbeiten *Line Piece, Bag Piece, Cut Piece, Strip-Tease for Three, Wall Piece, Down Piece*. Zum Programm gehörte auch die Aufführung von *Wrapping Piece*, in dem Yoko Onos Gesicht mit schmalen Stoffbahnen umhüllt wurde. Anthony Cox trat in dem bereits berühmten *Bag Piece* auf, wo er mit Yoko Ono gemeinsam in einem Sack saß. Diese Mammutveranstaltung sollte sich erst im nachhinein als sensationelles Kunstereignis herausstellen, denn durch die Konzentration während des 30-Tage-Spektakels wurde Fluxus kraftvoll in die Köpfe der Menschen gehämmert. Yoko Ono selbst bezeichnete ihre Arbeit während der sechziger Jahre später als revolutionär, weil sie sich die Möglichkeit schaffte, ungezwungen und ohne große Rücksicht auf Konventionen zu agieren. Das mag auch daran liegen, daß ihr Bekanntheitsgrad damals nicht sonderlich groß war. Das sollte sich erst ändern, als alle Welt sie nur noch mit den Beatles bzw. John Lennon assoziierte.

Die Künstler des Fluxus reklamierten, ähnlich wie im Dadaismus, alle Sparten der Kunst für sich. Das kam dadurch zum Ausdruck, daß sie vor die Bezeichnung der einzelnen Disziplinen den Wortteil »Flux« setzten. So entstand auch der Ausdruck »Fluxfilm«, der für Yoko Ono plötzliche Berühmtheit mit sich brachte. *Fluxfilm No. 4 (Bottoms)* entwickelte sich danach zu einem regelrechten Skandalmovie. Und jahrelang brachte die Öffentlichkeit den Namen Yoko Ono nur noch mit diesem Film in Verbindung.

Das Nackte in der Kunst oder Hinterteile
in der Großpackung

Nach allgemeinem gesellschaftlichem Konsens dieser Jahre gehörte die Nacktheit nicht in die Öffentlichkeit. Und noch jahrelang sollte eine von starken konservativen Kräften gestützte Prüderie das gesellschaftliche Klima bestimmen. Jedoch allmählich geriet in bestimmten Gesellschaftsschichten alles ins Wanken, die sexuelle Aufklärung und die Infragestellung aller althergebrachten Normen bestimmten jene Jahre. Daher ist es auch gar nicht überraschend, daß sich verschiedene Kunstsparten der neuen Freizügigkeit annahmen. Besonders das sechste Jahrzehnt des zwanzigsten Jahrhunderts sorgte in dieser Beziehung für eine gewaltige, nicht aufzuhaltende Aufbruchstimmung. In den Vereinigten Staaten war man in diesen Jahren mit Zensurmaßnahmen nicht zimperlich. Beschlagnahmte Filme, Magazine, Bücher ergaben lange Listen. Von dieser puritanischen Geisteshaltung waren aber die Europäer auch nicht weit entfernt.

Yoko Ono entwickelte in dieser besonders aktionsreichen Fluxus-Zeit auch zunehmendes Interesse an anderen Medien. Neben der Performance- und Object-Art wandte sie sich Mitte der sechziger Jahre der Kategorie Film zu, denn abseits von Hollywood begannen sich eigene Produktions- und Aufführungsareale zu etablieren. Zunächst bestanden ihre Filme nur in Form »von Drehbüchern, in denen der Betrachter instruiert wurde, wie er den Film wahrzunehmen habe. In *Film Script 5* (1964) etwa leitet uns Yoko Ono an, unseren eigenen Film zu gestalten, die Komposition und die Manipulation dabei wahrzunehmen. Sie tut dies, indem sie uns anweist, nur bestimmte Ausschnitte der Handlung zu betrachten – ›nicht auf Rock Hudson schauen, nur auf Doris Day‹.«[58]

Die sechzehn Filme, die Yoko Ono zwischen 1966 und 1982 produzierte, benutzten das Medium als Dokumentationszentrum. In ihren Filmen wurden weniger Geschichten erzählt als vielmehr die Möglichkeiten der absoluten Darstellungsformen genutzt. Die Bilder zeigen genau und ausschließlich das, was sich vor dem Objektiv tat. Neben den sehr bekannt gewordenen Streifen *No. 4 (Bottoms)* und *Rape* drehte sie mit Partner John Lennon eine Reihe experimenteller Kurzfilme, deren Inhalte zwischen menschenleerer Aktion und der Darstellung des einheitlichen Lebens von Lenono pendeln.

Von Yoko Onos berühmtem Gesäßfilm existieren zwei Fassungen. Der kürzere, unter dem Titel *No. 4 (Fluxfilm # 16)*, entstand 1966 in ihrem Apartment in New York als 16-Millimeter-Ausgabe, in Schwarzweiß und ohne Ton. An der Kamera arbeiteten Jeff Perkins und Anthony Cox. Sie filmten über einen Zeitraum von fünf Minuten ein Defilee bewegter, nackter Hinterteile von zwölf Darstellern. Es waren alles Freunde von Yoko Ono. Im zweiten, längeren Film (achtzig Minuten) sind dreihundertfünfundsechzig nackte Hinterteile zu sehen, die ebenfalls 1966 in Victor Musgrave's Haus in London aufgenommen wurden: *No. 4 (Bottoms)*. Die normalerweise verdeckten Körperteile gehörten hier Londoner Künstlern und Intellektuellen, die, weil sie ja anonym blieben, keine Scheu zeigten, den Allerwertesten einer voyeuristischen Kamera darzubieten. Die Wirkung der in Bewegung befindlichen Arschbacken auf den Betrachter, der nichts anderes als diese sah, sollte zu einer Art Selbsterkenntnis führen: Erkenne deinen Hintern, und du erkennst dich selbst. Viele dieser rückwärtigen Porträts bilden eine Art Persönlichkeitsanalyse von hinten und ergeben eine Genealogie des Fluxus. Verschiedenartigste Formen, Größen, Oberflächen wackeln und wuchten sich in achtzig Minuten über die Leinwand, der Originalton übertrug Kommentare und Dialoge von und mit Yoko Ono, den Darstellern und dem Kameramann.

Die öffentliche Aufführung des Films geriet zum Skandal. Und er wurde in Großbritannien zunächst einmal verboten. Yoko

Ono dazu verständnislos: »Er ist ganz harmlos. Er zeigt weder Mord noch Gewalt. Warum wird er nicht zugelassen?«[59] Mit diesem Ausspruch entlarvte sie die Doppelmoral der damaligen Zeit, die sich über die Darstellung unbekleideter Hintern erregte, einen menschenverachtenden Krieg, wie er in Vietnam tobte, aber kommentarlos duldete. Und Yoko Ono blickte prophetisch in die Zukunft: »Man wird wahrscheinlich bei Ingmar Bergmans Filmen von bedeutungsvoller Bedeutung sprechen, bei Jean-Luc Godard von bedeutungsvoller Bedeutungslosigkeit, bei Antonioni von bedeutungsloser Bedeutung usw usw. Und dann wird man sich dem Film No. 4 zuwenden und sich plötzlich mit einem Haufen nackter Hintern konfrontiert sehen, Hintern im übrigen, die Leuten aus der Londoner Szene gehörten. Und ich hoffe, daß sie erkennen werden, daß die Sechziger nicht nur eine Ära großer Leistungen, sondern auch eine Zeit des Lachens waren. Dieser Film ist im Grund wie eine auf nichts abzielende Petition, die die Leute mit ihren Ärschen unterschrieben haben.«[60] Mit dieser Aussage lag sie keineswegs falsch.

Pausenlos nackte Hinterteile unbekannter Menschen ansehen zu müssen wird aber irgendwann langweilig. Gerade der beabsichtigte Provokationseffekt ließ sehr schnell nach, der darauffolgende Zustand eintöniger Wiederholung quälte geradezu. Andy Warhol hatte zirka drei Jahre vor Yoko Ono ein ähnliches Stilmittel benutzt. »Sleep« und »Empire« zeigten in nur einer Einstellung ein Bild, das sich stundenlang kaum veränderte. Hier führte ausschließlich die wirkliche Situation Regie. Die Banalität des Schlafens und den starren Blick auf das Empire State Building bei Warhol ergänzte Yoko Ono zwar durch etwas Bewegung, gestaltete auf dem Zelluloid darüber hinaus aber nicht viel mehr als der Pop-art-Künstler.

Die weltoffene, tabubefreite und für fast alle denkbaren Konstellationen empfängliche Avantgardszene sollte sich jedoch bald von Yoko Ono abwenden. Der Grund: John Lennon. Und:

Offene Ablehnung sei ihr besonders entgegengebracht worden, als sie sich mit dem Popstar John Lennon verbündete und gemeinsame Kunstaktionen durchführte, sagte sie selbst. In der Rückschau hört sich das, was sie zur Wirkung des Films *Bottoms* sagt, so an: »All meine Avantgarde-Freunde ließen mich fallen, weil ich gewaltiges Aufsehen erregte und Unmengen Besprechungen bekam, wie dieses freundliche Avantgarde-Künstlerpaar, das eine Dinnerparty gab. Die Frau sagte zu mir, ihr Mann habe das Gefühl, ich hätte mich verkauft, und daher würden sie mich nicht zu ihrer Party einladen. Ich war in einem seltsamen Zwischenraum gefangen, hing total in der Luft. Ich gehörte nicht zur Welt der Avantgarde, aber ich war auch nicht groß genug für die Welt, der John angehörte.«[61] Zwischen den Stühlen solle sie auch sitzen bleiben, das verlangten die gegeneinander agierenden Fraktionen von ihr. Dennoch: Es ist ziemlich unwahrscheinlich, daß die Fluxus-Leute sie tatsächlich verstoßen haben sollten, denn eine derartig große Aufmerksamkeit erlangte diese Kunstrichtung nicht jeden Tag. Allein schon deshalb haben sie es wohl nicht getan. Denn das Interesse einer derart breiten Öffentlichkeit zu bekommen bedeutete, von vielen Menschen wahrgenommen zu werden, die sonst nie einen Eindruck von der »fließenden« Kunstform erhalten hätten.

Das nackte Körperteil füllte den gesamten Bildschirm, und die jeweilige Bewegung des einzelnen Hinterns ist im Ergebnis ein in sich geschlossenes Motiv. Durch den verdeckten Hintergrund konzentrierte sich das Auge völlig auf die gesamte Fläche des nackten Körpers, fokussierte die Möglichkeiten der Zuschauer auf den einzig wahren, wichtigen Gegenstand. Diese Reduzierung der Blicke auf das zunächst unerwartete Geschehen war natürlich eine Manipulation, die das Publikum gezwungenermaßen in formaler und »politischer« Weise in eine Voyeurposition drängte. Aus der weiblichen Sicht, das heißt zunächst einmal aus Yoko Onos Sicht heraus, wurde der Film in dem Augenblick zum Vergnügen, als sich Macht, Sinnlichkeit und Unabhängigkeit der weiblichen Sexualität offenbarten. Der lustvolle Umgang mit weiblicher Sexualität ermöglichte für die Frauen eine neue Dimension, die sie aus dem Objektstatus herausführen sollte.

Yoko Ono entfachte durch ihren Film *No. 4 (Bottoms)* die Diskussion und die Frage darüber, ob der männliche Blick durch die Kameralinse prädestiniert sei, weibliche Erotik zu definieren. Das bedeutete den Abschied von der stillschweigenden Übereinkunft – die wohlgemerkt nur unter den Männern existiert –, daß die erogenen Zonen des weiblichen Körpers ausschließlich zum männlichen Vergnügen da sind. Eine Frau war angetreten, damit aufzuräumen. Sie nutzte das Zelluloid als weibliche Kampfansage an den männlichen Blick: Sie filmte die behaarten, flachen, knochigen, dicken Hinterteile der Männer und ergötzte sich daran, die Rollenklischees umzudrehen. Der Mann als Objekt, die Frau in der Position der auf Sexualität fixierten Zuschauerin.

Ein zweites Tabu wurde auch noch gebrochen. Die Verwundbarkeit der Männer wurde vorgeführt, indem man männliche Genitalien in einigen Filmsequenzen nackt zeigte. Das war, ganz klar, eine Botschaft aus der Fluxus-Küche: Alles fließt, nichts ist verboten.

Darin lag auch die Ursache, weshalb dieser Film von der Zensur in England abgelehnt wurde: Sie lag in der provokanten Umkehrung geschlechterspezifischen Rollenverhaltens. Yoko Ono sprengte ein Tabu und zeigte den Mann ganz und schonungslos. Die Dominanz der Männergesellschaft wurde so angekratzt. Diese reagierte prompt mit Verboten. Ein Wagnis, das die Künstlerin sehenden Auges einging. Sie rannte Männerbastionen mit Humor und versteckter Ironie ein, und die verulkte Spezies Mann reagierte beleidigt und fest entschlossen, derartige Respektverletzungen nicht zu dulden.

Schon vor diesem skandalösen Film gab es in Yoko Onos künstlerischer Arbeit gewisse Formen von Vergnügungen, die den

Frauen sinnlich Mut machten. Die Anweisung in *Pulse Piece* zum Beispiel lockte die Beteiligten in eine sehr körpernahe Haltung: Um den Herzschlag seines Gegenübers zu hören, sollte sich eine Person auf den Bauch der anderen legen. Die Nähe, die durch diese Aktion entstand, gestaltete auch das Ereignis *Touch Poem for a Group of People*. In einer Gruppe sollten sich hier die Menschen gegenseitig berühren, ohne daß eine Vorgabe bestand, wie diese Berührung aussehen sollte und an welcher Körperstelle sie auszuführen war.

Andere Künstlerinnen experimentierten mit ähnlicher Radikalität, was sexuelle Tabus anging, in den Sparten Film und Performance. Politisches Engagement verschmolz in dieser Zeit mit Sinnlichkeit. Carolee Schneeman zum Beispiel gestaltete sehr erotische Performances, ebenso die Japanerin Yayoi Kusama. Carolee Schneemans Hintern ist im übrigen auch im Film *No. 4 (Bottom)* zu sehen.

Die Darsteller in *No. 4* dagegen blieben in absoluter Anonymität, die Hinterteile erlaubten nie eine Identifikation der handelnden Personen. Im Abstand von zwanzig Sekunden defilierten die unterschiedlichsten Gesäßformen vor dem Kameraauge: Damit die Bilder aber nicht starr und statisch wirkten, simulierten die Darsteller Aktion, indem sie auf der Stelle Gehbewegungen ausführten. »Es ist eine endlose Prozession von behaarter oder glatter Haut, von sorgsam geschlossenen oder unbefangen geöffneten Beinen, baumelnden Hoden, Grübchen, sich wollüstig reibenden Schenkeln. All diese Bilder bekommen bald etwas Hypnotisierendes, halb Abstraktes. Die Tonspur, deren Stimmen so wenig identifiziert werden können wie die Bilder, läßt improvisierte Kommentare der Teilnehmer hören. Indem er sich auf das Alltägliche konzentriert, beweist dieser (sehr) ›lehrreiche‹ Film, daß Gesäße ein bisher übersehenes Mittel zum Ausdruck seiner selbst und zur Bewußtseinserweiterung darstellen«[62], schreibt Amos Vogel. Aber im Grunde entzieht sich der Film gutgemeinten Deutungsversuchen. Im Vordergrund steht bei aller revolutionären und rebellischen Haltung der Regisseurin der Humor, den sie ja selbst als Interpretationsmöglichkeit andeutete. Vielleicht ist darin eine Erklärung für die heftigen Reaktionen und jahrelangen Mißverständnisse zu finden. Der Film ist sicherlich vor allem ein Joke, in dessen unsichtbare Bilder mehr schwergewichtiges Deuten hineingelegt wurde, als das Wahrnehmbare tatsächlich hergibt. Was die Wirkung des Films politisierte und was letztlich eine Zeitlang zu seinem Verbot führte, waren Aspekte, die außerhalb von Kunst im allgemeinen und Fluxus im besonderen zu suchen sind. Die Tatsache, daß der Film von einer Frau gedreht wurde, empörte viele fast noch mehr als der Inhalt des Werkes.

Diese Art des Filmgeschäftes, mit der Yoko Ono ihre Ideen umsetzte, unterschied sich von denen mit Hollywood-Glamour und hochglanz-farbprächtigen Celluloidstreifen ganz erheblich. Es ist sozusagen die Alternativszene, mit der sie sich auch identifizieren kann. Neben ihrer Arbeit als Drehbuchverfasserin und Regisseurin agierte sie so auch als Darstellerin. In dem kurzen Film *Disappearing Music For Face* (1966) von Mieko (Chieko) Shiomi ist ihr Gesicht in Ausschnitten und in Großaufnahme zu sehen: Der Mund verzieht sich zu einem Lächeln. Die gesamte Sequenz läuft in Zeitlupe, so daß kaum eine Veränderung festzustellen ist. Es erfordert die volle Aufmerksamkeit des Betrachters, hinter die fast unsichtbaren Bewegungen der Lippen zu schauen.

In ihrem privaten Umfeld, das heißt insbesondere in der Ehe mit Anthony Cox, nahmen die spannungsgeladenen und unbefriedigenden Situationen immer mehr zu. Die Trennung von ihm und damit auch von Tochter Kyoko stand jetzt endgültig bevor. Cox war ein rastloser Mensch, den es nicht lange an einem Ort hielt. Yoko Ono dagegen suchte den persönlichen Erfolg nun ausschließlich in England, wo sich ihr, wie sie glaubte, neue Betätigungsfelder erschließen würden. Und das war nur einer der Streitpunkte, die die Ehe belasteten. Bis zur tatsächlichen Scheidung von Anthony Cox am Anfang des Jahres 1969 vergingen aber noch mehr als zwei Jahre. Es gab immer wieder einen Neuanfang und einen weiteren schmerzlichen Bruch. Der dann rechtskräftige Spruch wurde auf den Virgin Islands vollzogen, die Cox danach eine Aufenthaltsgenehmigung dort erteilten. Die beiden hatten riesige Schuldenberge aufgetürmt, die John Lennon später beglich. Wohnungs-, Studiomieten und Kredite waren ihnen über den Kopf gewachsen.

Bevor aber dieses familiäre Kapitel endete, passierten noch einige Ereignisse, die im allmählich zu Ende gehenden Jahr 1966 den Grundstein für eine neue Ära im künstlerischen und privaten Leben der jungen Frau legten. Drei Monate blieben noch bis zu Silvester. Diese Abwärtsbewegung im Kalender besaß für Yoko Ono und auch für John Lennon eine symbolische Bedeutung. 1966 wurde zum Scheitelpunkt zweier Karrieren, die sich, ohne es zu wissen, aufeinander zubewegten und mit einer unvergleichlich großen Energie aufeinanderprallten. Dabei war der Aufprall, der durch diese Begegnung passierte, für John Lennon sehr viel stärker als für Yoko Ono. Sie blieb immer sie selbst und auf der Siegerstraße. Dafür mußte sie allerdings einiges an verbalen Angriffen und Beleidigungen einstecken.

Versuch über den Sack als Kunstutensil

Wie viele Dinge in einem Sack Platz finden, hängt nur von der Sackgröße ab. Die Art der Gegenstände spielt dabei keine Rolle. Lebewesen, egal ob Tier, ob Mensch, passen ebenso hinein wie die Kohlen zum Heizen oder das Mehl zum Brotbacken. Seine Bestimmung erhält der Sack immer aus der Überlegung heraus, wofür er zu gebrauchen ist. Die Abscheu erregende und deshalb tabuisierte Variante, der Leichensack, fristet in dunklen Gemächern und verschlossenen Magazinen sein trauriges Dasein. Was hat das mit Kunst zu tun? fragt sich vielleicht der eine oder die andere. Yoko Ono macht daraus Kunst. Sie zieht den Sack aus dem Schatten des rein Praktischen heraus und zwingt zunächst zur Äußerung von Unverständnis. Um diese Aktion zu verstehen, muß man sich die Ereignisse der vergangenen Jahre vergegenwärtigen.

Beim *Toronto Rock And Roll Revival Festival* am 13. September 1969 stand John Lennon mit einer in kurzer Zeit zusammengestellten Mannschaft, zu der auch Eric Clapton gehörte, auf der Bühne. Dieses Spontankonzert im *Varsity Stadium* war John Lennons erste Live-Performance seit 1966, ausgenommen das kurze Zwischenspiel auf dem Dach des *Apple*-Hauses im Januar 1969. Zu Lennons neuer Gruppe, die er *Plastic Ono Band* nannte, zählte auch die seit sechs Monaten mit ihm verheiratete Yoko Ono. Der Auftritt beginnt mit dem Rock 'n' Roll-Klassiker *Blue Suede Shoes,* Yoko Ono steht rechts neben Lennon. Einige Takte später verläßt sie die Bühne, kommt mit einer großen weißen, sackähnlichen Tüte zurück und verschwindet darin mitsamt einem Mikrofon. Rechts von John Lennon hockt sie sich auf dem Bühnenboden, die Band spielt *Money*. In dem Augenblick wird das Rockkonzert zur Performance. Die Musik steht weiterhin im Vordergrund, aber das eigentlich nicht dorthin passende weiße Objekt – übrigens ein Motiv, auf das sich alle Fotographen stürzten – läßt sich mit einem herkömmlichen Rockkonzert kaum in Verbindung bringen. Am Ende von *Money* steigt Yoko Ono aus der Tüte. So geht das öfter rein und raus, sie wird ausgegrenzt durch Eingesperrtsein, wie ein Kokon schützt sie die Textilhaut vor neugierigen Blicken der anderen, die ihren Blick auf andere jedoch auch verstellt.[63]

Es war nicht die erste Bagism genannte Aktion, die Lenono gemeinsam durchführten, aber es war das erste Mal, daß der weiße Sack bei einem Rock 'n' Roll-Auftritt eine Rolle spielte. Hier, wie bei späteren Aktionen, symbolisierte der Sack den Mutterbauch, in dem ein Mensch wächst und aus dem er, von den Qualen der Geburt befreit, als selbständiges lebendes Wesen herauskommt. Die Art des Motivs war für Yoko und John eher unwichtig. Sie wollten nur provozieren und die Lacher auf ihrer Seite haben – das war wichtig. Es ging ihnen dabei meistens um den eigenen Spaß und die Irreführung der Zuschauer. Doch der biologische Zusammenhang ist ein wichtiges Merkmal dieses Happenings.

Die Verhüllung als Kunstwerk ist spätestens seit Christos legendärer Reichstagaktion vielen Menschen ins Bewußtsein gedrungen. Egal, ob Befürworter oder Gegner solcher Aktionen – niemand kann sich der Faszination entziehen, die entsteht, wenn ein bekannter Gegenstand verschwindet, umhüllt von beliebigen Materialien und dadurch Form und Inhalt völlig verändert. Etwas Neues ist entstanden.

Der Sack wird neben seiner Bestimmung als Transport- oder Aufbewahrungsbehältnis im künstlerischen Bereich als so etwas wie ein tresorartiges Utensil verwendet. Was der Sack enthält, ist erst auf den zweiten Blick zu sehen, nämlich wenn der Inhalt herausgenommen wird. Wird aber etwas hineingesteckt, das weder vor noch nach der Aktion zu sehen ist, gerät auch ein noch so profanes Stück ins Reich des Mysteriösen.

Ein anderer Aspekt ist: Ganz gleich, ob es ein Jute- oder ein Leinensack ist, ob er aus Baumwolle, Segeltuch, Leder, Samt, Seide oder Plastik gefertigt wurde, er hält die Gegenstände zusammen. Damit kann vieles vor neugierigen Blicken und greifenden Händen geschützt werden, die kleinen Geheimnisse materieller Art oder die besonders wertvollen Utensilien. Einen Körper allerdings in einen Sack hineinzustecken, vielleicht sogar mehrere, hat etwas Verbotenes, Anrüchiges, Tabuverletzendes.

Die Künstler des Fluxus gingen einen Schritt weiter als später der Bulgare Christo, dessen Verpackungen nur tote Materie als Inhalt hatten: Alltagsgegenstände wie »Verpackte Flaschen und Dosen« (1958–59), größere Arbeiten, etwa der 1969 verhüllte Küstenstreifen in Little Bay, Australien oder die Brücke Pont Neuf in Paris (1985). Auch Allan Kaprow verpackte 1965 für sein Happening »Calling« menschliche Körper; er steckte sie in eine Folie, die sehr eng um die Körper gezogen wurde. Ähnliches zeigte auch Joseph Beuys bereits im Jahre 1964 in der Aktion »Der Chef«, als er sich in Filzbahnen einrollen ließ. Die Cellistin Charlotte Moorman führte dann eine echte Sackaktion durch. Sie saß bis zum Hals eingeschnürt in einem transparenten Plastiksack, darunter nackt, Cello spielend, allen lüsternen, neugierigen, aufmerksamen, abschätzenden Blicken des Publikums ausgesetzt.

Charlotte Moorman war in den sechziger Jahren ein Star. Die Fluxus-Künstler benutzten sie gerne als Akteurin und schrieben ihr Stücke auf den Leib, was nahezu wörtlich zu nehmen ist. Am 5. und 6. Juli 1965 zum Beispiel führte sie »Variation on a Theme by Saint Saens« von Nam June Paik anläßlich der Aktion »24 Stunden« in der Galerie Parnass in Wuppertal auf. Ihr nackter Leib unter dem Plastiksack und das Cellospiel ermöglichten eine neue Form von Musik. Publikum und Akteurin bekamen darüber hinaus ein neues Verhältnis zur öffentlichen Körperlichkeit: Charlotte Moorman, weil sie den Blick auf ihren paradiesischen Zustand ermöglichte, das Publikum, weil es seine Blicke ohne Schamgefühle aussenden konnte.

Ähnliches präsentierte Yoko Ono mit *Bag Pieces,* die sie seit 1962 in größerem Umfang machte. Ihre Handlungsanweisung zu den »Stücken zum Verstecken« findet sich schon in *Grapefruit.* Zu seiner Premiere im Jahre 1961 in der Carnegie Recital Hall in New York wurden die Lichter im Saal gelöscht. Ein Mädchen versteckte sich auf der Bühne unter einem Stück Sackleinwand. Auch gemeinsam mit Anthony Cox stieg Yoko Ono 1965 für eine Performance, ebenfalls in der Carnegie Recital Hall, in einen schwarzen Sack. Dort entledigten sie sich ihrer Kleidung und zogen sie im Sack auch wieder an. Der Sack als Versteck, als Schutzhülle, als öffentliche Intimsphäre, in dem nicht nur das Ich verborgen wird, sondern auch die Hülle, die das Ich umschließt, ist das Prinzip, was dem zugrunde liegt. Abgesehen von der erotisch-sexuellen Suggestion bildete dieses Versteck auch einen intimen Ort im öffentlichen Bereich, der Raum bot für persönlichste Verrichtungen vor den nicht sehenden Augen des Publikums. Dieses mochte wie wild spekulieren über das Treiben des Paares, vor ihren Augen, aber unsichtbar, das tatsächliche Geschehen bekam es nicht mit, es konnte nur Vermutungen anstellen. In erster Linie dachten die Zuschauer natürlich an Sex, denn warum sonst sollten sich zwei Menschen verschiedenen Geschlechts in der Öffentlichkeit verhüllen? Die Botschaft lautete jedoch: Indem das Äußere verhüllt wird, öffnet sich das Innere des Menschen. Er gibt den Blick frei auf seine Seele, die wegen der den Körper umhüllenden Kleidung in sich selbst gefangen ist.

Die Geburtsstunde von Yoko Onos und John Lennons gemeinsam aufgeführter Sackkunst ist auf den 18. Dezember 1968 datiert, als sie in der Royal Albert Hall in London beim »Alchemical Wedding« in einer weißen Tüte auf die Bühne gekrochen kamen. *Bagism* war eine Provokation, die das Publikum überraschte und in verschiedene Lager spaltete. Die einen verstanden die Kunst, die anderen waren entsetzt und straften das Paar mit Verachtung. Sie galt vor allem dem Mitglied der Liverpooler Pilzköpfe, dem vorgeworfen wurde, eine kindergartenartige Schau von zweifelhaftem künstlerischem Wert vorzuführen.

Oft stand das Paar fast eine halbe Stunde lang auf der Bühne, während ein Flötenspieler um es herumhüpfte. Einmal bekam die fluxusgesteuerte Aktion sogar einen politischen Stempel aufgedrückt. Ein zorniger Mann im Publikum präsentierte ein Protestplakat zum Biafra-Problem und rief: »Kümmert dich das, John Lennon, kümmert dich das?«[64]

Im März des folgenden Jahres sollte sich die österreichische Presse in Wien anläßlich der Premiere des Lenono-Films *Rape* an einem Tütenereignis aufreiben dürfen. Eine Sensation damals. Im Hotel Sacher, dem vornehmen, traditionsbewußten Symbol k.u.k.-monarchistischer Glückseligkeit, beantworteten zwei Gestalten in einer weißen Tüte die Fragen der Journalisten. Ob tatsächlich Yoko und John darin waren, blieb bis heute ungeklärt, denn die Personen gaben sich nicht zu erkennen. Später bestätigte das Paar, es sei tatsächlich persönlich im Hotel Sacher anwesend gewesen. »Uns haben die Österreicher nie zu Gesicht bekommen. Wir blieben die ganze Zeit über im Sack. Auch als wir im Hotelfahrstuhl zur Pressekonferenz fuhren, verließen wir ihn nicht. Auf den Titelseiten der österreichischen Zeitungen sah man dann Reporter, wie sie Mikrofone an einen Sack hielten. Sie wollten immer wissen: ›John, bist das wirklich du?‹ Ich sagte: ›Sicher.‹ – ›Aber woher sollen wir wissen, daß das stimmt?‹ ›Weil ich es sage!‹«[65]

Und noch ein Beispiel für Aktionen mit solch provokativer Kraft. Zusammen mit John Lennon drehte sie im August 1969 den Film *Self Portrait,* in dem Lennons Penis im halberigierten Zustand zu sehen ist und der das ganze Bild einnimmt. Am 10. September 1969 zeigte der New Cinema Club des Institute of Contemporary Arts in London neben anderen Filmen diesen Streifen. Ray Coleman schreibt: »Während der gesamten Vorführung sitzt ein nicht identifizierbares Paar in einem weißen Sack auf der Bühne. Niemand ist sicher, ob es sich dabei um John und Yoko handelt. Die Reaktion des Publikums wird mit einer versteckten Infrarot-Kamera aufgenommen.«[66] Die beiden saßen tatsächlich nicht selbst in dem Sack, wie sie Jahre später erzählten, sondern zwei Hare-Krishna-Jünger hatten diese Aufgabe übernommen.

Gerade rechtzeitig noch beendeten die Fluxus-Künstler und auch Yoko Ono ihre Menschenverhüllungsspektakel, bevor die Idee vollends ausgereizt gewesen wäre. Ein naheliegendes Phänomen blieb ungeklärt: die Stellvertreteridee. Wer letztlich tatsächlich im Sack verborgen war, blieb im dunkeln.

2. K A P I T E L

1966 bis 1980

London: Dreh- und Angelpunkt
einer neuen Szene

S*winging London* – ein Synonym für das neue
bunte England, das quirlige London. Schrille Farben beherrschten das Bild der Stadt, die jungen Menschen waren total verrückt
vor Überschwang und stets in enthemmter Aufbruchsstimmung.
Der Londoner Stadtteil Soho avancierte zum Siede- und
Schmiedepunkt der »Swinging Sixties«. Beatgruppen wie die
Rolling Stones, Animals, Yardbirds, Beatles, Kinks, Swinging
Blue Jeans und Searchers verkörperten das, was die Amerikaner »The British Invasion« nannten. Damit bezeichneten sie den
eigenständigen Beitrag englischer Beatgruppen zur Rockge-
schichte. Der neue Sound entstand aus der Mischung zwischen dem Rhythm 'n' Blues des schwarzen Amerikas und
dem britischen Skiffle. Elektrische Gitarren und der betonte
Beat des Schlagzeugs wurden zum Markenzeichen der neuen
Richtung. Der »Marquee Club«, auch in Londons Szeneviertel

Soho, entwickelte sich zum Wahrzeichen und Tempel der Beatmusik. Gleichzeitig wurde aus der Carnaby Street *die* Modemeile für junge Leute, die ihre Stars nachahmen wollten und dafür entsprechende Modeboutiquen, Friseurläden und Schmuckgeschäfte brauchten. Mini-Rock und Mini-Cooper präsentierten sich als die Wahrzeichen einer total ausgeflippten jungen Generation.

Als Yoko Ono mit Ehemann Anthony Cox und Tocher Kyoko im Jahre 1966 nach London kam, besaß sie zunächst noch keine eigene Wohnung. Aber Adrian Morris, ein englischer Künstler, lud seine gerade gewonnenen Bekannten für eine Zeit in sein Wochenendhaus in Chelsea ein. Morris war nach der ersten Begegnung von der Japanerin so begeistert, daß er dem Paar sein Haus gerne für drei Monate zur Verfügung stellte.

Genauso wie Beat bestimmte Pop das Geschehen – dieser Begriff wurde zum Synonym für eine Lebenshaltung, die im Einklang mit dem in der damaligen Zeit ebenso wichtigen Wort »psychedelisch« das Establishment kräftig ärgerte. Die Protagonisten der Beat- und Popszene forderte die Gesellschaft zu unpopulären Maßnahmen wie zum Beispiel dem Verbot, ein provokantes Schallplattencover zu veröffentlichen, heraus. Besonders in der Kunstszene entwickelte sich ein Hang zur Provokation. An fast jeder Straßenecke entstanden plötzlich avantgardistische Galerien und Boutiquen aus dem Nichts, in denen Grafiken und Plastiken sowie entsprechende Accessoires und anderer Krimskrams angeboten wurden.

Zu diesen neuen Kunsttempeln gehörte auch die *Indica Gallery* in Mason's Yard in der Nähe von St. James. In dieser etwas abseits des Zentrums gelegenen Gegend hatten John Dunbar und Barry Miles ihre Kunstgalerie und Buchhandlung eingerichtet. »Sie wollten einen Ort schaffen, an dem avantgardistische Künstler ihre Arbeiten vorführen konnten und der zugleich eine Begegnungsstätte für diese Künstler und die verwegeneren Vertreter der aufkommenden Londoner Pop-Undergroundszene sein sollte. Rockmusik und weiche Drogen charakterisierten hier die Atmosphäre. Bezeichnenderweise war die Galerie nach einer Cannabissorte benannt worden.«[67] Durch ihre privaten und geschäftlichen Beziehungen waren die Eigentümer mit etlichen Angehörigen der Londoner Rockszene bekannt; dazu zählten auch Mitglieder der Beatles. Durch diese Verbindung lernte John Dunbar auch die Sängerin Marianne Faithful kennen, die er später heiratete. Sie sollte noch eine eigene Popmusikkarriere im Dunstkreis der Rolling Stones verfolgen und eine wichtige Rolle im Leben verschiedener Künstler der Musikszene spielen. Paul McCartney hatte bereits Jahre vorher den Kontakt zwischen Dunbar und John Lennon hergestellt, dessen Interesse für nonkonformistische Kunst, Literatur und Musik im Laufe der Zeit immer größer geworden war.

Hier in der Indica Gallery sind sich Yoko Ono und John Lennon dann auch zum ersten Mal begegnet. Seltsamerweise war es Paul McCartney, der die Galeriebesitzer finanziell unterstützte und der seinen Kumpel John Lennon in diese Kreise der avantgardistischen Kunst eingeführt hatte. Später sollte McCartney am erbittertsten gegen Yoko Ono kämpfen und ihr die Hauptschuld am Auseinanderbrechen der Beatles zuschreiben.

Yoko Ono benötigte, um in die europäische Avantgardeszene hineinzukommen, eine Art Türöffner – eine Person, die ihr den Weg bereitete, um auf dem schwierigen Parkett avantgardistischer Kunst Fuß zu fassen. Allein durch die Teilnahme am »DIAS« hatte sie noch keinen größeren Bekanntheitsgrad erreichen können. John Dunbar war für sie eine solche wichtige Person. Er hatte die japanische Künstlerin über den gemeinsamen Bekannten Dan Richter kennengelernt, der als Pantomime in London lebte. Und es paßte ganz hervorragend, daß gerade jemand aus der weltweit bekannten und von allen verehrten Popband »The Beatles« ihr viele Hindernisse bei ihrer Karriere aus dem Weg räumte und für weitreichende Publicity ihrer Kunst sorgte. Yoko Ono hatte es geschafft.

Unfinished Paintings and Objects lautete der Titel der ersten Yoko-Ono-Exhibition in der Indica Gallery, zu der auch John Lennon eine Einladung erhalten hatte, weil Dunbar der Meinung gewesen war, Lennon wäre bestimmt begeistert von dieser ungewöhnlichen Künstlerin. Mit dieser Einschätzung lag er, wie sich später erweisen sollte, genau richtig. Auch weil der Beatle gerade zu neuen Ufern unterwegs war. John Lennon versuchte sich nämlich während jener Zeit gerade als Schauspieler in Richard Lesters Film »How I Won The War«. Er hatte die Rolle des Soldaten Crisp übernommen. Es gehörte damals noch nicht unbedingt zum Muß eines Popstars, auch auf der Leinwand in mehr oder minder ernsten Filmen präsent zu sein. Das war zu dieser Zeit ein Novum. Die Beatles waren zwar mit »Help« und »A Hard Days Night« erfolgreich gewesen, Lesters Film gehörte jedoch in eine andere Kategorie. Aber, und das ist hier wesentlich, an Lennons Engagement war ablesbar, daß er etwas anderes, ein Betätigungsfeld außerhalb der engen Beatles-Welt suchte. Und es bedurfte so nur sehr sanfter Anstöße, sein Interesse für die Japanerin, die solches Aufsehen mit ihrer Kunst erregte, zu wecken.

In der *International Times* vom Oktober 1966 erschien als Vorankündigung des Events folgende Annonce: »Unfinished Paintings – Yoko Ono – Indica Gallery Nov 8–18 + Weekdaily Events – 2 P.M.-6 P.M. – Arranged by Yoko Ono – Please phone – WHI 1424 On – Day You Intend – To Come Along – Indica Gallery – 6 Masons Yard – Duke St., St. Jame's, SW 1 – Telephone WHI 1424 – Exhibitions – Open – 10 A.M.-7 P.M. – Mon – Sat.« Für Yoko und John sollte diese Ausstellung anders als alle anderen zuvor werden.

Der 9. November 1966

Auf die Frage, wie sie sich kennenlernten, antwortete Yoko Ono einmal in einem Interview: «Wir krachten zusammen«.[68] Und sie fügte hinzu: »Mein erster Eindruck von ihm war – er ist einigermaßen ansehnlich und, na ja, ganz nett. Und zärtlich. Das hab' ich sofort gedacht und dabei völlig übersehen, daß ich ihn in seiner Männlichkeit verunsicherte. Das herauszufinden war schon 'ne Überraschung.«[69] Mit den in ihrer Männlichkeit Verunsicherten meinte Yoko Ono die Beatles.

Und John Lennon umschrieb die erste Begegnung mit Yoko Ono folgendermaßen: »Ich hatte immer von einer Frau geträumt. Sie sollte schön und intelligent sein, mit hohen Wangenknochen, dunkelhaarig, ein Freigeist, eine Künstlerin (à la Juliette Greco). Mit mir seelenverwandt. Jemand, die ich bereits gekannt, doch irgendwie verloren hatte. Nach einem kurzen Besuch in Indien, auf dem Weg von Australien nach Hause, änderte sich das Bild ein wenig – sie sollte eine dunkeläugige Orientalin sein. Der Traum konnte natürlich nicht Wirklichkeit werden, bis ich das Bild vollendet hatte. Jetzt war es vollendet.«[70]

Die Vision Lennons war tatsächlich Realität geworden. Er hatte seine Frau gefunden. John Lennon war schon lange nicht mehr mit seiner Cynthia glücklich gewesen. Die Ehe bestand nur noch auf dem Papier. Die Sehnsucht nach einer anderen Frau, die lange Zeit weder Gesicht noch Namen hatte, hatte ihn sehr beschäftigt. Mehr und mehr hatte sich die Beziehung zu Cynthia aufgelöst.

John Lennon war nun auf der Suche nach einem ganz anderen Frauentyp. Eine Frau von völlig verschiedener Art wollte er, eine, die ihm Stärke gab: Die fand er in Yoko Ono. »Abgesehen davon, daß sie mir den Mut gab, aus dem Haus im Börsenmakler-Viertel auszubrechen ... gab mir Yoko auch die innere Stärke, meine andere Ehe etwas näher zu betrachten. Meine eigentliche Ehe. Die mit den Beatles nämlich, die mich noch mehr erstickte als mein häusliches Leben. Ich hatte oft schon an einen Bruch gedacht, aber bislang hatte mir der Mumm gefehlt.«[71]

John Lennons Sätze beinhalten eine Anspielung auf sein Haus bei Weybridge südlich von London. Dort hatte er mit seiner Ehefrau Cynthia gewohnt und später sorgar kurze Zeit mit Yoko Ono. 1968 hatten die beiden endgültig zusammengefunden, und Yoko Ono füllte alles aus, sein Liebes- und sein Alltagsleben. Sie war ihm Geliebte, Mutter und Managerin.

Die Erinnerungen und Meinungen – auch die von engen Freunden und Beteiligten – gehen, was den genauen Zeitpunkt der ersten Begegnung der beiden betrifft, ein wenig auseinander. Es kann der 8. November 1966 gewesen sein, also der Abend vor der Vernissage. Oder eben der 9. November. Ein geschichtsträchtiger Tag, an dem sich wie schon oft in diesem Jahrhundert elementare Dinge ereignet haben: Am 9. November 1918 dankte Kaiser Wilhelm II. ab, die erste Republik wurde ausgerufen. Am 9. November 1938 initiierten die deutschen Nationalsozialisten ein Progrom gegen jüdische Bürger – es kommt zur furchtbaren *Reichskristallnacht*. Und am 9. November 1989 schließlich öffnete die DDR ihre Grenzen zur Bundesrepublik.

Überliefert sind – wie gesagt – zwei Varianten, deren jeweilige Verfechter darauf schwören, daß nur ihre die einzig echte, wahre Version der Ballade von John und Yoko ist.

Wer nun letztendlich die richtige Version lieferte, spielt nicht die entscheidende Rolle. Wichtiger ist der Umstand, daß John Lennon seine spätere Frau im Zusammenhang mit der Kunst kennenlernte – in einer Umgebung also, die ihm eher fremd und ihr sehr geläufig war. Das Zusammentreffen ermöglichte den beiden ungleichen Menschen und Künstlern, ihre eigenen Grenzen zu überschreiten, denen sie sich in gewisser Weise verschrieben hatten. Plötzlich war nichts mehr wie vorher, Lennons Musik nahm eine andere Richtung, Yoko Onos Kunst gelang Schritt für Schritt eine Entwicklung hin zu populäreren Ausdrucksformen.

Auch die Stadt London mit ihrer trendsetzenden Popkultur war das richtige Feld für Yoko Ono und ihre Fluxus-Kunst. In dieser aufgeschlossenen und alles Neue vereinnahmenden Umgebung war es ihr möglich, sehr extreme Dinge zu tun. John Lennon war fasziniert von ihrer Welt und distanzierte sich mehr und mehr von seinen Musikerkollegen, was diese mit Mißachtung gegenüber Yoko bestraften.

Die erste Variante ist folgende: John Lennon besuchte spätestens am 9. November die Indica Gallery und wurde dort mit äußerst merkwürdigen Dingen konfrontiert: Hammer und Nägel, Äpfel und kleine Karten mit darauf notierten Anregungen, etwas zu tun, aktiv zu werden. Gegenstände also, die man nicht unbedingt in einer Kunstgalerie vermutet.

Die Indica Gallery versuchte mit ihrer Ausstellung gerade Yoko Onos DIAS-Beiträge in einem besonderen Rahmen, einmal anders zu präsentieren. Im Mittelpunkt standen ihre plastischen Arbeiten, die die Aktionslust des Publikums benötigten, um ihre ganze Wirkung zu entfalten. Manche Werke erhielten ihre Vollendung sogar erst durch das gewünschte Eingreifen der Museumsbesucher. *Ceiling Painting* beispielsweise existierte so lange als unvollständiges Kunstwerk, bis jemand, auf der Leiter stehend, durch eine von der Decke herabhängende Lupe das Wort *Yes* entzifferte. Das Beatles-Mitglied John Lennon tat das sofort, obwohl ihm moderne, radikale Kunst eigentlich noch fremd war. Er ließ sich von der Aufforderung der ihm unbekannten japanischen Künstlerin leiten, strenggenommen sogar manipulieren: Der Weltstar hockt wie ein kleines Kind auf einer Leiter und schaut durch eine Lupe. Vielleicht schüttelte er aber auch den Kopf über so geballte naive Kunstauffassung. Man weiß es nicht. Die Vorstellung amüsiert schon, wie er dort auf der Leiter hockte, ein wenig wackelnd, mit der Hand die

Lupe ergreifend, von der Schöpferin dieses einfachen, in metaphysische Dimensionen überhöhten Kunstwerks beobachtet. Und dieses kleine Wort *Yes,* das dort zu lesen war, war so etwas wie der Startschuß, ein erster zaghafter Schritt der Annäherung der beiden. John bewies Verständnis für und Achtung vor der Person Yoko Ono.

Alles wurde zur Kunst: Aus jedem Zusammenhang gerissen, ziemlich hoch unter einer Zimmerdecke plaziert, stand dieses Wort nur für sich, entbehrte örtlich und zeitlich gesehen jeder Logik, entzog sich jeder Rationalität, aber hatte in diesem Fall eine ganze rationale Bedeutung: *Yes* bestätigt die im Zen-Buddhismus verankerte emotionale Suche nach dem Sinn und dem Inhalt der Dinge so, wie sie sind, obwohl sie sich einer Deutung vollkommen entziehen. Selbsterkenntnis und Erleuchtung werden erhofft und sind zum Greifen nahe im Klang des Wortes *Yes,* das jeden auffordert, seinen Status quo zu überdenken und ihn durch das uneingeschränkte Ja zu verändern, und zwar zum Positiven.

Wer nach der Lektüre die Leiter wieder hinabstieg, sah dieses Kunstwerk und durch dieses hindurch einen Ausschnitt, *seinen* Ausschnitt der Welt – in einem anderen Licht. Yoko Ono erklärt die Bedeutung, die sich hinter den meisten ihrer Kunstwerke verbirgt, in der Selbsterkenntnis der persönlichen Lebensweise des Betrachters, was durch »ein Nichtvorhandensein von Komplexität, ein Vakuum, durch das man in einen Zustand vollkommener Entspannung des Geistes geführt wird«[72] erst möglich wird.

John Lennon muß diese Kräfte gespürt haben, denn er kehrte mit einem neuen Bewußtsein vom Ausflug zum Wort *Yes* zurück.

Noch ein anderes Bild gab es zu sehen: *Painting To Hammer A Nail.* Eine weitere Arbeit aus der Fluxus-Phase ist mit der Aufforderung verbunden, etwas Bekanntes aus der konventionellen Kunst, nämlich Leinwand oder irgendeine andere Bildoberfläche, zu attackieren. Diese Arbeit stand in der Gallerie ebenso unvollendet da wie *Ceiling Painting,* erreichte aber nie den Status der Vollendung: Der letzte Nagel fehlt. Das Bild blieb im Prozeß des Fließens.

Painting To Hammer A Nail existiert in mehreren Fassungen. Die Version in der Indica Gallery bestand aus einem Holzbord, einem an einer Kette befestigten Hammer und Nägeln. Eine andere Variante: ein überdimensionales Holzkreuz, Metallhammer, Metalleimer, Nägel, Textentwürfe. Übrigens: Der deutsche Bildhauer Günter Uecker, der als Nagelkünstler bekannt wurde, brachte diesen Kunststil später zu einer ihm eigenen Perfektion.

Für Yoko Ono war das Malen mittels Nägeln nur ein Kapitel ihres künstlerischen Lebens, mit dem sie die engen Grenzen des Begriffs der Malerei zu überwinden versuchte. Richtig fertig wurde ein derartiges Bild allerdings nie, weil es jederzeit in Struktur und Aussehen veränderbar blieb. Die Künstlerin gab immer nur die anstoßende Idee, das Publikum fügte kleine Einheiten hinzu. Am Ende aber blieb immer ein unvollendetes Kunstwerk.

John Lennon war es jedoch während seines Besuches in der Galerie nicht gestattet, einen Nagel in das Kunstwerk zu hämmern, da zu diesem Zeitpunkt die Ausstellung noch nicht offiziell eröffnet war. Als jemand Yoko Ono zuflüsterte, wer der Mann sei, der sich für ihre Werke interessiere, erlaubte sie es Lennon gegen eine Zahlung von fünf Schillingen doch. Aber der spielte das Spiel anders weiter. Mit Humor –, und er zeigte sich als lernfähiger, für ungewöhnliche Kunst zu begeisternder Mensch. Seine clevere Antwort auf die Aufforderung, Geld dafür zu zahlen, daß er einen Nagel einschlagen durfte, sicherte ihm die Sympathie von Yoko Ono vollends: Er gab ihr fünf imaginäre Schilling und schlug dafür einen imaginären Nagel in das Bild hinein. Fluxus in Vollendung!

Es funkte und knallte, die Eindrücke und Gefühle explodierten. Alles auf einmal. Mit großem Getöse, aber doch kleinen Schritten. Yoko Ono und John Lennon erkannten sich wie die Lösung eines Rätsels in einem aufgeschlagenen Buch. Hier Fluxus, dort die Beatles; hier Kunstavantgarde, dort musikalische Experimente. Dazwischen eine aufkeimende Liebe, zunächst als zarte Pflanze, später als ein Theaterspiel mit ganz eigenständigen Charakterrollen.

Die zweite Variante der Ballade erzählt eine ganze andere Geschichte und wurde von Geneviève Morgan, der damaligen Ausstellungsleiterin der Indica Gallery, überliefert. Aus ihrer Erinnerung geht hervor, daß das Objekt *Yes* noch gar nicht installiert worden war, als John Lennon die Galerie aufsuchte. Lennons erste Begegnung mit Yoko Onos Kunst stehe vielmehr mit dem Objekt *Apple* in Verbindung, so berichtet sie, das im Erdgeschoß der Galerie aufgestellt war. »Das erste, was John sah, war der Apfel. Yoko ging auf ihn zu und gab ihm die Karte mit der Aufschrift ›Atme‹, nur Dunbar und ich waren zugegen, es war einen Tag vor der offiziellen Vernissage. Irgendwann gingen wir alle nach unten, wo weitere Exponate aufgebaut waren. Draußen standen die Leute inzwischen Schlange, um eingelassen zu werden, denn es hatte sich herumgesprochen, daß einer der Beatles bei Indica war. Wir mußten die Galerie abschließen und den Leuten sagen, sie sollten am nächsten Tag wiederkommen.«[73] Geneviève Morgan weiß zu erzählen, daß die Leiter und das Deckenobjekt mit der Lupe erst einige Tage danach installiert wurden. Ihre Version klingt glaubhaft, denn sie war ständig zugegen und erlebte die Aktionen aus nächster Nähe. Yoko Ono und John Lennon unterhielten sich kurz über einige der ausgestellten Objekte, bevor Lennon wieder in seinem schwarzen Mini-Cooper nach Hause fuhr.

Um die Verwirrung, was die erste Begegnung angeht, noch zu steigern, gab John Lennon später folgenden Bericht zum besten: »Am Abend vor der offiziellen Eröffnung ging ich zu einer Vorbesichtigung der Ausstellung. Ich ging hinein – sie hatte keine Ahnung, wer ich war –, wanderte durch die Räume, wo ein paar pseudo-avantgardistische Studenten herumhingen, die geholfen hatten, schaute mir das alles an und staunte. Da gab es einen Apfel, der 200 Pfund kosten sollte – das fand ich fantastisch... Aber es gab da noch ein anderes Objekt, das letztlich auch meine Entscheidung für oder gegen die Künstlerin bestimmte, und zwar war das eine Leiter, die zu einem an der Decke hängenden Gemälde führte... Ich stieg die Leiter hoch, sah durch das Fernglas, und dann stand da in winzigen kleinen Buchstaben ›Yes‹.«[74] Wahrscheinlich waren auch seine Erinnerungen nicht mehr ganz präzise. Die unterschiedlichen Versionen selbst der unmittelbar Beteiligten belegen, wie von Anfang an am Mythos des Außergewöhnlichen in der Beziehung zwischen Yoko Ono und John Lennon gefeilt wurde. Aber entscheidend ist eigentlich nur die Tatsache, daß zwei große Menschen aufeinandertrafen, die sich bei einem etwas anderen Ablauf der Vernissage wahrscheinlich nie mehr gesehen hätten. Daher bleibt festzuhalten, daß nur der Zufall der Vater der Verbindung zwischen Yoko Ono und John Lennon war.

Der Ideenreichtum, den Yoko Ono in der Indica Gallery-Ausstellung gezeigt hatte, beschäftigte die Londoner Kunstszene zunehmend. Dem Namen Yoko Ono zollte man mehr und mehr Respekt. Ihr feiner Humor und ihre geschickten Rückgriffe auf Zen-buddhistische Weisheiten kennzeichneten Arbeiten wie *Mending Piece,* ein Werk, das als eine Art Heilungsprozedur gesehen werden muß: Auf einem Tablett liegen die Scherben einer zerbrochenen Tasse oder eines Tontopfes. Daneben befinden sich eine Tube Klebstoff sowie eine Rolle Bindfaden mit Nadel. Die Arbeit ist als eine Fortsetzung von *Cut Piece,* bei dem es ebenfalls um Zerstörung, und zwar nur um Zerstörung, geht, anzusehen. *Mending Piece* hat die Wiederherstellung der ehemaligen Form, nach einer Heilung wie etwa nach einer Verwundung, nach einem Streit, zum Ziel. Es ist ein Synonym für den menschlichen Körper, der – ähnlich wie in *Cut Piece* dargestellt – oft zerstörerischen Prozeduren ausgeliefert ist.

Vor diesem Hintergrund erscheint die zerbrochene Tasse im Licht philosophischer Erkenntnis. Indem die Oberfläche des Objektes zerstört wird – und das gilt im weiteren Sinne ebenso für die Arbeit *Painting To Hammer A Nail* –, kommt es zu Verletzungen am menschlichen Körper. Aber auch zu Verletzungen auf der geistigen Ebene. Zerstörungen sind schnell vollzogen, Instandsetzungen brauchen sehr viel länger, wenn nicht sogar ewig.

Yoko zeigte sich Lennon gegenüber zunächst ziemlich abweisend. Wahrscheinlich stimmt es, daß er doch vor der offiziellen Eröffnung der Ausstellung die Galerie besuchte und sie so bei ihrer konzentrierten Arbeit beim Aufbau störte. Andere wiederum behaupteten auch, sie sei ganz versessen darauf gewesen, daß ihre Ausstellung von einem berühmten Mitglied der Liverpooler Pilzköpfe besucht würde, da sie – berechnend, wie sie angeblich war – nur von dessen Glanz profitieren wollte. Die Publicity, die Yoko Ono dadurch erhalten würde, war natürlich mehr wert als die Belobigungen einzelner Kunstkritiker, mit denen sie sich bislang zufriedengeben mußte. Weil die Fans von John Lennon sich immer für das begeisterten, was auch ihm gefiel, kam Yoko Ono in den Genuß eines neuen, für sie bis dahin unerreichbaren Publikums.

Zur nächsten Begegnung zwischen Yoko Ono und John Lennon kam es wieder während einer Vernissage, und zwar bei Claes Oldenburg, auch in London. Von Zufall kann hier schon nicht mehr die Rede sein. Es bestand nun offensichtlich bei beiden ein starkes Interesse, den Kontakt nicht abbrechen zu lassen.

Ein Anfang – und ein Ende

»John Lennon and Yoko Ono's romance was one of the great, and most publicised, love stories of the twentieth century. But it was also much more than that: it was an intellectual and artistic collaboration of major significance. Their marriage brought about an unprecedented synthesis of the normally distinct realms of avant garde art and Pop music.«[75] Das schreibt John A. Walker über die Symbiose der beiden. Die Beatles sahen das alles ganz anders.

Von John Lennon ist bekannt, daß er die Trennungsphase von den Beatles, auch was seine Frau Yoko Ono in diesem Zusammenhang anging, in einer sehr drastischen, deutlichen Sprache schilderte. Offene Ablehnung war der japanischen Künstlerin entgegengeschlagen, und bösartige Sticheleien hatten die Atmosphäre vergiftet. George Harrison gebärdete sich ihr gegenüber besonders grob; er war es auch, der als erster bekanntgab, kein Beatle mehr sein zu wollen. Angeblich alles wegen Yoko Ono. Je mehr Lennon sich jedoch zu ihr hingezogen fühlte, desto mehr sah er die Beatles in einem ganz anderen Licht. Das Verhalten und die Vorwürfe der anderen bedeuten aber noch lange nicht, daß seine neue Begleiterin die Popgruppe tatsächlich allmählich zerstörte. Der langsame Zerfall dieser Band begann viel früher, und wahrscheinlich war sie nur der Auslöser dafür, daß nun die Zwistigkeiten an die Oberfläche kamen.

Wie Gott beim Jüngsten Gericht saßen die drei anderen Beatles mit ihren Frauen zusammen, »und fällten ihr Urteil über uns«[76], beklagte John Lennon. In diesen Worten eines Interviews mit ihm wurden sein großer Zorn, seine ganze Wut und Enttäuschung deutlich. Diese persönlichen Angriffe verletzten Lennon sehr. Und sie beschleunigten seinen Wunsch, das Ende der Gruppe möglichst schnell zu erleben. Seine ganze Konzentration galt nun Yoko Ono.

Zur selben Zeit, während der Exerzitien beim Maharishi Mahesch Yogi in Bangor, wo die Beatles über die Lehre des Buddhismus neue Kraft und Zukunftsweisungen suchten, wird ihr Manager Brian Epstein tot in seiner Wohnung in Belgravia, einem vornehmen Stadtteil Londons, aufgefunden. Das war ein harter Schlag des Schicksals, ein absoluter Tiefpunkt in der

Geschichte dieser berühmten Popgruppe, mit dem sie sich nur schwer abfinden konnten. Mit einem Wort: Es war eine Katastrophe. Und damit setzte auch eine Entwicklung ein, die den Bestand der Gruppe gefährdete und die tatsächlich das Ende einläutete.

Die Mitglieder der Beatles gingen ab jetzt immer öfter eigene Wege. Dazu paßte auch die Tatsache, daß Lennon im Oktober 1967 die Yoko-Ono-Ausstellung *Yoko Plus Me* mitfinanzierte. Er suchte neue Aktivitätsfelder.

Yoko Ono wohnte während ihrer gesamten Zeit in London im Regent's Park, in der Wohnung, die sie noch immer offiziell mit Noch-Ehemann Anthony Cox teilte. Nach außen hin wollte sie damit bedeuten: Wir führen eine normale Ehe, ihre Liebe und all ihre Gefühle gehörten aber John Lennon. Beruflich erweiterte sich ihr Interessengebiet um die Filmkunst, der sie nun viel Zeit widmete.

Welche verborgenen, spirituellen, ja magischen Kräfte kann man dahinter vermuten, daß Yoko Ono ihre Ausstellung *Half-a-Wind*-Show, die auch unter dem Titel *Yoko plus Me* bekannt geworden ist, am 11. Oktober 1967, genau zwei Tage nach Lennons siebenundzwanzigstem Geburtstag, eröffnete? Die in England vor allem für ihre Hinterteile bekannte Yoko Ono gab mit diesem Datum für den Ausstellungsstart John Lennon, aber auch der Öffentlichkeit fast unmerklich ein Zeichen, wie weit sie sich bereits dem berühmten Musiker genähert hatte. Auch der Titel *Yoko plus Me* deutete in eine gemeinsame Zukunft. Natürlich: Es war lediglich eine Ausstellung, die diesen Titel führte – die John Lennon mit fünftausend englischen Pfund sponsorte –, aber es war Programm.

Johns Geld war gut angelegt, beförderte es doch den Mäzen in die Kreise hinein, die ihm bisher verschlossen waren. Die finanzielle Beteiligung bedeutete so die Eintrittskarte in eine Szene der bildenden Kunst, die selbst für einen Beatle, der mehr sein wollte als nur Zuschauer avantgardistischer Kunst, kaum zu erreichen war. Er wollte wirklich auch dazugehören, die Beatles-Welt war ihm schon lange zu klein und zu eng geworden. Yoko Ono war bereits ein akzeptiertes Mitglied dieser Kreise und John Lennon sollte es bald werden.

Halbe Sachen oder Die andere Hälfte

Yoko Onos Abwesenheit von Amerika, das Fernsein der Tochter Kyoko, das Fehlen von liebevoller Zuneigung drückten sich in einer Arbeit aus, die auf den ersten Blick mit fürsorglich-mütterlichen Gefühlen nichts zu tun hatte. Unter dem Projekttitel *Half-a-Room* stellte Yoko Ono Gegenstände des täglichen Lebens aus, die in der Mitte einfach geteilt waren und dadurch eine völlig andere Bestimmung und Bedeutung erhielten. Das Environment aus achtundzwanzig halben Utensilien war mit weißer Farbe lackiert, so daß nur das Objekt als solches, ohne die gewohnte Buntheit der Möbel- und Kleidungsstücke, der Accessoires und Apparaturen, unschuldig vor dem Publikum stand. Irritiert betrachteten die Besucher die Gegenstände, manche reagierten auch heftig. Einer hatte das Wort »Go« auf ein Ausstellungsstück geschmiert und damit seine Meinung kundgetan, die Urheberin möge aus England verschwinden.

Daraus abgeleitet wurde noch ein zweites Ausstellungskonzept. Yoko Ono nutzte ihre Kenntnis der jüngeren Kunstgeschichte, indem sie das gesamte Readymade-Areal in der Tradition des Franzosen Marcel Duchamp installierte, der schon mit profanen Alltagsutensilien experimentiert hatte.

In der Londoner Lisson Gallery von Nicholas Logsdail (11. Oktober bis 14. November 1967) standen – wie schon erwähnt – diverse Gegenstände im Raum, von denen Yoko Ono aber nur eine Hälfte zeigte: Stuhl, Schuhe, Hut, Radio, Koffer, Bett, Blumenvase, Bild, Tisch, Wasserkessel und so weiter. Die andere

Hälfte befand sich sozusagen im Zustand der Abwesenheit, an einem Ort, der konkret nicht zu benennen war. Damit war eine Art Zwischenstation gemeint, in der sich viele Menschen – besonders bei persönlichen Verlusten – zu befinden glauben. Darin spiegelt sich auch Yoko Onos eigene Situation wider. Sie fühlte zu dieser Zeit oft eine innere Leere, was sie durch die halbierten Gegenstände dokumentieren wollte. Ihre andere Hälfte sei leer gewesen, äußerte sie einmal dazu. Um diese füllen zu können, bedurfte es der Liebe und Zuwendung von John Lennon, den sie konsequenterweise in diesem Zusammenhang später als ihre andere Hälfte bezeichnete. Sie spürte aber zu diesem Zeitpunkt schon ihre gegenseitige Abhängigkeit, die ihre künstlerischen Werke mehr und mehr beeinflußte. Das sollte in naher Zukunft noch deutlicher werden. In dem *Half-A-Room*-Gedankenspiel zum Beispiel kreiste alles um die Imagination, ohne die das Environment unvollständig, eben halb leer, war. Das Motiv wurde für sie ganz zentral.

Es sei traurig, schrieb Yoko Ono in diesem Zusammenhang, daß man tatsächlich nur die Luft miteinander teilen könne. Alles das, was darüber hinausginge, vom materiellen Besitz bis zu den verschiedensten Emotionen, sei zwar zu verteilen, aber nicht wirklich gemeinsam zu benutzen. Zwischen allen Menschen befinde sich Luft, die den kleinsten gemeinsamen Nenner ausmache, den der einzelne mit der Gesamheit der Weltbevölkerung in gleicher Weise besitze. Immer und überall sei Luft dazwischen, die alle gemeinsam und zu gleichen Teilen benötigten, ohne die es keine Kommunikation, keinen Austausch von Gefühlen, keine Art der Wahrnehmung gebe. Die Abwesenheit von Luft sei gleichbedeutend mit der Abwesenheit von Leben. Da würde sich niemand erlauben, manipulierend einzugreifen. In allen anderen Beziehungen aber laufe vieles auf einen Zustand wie in *Half-A-Room* hinaus. Hier manifestiere sich eine Form der Abwesenheit, die erst durch das radikale Environment im musealen Raum richtig ins Bewußtsein dringe.

Auf den ersten Blick fehle die andere Hälfte der Gegenstände; das möge noch lustig anzusehen sein. Der Blick auf die fehlenden Hälften allerdings gebe zu denken – Gedanken, die dazu führen, eigene Abwesenheitssituationen zu rekapitulieren.

Damit die Leere in *Half-A*-Room nicht ganz so offensichtlich das Verwirrspiel des Sehens beherrschte, schufen John Lennon und Yoko Ono aus den abwesenden Objekthälften ein neues plastisches Werk. Als Ergänzung zur Installation *Half-A-Room* stellten sie fünfzehn (zur Ausstellung im Museum Villa Stuck 1998 waren es achtzehn) Glasflaschen unter dem Titel »Air Bottles« aus, die die imaginäre zweite Hälfte der Objekte enthielten. Da John Lennon als Miturheber genannt wurde, symbolisierten die Luftflaschen auch die beginnende Zweisamkeit der Künstler. Das Paar wollte einmal mehr demonstrieren, daß zwei Dinge, die zusammengehören, auch dann zusammen sind, wenn sie getrennt erscheinen. Die Mystik dieses Werkes bekam durch Lennons Beitrag erst die andere – emotionale – Bedeutung. *Half-A-Room* wird erst durch die nachträgliche Ergänzung zu einem bedeutungsvollen Meilenstein auf dem Weg zu Lenono.

Die Poesie der frühen Arbeiten Yoko Onos, die in dem Buch *Grapefruit* ihr literarisches Testament gefunden hatte, wurde besonders durch das *Half-a-Room*-Konzept allmählich durch nüchternere, mehr dem Material gewidmete Werke abgelöst.

Aus den ersten zaghaften Begegnungen hatte sich so zunächst eine künstlerisch geprägte Freundschaft entwickelt, aus der aber schon nach wenigen Monaten ein Liebesverhältnis wurde. Lennon besuchte Yoko Ono immer häufiger in Regent's Park, wo sie, ähnlich wie damals in New York, Kunstfreunde und -interessierte empfing. Und sie wiederum gab sich öffentlich – als eine Art großes Happening inszeniert – als überzeugte Beatles-Anhängerin aus, die ihrem Idol genauso nahe kommen wollte wie die Masse der anderen Mädchen und Jungen. Manchmal tauchte sie vor Lennons Haus in Kenwood auf und wartete gemeinsam mit der übrigen Menschentraube auf ein Zeichen von ihm. Solche Aktionen nahmen, wie James Woodall zu berichten weiß, kuriose bis peinliche Züge an. »Bei einer anderen Gelegenheit gelang es Yoko, nachdem sie das Mitleid von Lilian (Cynthias Mutter, die häufig in Kenwood war, um sich um Julian zu kümmern) erweckt hatte, ins Haus vorzudringen. Sie nutzte die Gelegenheit und hinterließ dem offensichtlich faszinierten Beatle einen Ring, den sie am nächsten Tag als Vorwand benutzte, um noch einmal zurückzukommen.«[77] Das war selbst im Zeitalter der Aufklärung und Emanzipation der Dame des Hauses, Cynthia Lennon, zuviel. John Lennon und sie würden gemeinsam mit den Beatles Anfang 1968 nach Indien zum Maharishi Mahesch Yogi reisen, um dort die spirituelle Erleuchtung zu finden. Die räumliche Trennung von der aufdringlichen Japanerin sollte ihn hoffentlich zur Vernunft bringen, so glaubte sie vielleicht.

Das aber sollte sich als Trugschluß erweisen ...

Yoko Ono blieb zurück in London und benutzte die Möglichkeiten der Imagination als Vehikel für eine weitere Kunstaktion in London, die sie *13 Days Do-It-Yourself Dance Festival* nannte. Vom 27. September bis zum 9. Oktober (Lennons Geburtstag) dauerte diese Aktion, die ein stolzes Pfund Eintritt kostete. Jeder Teilnehmer erhielt daraufhin von Yoko Ono täglich eine Postkarte, auf der sie Anweisungen zum Tanzen eingetragen hatte. Auch John Lennon bekam nach seiner Rückkehr als Mitwirkender jeden Tag eine Karte mit Aufforderungen wie *Atmen bei Sonnenaufgang* oder *Wolken zählen und ihnen Namen geben* oder *Koch Wasser und sieh, wie es verdampft!* Solche kleinen Aufmerksamkeiten der Künstlerin bestärkten ihn weiter in seinen Gefühlen, so daß sein Interesse und die Liebe zu der Japanerin weiter wuchsen.

John Lennon hatte sich während des Indienaufenthaltes innerlich noch mehr von seinen drei Freunden entfernt.

Auch der aufsehenerregende Erfolg, den die Beatles mit dem

Konzeptalbum »Sergeant Pepper's Lonely Hearts Club Band« weltweit erreichten, vermochte die Brüche innerhalb der Gruppe nicht zu kitten. Ein gutes Jahr später sollte die Band dann wirklich kurz vor dem Ende stehen.

In der Kunst allerdings ging es bergauf: Der Erfolg ihrer Ausstellung in der »Indica Gallery« bestätigte Yoko Ono in der Überzeugung, endlich auf dem richtigen Weg zu sein. Aus der nicht ernst zu nehmenden Frau, die sich um das Kunstbusineß bemühte, wurde die radikale Künstlerin, die nicht nur nackte Hinterteile abfilmte, sondern die auch im Atelier Sensationelles zustande brachte.

Die erste Strophe in der Ballade von John und Yoko, die nichts mit ihren musikalischen Talenten zu tun hatte, sondern mit der bildenden Kunst, war daher nicht mit Indica Gallery, sondern mit »Air Bottles« überschrieben. Leere Flaschen machten bei dieser Ausstellung den imaginären, abwesenden Anteil des Environments *Half-A-Room* sichtbar. Die fehlenden Hälften der Alltagsgegenstände verbanden sich auf einer Phantasieebene mit den weißlackierten »anwesenden« Teilen. Damit wollte Yoko Ono erneut ein Zeichen in ihrer Beziehung setzen.

Ebenfalls im Jahre 1967 wurde ein steinerner Löwe am Trafalgar Square in London Yoko Onos Kunstobjekt. Er war von ihr ausgesucht worden, um in ihrem *Event*-Kosmos eine bedeutende Rolle zu spielen, wenn auch verhüllt. Diese Aktion gehörte zur Werkgruppe »Verhüllungen«, die Yoko Ono Anfang der sechziger Jahre in ausgewogener und wohlüberlegter Dosierung angefertigt hatte. Kunsthistorisches Vorbild dafür war der Amerikaner Man Ray, der bereits 1920 eine Schreibmaschine in eine Stoffdecke hüllte und mit Kordel verknotete: »The Enigma of Isodore Ducasse«. Auch der heute einer breiten Öffentlichkeit als Vorreiter und Hauptakteur der Verhüllungskunst bekannte Christo hatte schon Ende der fünfziger, Anfang der sechziger Jahre erstmals an neuen Ausdrucksmöglichkeiten in der zeitgenössischen Kunst, die einen unsichtbaren Gegenstand sozusagen mit neuer Oberfläche in den Mittelpunkt stellen, gearbeitet.

Vor dem Löwenevent hatte es – wie bereits erwähnt – einige Aktionen von Yoko Ono, bei denen das Verhüllen eine Rolle spielte, gegeben. In dem Stück *Sky Piece for Jesus Christ* zum Beispiel agierte das Fluxorchestra mit verbundenen Köpfen und Gesichtern und spielte unter solch erschwerten Bedingungen seine Instrumente. *Wrapping Piece* von 1962, das hier ebenfalls bereits vorgestellt wurde, spielte mit ähnlichen Verhüllungen. In beiden Stücken waren die Ausführenden mit schmalen Stoffstreifen umwickelt.

Hinter der Inspiration *Wrapping Event* verbarg sich hochexplosiver politischer und gesellschaftskritischer Zündstoff. Vier mächtige steinerne Löwen thronen auf dem zentralen Platz in London, das Denkmal ragt zugleich als Kriegsmonument und als ein Objekt männlicher Macht und Stärke in den Himmel. Admiral Horatio Nelsons Triumph über die französisch-spanische Flotte drückte sich in der monumentalen Plastik aus, die dem König der Tiere als Symbol für Stärke und Dominanz einen festen, unverrückbaren Platz in der Geschichte der Engländer zuordnen sollte. Die fünfundfünfzig Meter hohe korinthische Säule wurde 1843 zu Ehren des in der Schlacht von Trafalgar (1805) gefallenen Admirals Nelson errichtet. Der Bildhauer Edward Baily schuf die fünf Meter große Statue, die im Jahre 1868 mit vier von Edwin Landseer geschaffenen Bronzelöwen erweitert wurde. Bei Demonstrationen sollte das Monument im Hintergrund stets ein Zeichen setzen, denn für zahllose Touristen war es bei der Stadtrundfahrt immer ein wichtiges Symbol für die Macht des Seefahrerlandes.

Dann kam eine Japanerin und umwickelte eines Tages eine dieser respekteinflößenden Tierfiguren mit weißen Tüchern, so daß von der darunterliegenden Statue nichts mehr zu sehen war. Das grenzte an Majestätsbeleidung und verletzte den

Nationalstolz der Briten empfindlich. Der Beifall der Anhänger der Antikriegsbewegung dagegen, die während dieser Zeit ganz stark war, war der Künstlerin sicher. Und viele Feministinnen jubelten aufgrund der Tatsache, daß eine Geschlechtsgenossin es gewagt hatte, das Männlichkeitssymbol Löwe mir nichts, dir nichts aus dem Blickfeld der Betrachter verschwinden zu lassen. Großbritanniens Ehre und die Ehre der Gentlemen, Generäle und Admiräle sah man von einer Frau in den Dreck gezogen, die man nur noch für verrückt halten konnte. Das ging zu weit. Skandal, Skandal, schrieen die traditionsbewußten Engländer der Künstlerin ins Gesicht.

Den mächtigen Springbrunnen am Trafalgar Square schien Yoko Ono mit der Verhüllung des steinernen Löwen nicht beeindrucken zu können; die Fontänen sahen aus wie immer. Anders die Menschen auf dem Platz, die vor dem Denkmal diskutierten und das Spektakel beobachteten, während Yoko Ono mit ihrer Tochter Kyoko auf einem steinernen Podest saß und die letzten Handgriffe der Helfer beobachtete und korrigierte. So etwas im konservativen England! Schließlich setzte Yoko Ono noch eins obendrauf: Sie ließ sich an die verhüllte Löwenstatue anketten. Damit brachte sie die konservativen Bürger endgültig gegen sich auf. *Wrapping Piece* war als ein Bruch mit einem Tabu gedacht, der bis dahin ohne Beispiel war.

Hinter dem spektakulären Ereignis steckte somit eine geballte Ladung politischer Energie und bewußter Provokation. Und es war gleichzeitig Yoko Onos lange im Unterbewußten schlummernder Wunsch, ihre Kunst zu politisieren. Sie benutzte ab jetzt ihre Objekte auch, um bei der Emanzipation der Frauen ein Zeichen zu setzen. Es begann eine lang andauernde Phase in ihrem Leben, wo sie sich bewußt einmischte, auch in die Angelegenheiten ganz fremder Staaten. Überall dort, wo sie Ungerechtigkeit und Unterdrückung wähnte. So drückte sie auch bei den kurz nach den Verhüllungsaktionen am Trafalgar Square beginnenden Aktionen mit John Lennon ihren Stempel auf.

Die Eskalation des Vietnamkrieges belastete zunehmend das Gewissen vieler Künstler, Musiker und Literaten. Auch in diesem Kontext blieb das provokante Ereignis, das Nationaldenkmal für Lord Nelson in London zu verhüllen, nicht ohne politische Brisanz. Huldigungen an gewalttätige Auseinandersetzungen in der Vergangenheit und auch der Gegenwart sollten dadurch unmöglich gemacht werden, daß die verherrlichenden Denkmäler den Blicken der Menschen entzogen wurden. Der Löwe als Symbol von Stärke paßte genau in diese Zurschaustellung kriegerischer Auseinandersetzungen, gegen die Lenono ihren Widerstand anmeldeten.

1968 – The Ballad of John and Yoko

Während der Aufnahmearbeiten von »Hey Bulldog«, geschrieben für den Soundtrack zum Film »Yellow Submarine«, saß Yoko Ono zum ersten Mal im Studio in der Abbey Road in London. Sie beobachtete die Prozeduren während der Sessions sehr genau und wunderte sich etwas über die simplen Rhythmen, die die Beatles in ihrer Musik verwendeten. Sie sah und hörte nun hautnah, wie ein Song vom Konzept zum Hit wurde. Das Aufnahmestudio zog Yoko Ono in ihren Bann. Sie fand all das, was es dort gab, sehr spannend. Moderne technische Geräte und Instrumente sah sie dort reichlich. Lennon erläuterte ihr intensiv die Funktionen und Möglichkeiten des Studios. Yoko Ono hatte einen Geistesverwandten gefunden, der sich mit ganzer Kraft und überschäumendem Engagement mit ihr ins künstlerische Wagnis stürzte. Beide merkten schnell, wie sehr die vom jeweils anderen ausgehende Energie den eigenen Wunsch nach Aktivität, nach Veränderung, ja nach völliger Neugestaltung des Lebenskreises bestimmte.

Aus ihrer eigenen musikalischen Erfahrung heraus war sie allerdings an andere Produktionsbedingungen gewöhnt. Sie arbeitete mit ganz anderen musikalischen Konzepten. Wie sehr sich ihre Auffassung von der Musik der Beatles unterschied, verdeutlichte das Konzert in der Londoner »Royal Albert Hall« – am 29. Februar 1968 – mit Ornette Coleman, Charlie Haden, David Izenson und Edward Blackwell. An diesem Abend kombinierte das Quintett Gesang und Freejazz, als wären sie ganz natürlich füreinander geschaffen. »Yoko beginnt mit ansteigenden Passagen, sich ständig wiederholendem Stöhnen, um schließlich, wenn das Schlagzeug hinter den breit gestrichenen Bässen hervorbricht, in wildes Schreien zu verfallen.«[78]

Mit Hilfe von *AOS,* als akustisches Beispiel auf verschiedenen Schallplatten vorhanden, läßt sich genau feststellen, welche Gesangsauffassung Yoko Ono zu dieser Zeit wichtig war. Ornette Coleman meinte bewundernd dazu: »I think Yoko's music has the sounds of all the ethnic cultures of the present civilizations – a real global artist.«[79] Gewiß eine Aussage, die den Stellenwert ihrer Musik treffend bezeichnete. Auch Freejazzer Coleman fand in Yoko Onos Stimme und Gesangsstil einen angemessenen Vokalpart für seine Musik. Und ihre stimmlichen Möglichkeiten paßten sich der improvisierten Coleman-Art gut an. Yoko Ono schrieb AOS 1964 als Musik für den gleichnamigen Animationsfilm ihres Landsmannes Yoji Kuri: »Ein Männchen kurbelt an einem umgehängten Leierkasten, aus dem wollüstig eine Zunge dringt. In dem sich öffnenden Kasten steckt eine dicke Frau, an den Brüsten auf die Kurbel gespießt. Ein Leiterwagen, beladen mit Armen und Beinen, gezogen von einem mageren Hund, passiert die Szene. Ein Mann steigt über eine Leiter in den Bauch einer riesigen Frau. Körper quellen aus viel zu kleinen Räumen. Alles verändert sich in raschem Tempo. Schrille und unangenehme Geräusche sollen den quälenden Charakter des Films unterstreichen.«[80]

Dieser Film sollte die verborgenen und unterdrückten Lüste der konservativen Gesellschaft Japans aufdecken – ein Anliegen, das Yoko Ono während dieser künstlerischen Schaffensphase ganz verinnerlicht hatte. Ihre Komposition paßte haargenau zur filmischen Umsetzung des Themas: die sexuelle Unterdrükkung. In ihrer Zusammenarbeit mit Ornette Coleman wirkte das grenzenlose Schreien ganz intensiv wie eine Befreiung aus jahrhundertealter Sklaverei. Yoko Ono hatte sich also schon der Emanzipation verschrieben, als noch niemand öffentlich so richtig darüber nachgedacht hatte. Es war bemerkenswert, wie diese Frau, selbst auch unterdrücktes Wesen, die Klang- und Geräuschkulisse zu diesem Film gestaltete. Die Qualen, die der Story innewohnten, waren unüberhörbar.

1968 war ein Jahr voller Ereignisse, guter und schlechter. Sowohl auf die Beatles als auch auf Yoko Ono und John Lennon stürzten Dinge ein, die im nachhinein für beide lebensbestimmend waren.

Während Yoko Ono in London weiter in den Avantgardekreisen ihre Verwirklichung suchte, reisten im Februar – kurz nacheinander – die Beatles und ihre Frauen nach Indien, um in Rishikesh beim Maharishi durch Meditation zu sich zu finden. Das Unternehmen endete in einem Fiasko. »»Es gab ein Riesenspektakel‹, sagte Lennon über diese zwei Monate, weil er angeblich versucht hatte, Mia Farrow oder irgend so jemanden zu vergewaltigen und ein paar andere Frauen flachzulegen.«[81] Lennon sowie George Harrison kehrten Mitte April nach England zurück, wo sich inzwischen Yoko Ono von ihrem Ehemann Anthony Cox getrennt hatte.

Yoko Onos Wohnung am Hanover Square in London war zur neuen Zentrale ihrer Denkfabrik geworden. Sie war weiterhin ganz im *Event*-Kreisel gefangen, arbeitete intensiv. Yoko schickte viele Briefe nach Indien, in denen sie John Lennon kurze Anweisungen an die Hand gab und ihn um Rat bat. Sie wollte die absolute Übereinstimmung mit ihm, auch als Künstler, und obwohl sie Tausende von Kilometern voneinander entfernt waren. Sie sollten ganz nahe beieinander sein – für immer.

Yoko Ono war in London besonders aktiv, hatte zu sich selbst gefunden, während die Beatles in Indien etwas suchten, was sie auch dort nicht entdecken sollten: den Sinn ihres Lebens als Künstler und als Idole von Millionen Menschen. Und: Sie schöpften bei dieser Reise die Hoffnung, von ihrem Drogenkonsum herunterzukommen. Aber auch das erwies sich als Trugschluß.

Zwischen Lennon und seiner Frau kam es zum endgültigen Bruch. Cynthia Lennon reiste, nachdem John ihr auf dem Rückflug von seiner jahrelangen Untreue erzählt hatte, kurz nach der Ankunft in London weiter nach Griechenland. Da Lennon nun frei war, lud er Yoko Ono zu sich nach Hause ein. Es war das erste Mal, daß sie zusammen waren, ohne jemanden in der Nähe zu befürchten. Beide waren anfangs gehemmt, und beide wußten nicht, wie sie damit umgehen sollten. Lennon zeigte ihr sein privates Studio, wo er auch Musik und anderes Klangmaterial aufgenommen hatte, was mit den Beatles nichts zu tun hatte. Yoko Ono fand seine Tonexperimente sehr interessant, und sie machte den Vorschlag, eine gemeinsame Produktion auf die Beine zu stellen. Dieser Einfall war zunächst nichts weiter als eine spontane Idee. Sie wußten selbst gar nicht, was als Ergebnis dabei herauskommen würde.

Der Abend dieses 20. Mai 1968 im Lennon-Landhaus in Weybridge (Surrey) entwickelte sich zu einer Mammut-Night-Musik-Session. Anschließend liebten sie sich. Sie waren wie im Rausch, was ihre Musik widerspiegelte, die sie in dieser Nacht produzierten. »The Beatles« existierten zu diesem Zeitpunkt noch als Gruppe und sie produzierten weitere Schallplatten. Auch das Ergebnis dieses nächtlichen Events von Yoko und John erschien auf Schallplatte unter dem Titel *Unfinished Music No. 1: Two Virgins*. Ein Schock für die Beatles-Fans. John Lennon schilderte später, wie fasziniert Yoko Ono von der Ausstattung seines Heimstudios gewesen sei. »Sie war einigermaßen beeindruckt, und dann sagte sie, okay, machen wir doch auch 'ne Aufnahme, und so ist Two Virgins entstanden. Es war Mitternacht, als wir mit *Two Virgins* anfingen, und im Morgengrauen waren wir fertig, dann haben wir zusammen geschlafen. Es war wunderschön.«[82]

In dieser Nacht war im Homestudio von John Lennon etwas absolut Entgegengesetztes zum bekannten und beliebten Fab-Four-Sound entstanden. Lennon wollte wohl damit aller Welt zeigen, daß er noch etwas anderes konnte als nur Songs wie »She Loves You« oder »Nowhere Man« zu komponieren. *Two Virgins* war ein Vulkan katastrophalen Ausmaßes: Lärm, Klangcollagen, elektronische Ausbrüche machten aus dem ganzen Werk eine Ausgeburt an Dekadenz und Revolte. Lennon setzte bewußt Gegenpole ein, um sich weiter aus dem Bannkreis der Beatles lösen zu können. Für ihn wurde es ein Akt der Befreiung, und für Yoko Ono war es ein stiller Triumph über den immer noch im konventionellen popmusikalischen Denken gefangenen Lennon.

Mit *Two Virgins* allerdings entfernte sich John Lennon mit einem Riesenschritt von seiner geistigen Heimat, die bis dahin nur den Namen Beatles getragen hatte. Während der besagten Nacht hatte das Paar im Studio intensiv und wie besessen experimentiert. Sie nahmen jeden Ton auf ein Bandgerät auf, und die LP wurde in England Ende 1968 veröffentlicht. Wer nun den größeren Anteil am Zustandekommen dieses Avantgardewerkes hatte, wessen Ideen am meisten Berücksichtigung fanden, ist zweitrangig. Entscheidend ist vielmehr die Tatsache, daß Yoko Ono mit starker Hand den unzufriedenen, suchenden John Lennon im künstlerischen Denken stark inspirierte und lenkte. Der nahm ihr tatkräftiges Antreiben gerne an, weil sie ihm eine neue Welt eröffnete.

Damit jeder auch sofort sehen konnte, daß die Produktion wirklich ganz anders war als alles vorher, fotografierten sich Yoko Ono und John Lennon für das Cover in unbekleidetem Zustand. Die Botschaft lautete: Seht her, wir verbergen nichts, wir legen unser Intimstes offen, wir zeigen, was uns im Moment bewegt und wieviel es uns bedeutet. Wir sind zwei Jungfrauen.

Wen wundert's: Die Plattenfirma weigerte sich, die Schallplatte so, mit den provokanten, ins Auge springenden Nacktaufnahmen, zu veröffentlichen. Schließlich fanden beide Seiten einen Kompromiß: Braunes Packpapier verhüllte das eigentliche Cover.

Das Album war ein gefundenes Fressen für die Presse, denn einen besseren Beweis für Yoko Onos Schuld am Auseinanderbrechen der Beatles gab es angeblich nicht mehr. Nur sie, die Drachenfrau, war in der Lage, den verunsicherten und verwirrten Lennon den letzten Kick zum Aus zu geben, um ein neues (Künstler-)Leben zu beginnen. Ein neues Kapitel wurde geschrieben. *Two Virgins,* so wurde kolportiert, war der Dolchstoß in den Rücken der Fab-Four-Gemeinde.

Two Virgins war so etwas wie eine Meßlatte für die Toleranz der Beatles-Fans. An dieser Tugend scheiterte die Pilzkopffraktion jedoch kläglich. Interesse und Verständnis für avantgardistische Expeditionen ins Neuland war nicht einmal in kleinster Dosierung vorhanden. Sogar das Gegenteil war der Fall. Die Veröffentlichung dieser LP zerstörte den letzten Rest von Akzeptanz, die die Fans der japanischen Künstlerin Yoko Ono entgegenbrachten. *Two Virgins* wurde zum Sargnagel in der Beziehung zwischen Yoko Ono und den Anhängern der Beatles. Zwar schlugen John Lennon diese Haßtiraden nie selbst entgegen, obwohl er nach seinem berühmten Jesus-Zitat auch einiges erdulden mußte – eine gewisse Verachtung blieb jedoch nicht aus. In einem Interview des *Evening Standard* im März 1967 hatte Lennon gesagt: »Das Christentum wird verschwinden. Es wird zusammenschrumpfen und von der Bildfläche verschwinden... Darüber müssen wir gar nicht diskutieren. Ich habe recht, und die Zeit wird mir recht geben. Wir sind schon jetzt populärer als Jesus.«[83]

In diesem popmusikalischen Umfeld wandelte sich Yoko Ono vom streng konservativ erzogenen japanischen Mädchen zur

selbstbewußten, streitbaren und emanzipierten Frau. Sie bemerkte auch, daß Lennons rabaukenhaftes Auftreten im Grunde nur als Fassade diente. Dahinter verbarg sich ein ähnlich
sensibler Charakter, wie er während dieser Jahre für Yoko Ono
typisch war.

Yoko Onos Name, neben ihrer menschlichen und künstlerischen Ausstrahlung eine Art Markenzeichen, wurde auch für
John Lennon zum Programm. Sein erstes Rendezvous verarbeitete er in seinem Lied »Oh Yoko« – ein hymnisches Liebeslied
an das noch entfernte Wesen, das später auch auf der LP »Imagine« besungen wurde. Bereits 1970 hatte Lennon eine Demo-
version davon aufgenommen. Er schenkte seiner geliebten
Frau diesen Song und verewigte so ihren Namen in der Popmu-
sikwelt.

Von Beginn an hatte Yoko Ono die Beziehung zu John Lennon
dominiert. Dessen traumatische Kindheitserlebnisse ließen
wahrscheinlich auch gar keine andere Konstellation zu. Der
frühe Tod seiner Mutter Julia, das feige Davonstehlen seines
Vaters Fred und sein Leben bei Tante Mimi prädestinierten ihn
für eine andere Rolle als die, die in einer Mann-Frau-Beziehung
normalerweise der Frau zugedacht ist. Yoko Ono war für ihn so
auch eine Art Mutterersatz, und das lag nicht nur daran, daß sie
sieben Jahre älter war. Er traf mit Yoko Ono auf eine Frau, die
aufgrund ihrer Herkunft, Bildung und Kunst sehr viel Eigen-
ständigkeit und Selbstbewußtsein entwickelt hatte. Er bewunderte ihre vorwärtsstrebende Art, die keine Schwächen oder
Zaudern duldete. Er konnte zu ihr aufschauen, sie bewundern,
bei ihr Geborgenheit finden – alles Dinge, die er schon seit langem vermißte. Die Ehe mit Cynthia war unter ganz anderen
Bedingungen geschlossen worden. Und beide hatten sich im
Laufe der Zeit in ganz verschiedene Richtungen entwickelt.
»Nach der Geschichte in der Indica-Gallery, wo John und ich
uns kennengelernt haben, war er sehr interessiert daran, an solchen Kunstaktionen teilzunehmen, an denen ich schon lange

teilgenommen hatte. Man hatte mich nach Coventry eingeladen, und zwar durch Anthony Fawcett.«[84]

15. Juni 1968. In Coventry gaben Yoko Ono und John Lennon der Öffentlichkeit einen weiteren Eindruck von ihren neuen Performances, die auf der Grundlage politischer Aktionen oder avantgardistischer Kunststücke die Welt in Atem hielten. Vor der neuen Kathedrale von Coventry grub das Paar zwei Eicheln in weißen Plastiktöpfen in die Erde. Anlaß zu dieser Aktion war die Eröffnung der »National Sculpture Exhibition«, die neue Arbeiten britischer Bildhauer zeigte. Die nach Ost und West (eine Metapher für die bestehende Kluft zwischen den politischen Systemen und die unterschiedlichen Kulturen) ausgerichteten Eichensamen waren zugleich die erste Friedensaktion von Lenono. Denn Yoko Ono und John Lennon selbst gehörten verschiedenen Kulturkreisen an. Eine schmiedeeiserne Gartenbank verdeckte die Pflanzstellen. Daneben lag eine silberne Tafel, auf der der Ausstellungstitel zu lesen war: *»Yoko« by John Lennon – »John« by Yoko Ono.*

Im Dezember 1969 wurde diese Aktion noch einmal aufgenommen. Das Paar verschickte mehrere Eicheln an wichtige Politiker auf der ganzen Welt und forderte sie auf, sie für den Frieden auf der ganzen Welt in die Erde einzusetzen. Diesem symbolträchtigen Aufruf folgten der südafrikanische Präsident J.B. Vorster und die israelische Präsidentin Golda Meir sowie Jordaniens König Hussein.

Die Pflanzaktion war eine öffentlichkeitswirksame Sache, die aber gleichzeitig wieder die persönliche Beziehung der ausführenden Künstler herausstellen sollte. Das läßt sich am Wunsch beider ablesen, ihre Vornamen im Titel der Arbeit zu erwähnen. Die Eiche steht für Kraft und Langlebigkeit. Das wünschten auch Yoko Ono und John Lennon für sich und ihre Beziehung, aber es sollte ein sehr schwerer und steiniger Weg werden, wie man weiß.

Yoko Ono blieb sich selbst dabei immer treu. Mit nur einer einzigen Aktion entfernte sich Yoko Ono von ihrer bis dahin eher poetischen und gleichzeitig aufständischen Kunst. Nur einmal wollte sie die volle Aufmerksamkeit der Öffentlichkeit für ihre gesellschafts- und friedenspolitischen Ziele ganz. In einer offenen Auseinandersetzung über die amerikanische Vietnampolitik und im Zuge von weltweiten Protesten gegen die alten Autoritäten und zahlreiche Ungerechtigkeit ergriffen Yoko Ono und John Lennon eindeutig und unmißverständlich Partei für die Seite der Unterdrückten. Daraus schöpften beide Kraft: Die junge Frau aus Japan spürte zum ersten Mal ungeteilte Aufmerksamkeit und Bewunderung durch einen Mann, der seit Jahren im Licht der Öffentlichkeit stand und eine Ikone geworden war. Aber der sich auch nicht scheute, Stellung zu beziehen, ja zu provozieren. Darin unterstützte ihn Yoko Ono. Das Paar brauchte diesen Mut und diese Stärke, damit es die künftigen, immer umstrittenen Projekte durchführen konnte. Und sie gaben sich gegenseitig Halt und Unterstützung. Sie wollten nicht nachlassen im Bemühen um eine bessere Welt.

Morgenstrahlen

In der Werkschau *Have You Seen The Horizon Lately?* findet sich eine Doppelinstallation mit dem Titel *Cleaning Piece – Morning Beams,* die Yoko Ono speziell für diese Retrospektive geschaffen hat.
Die im Jahre 1996 geschriebene *Event*-Anweisung dazu lautet:
»Mach eine durchnumerierte Liste der Traurigkeiten
in Deinem Leben.
Häufe Steine entsprechend aufeinander.
Füge jedesmal, wenn Du traurig bist, einen Stein hinzu.
Verbrenne die Liste und würdige
die Schönheit der aufeinandergelegten Steine.

Mach eine durchnumerierte Liste des Glücks in
Deinem Leben.
Häufe Steine den jeweiligen Nummern entsprechend
aufeinander.
Füge jedesmal, wenn Du glücklich bist,
einen Stein hinzu.
Vergleiche die aufeinandergelegten Steine
mit dem Stapel der Trauer.«[85]

Das voluminöse Material machte es ein wenig schwierig, ihre eigentliche Intention, die hinter der Arbeit steckte, herauszufinden. Yoko Ono versuchte damit, die Strahlen der Morgensonne einzufangen und sichtbar zu machen. Ein sehr poetisches Spiel mit der Natur und dem für die Menschheit wichtigen Energiespender. Und eigentlich eine sehr versöhnliche Geste, wenn man die Ereignisse des Jahres 1968 Revue passieren läßt.

Mit der ersten Einzelkunstausstellung, die unter dem Titel »You Are Here« in der Robert-Frazer-Galerie in der Duke Street ab dem 1. Juli 1968 angekündigt wurde, betrat auch John Lennon zum ersten Mal öffentlich Neuland – allein, ohne Yoko. Er machte seine Kunst spontan und einfach: Auf ein Stück Leinwand schrieb Lennon die drei Wörter »You Are Here« und stellte mehrere Sammelbüchsen auf. Es waren allesamt Fundstücke, die Lennon selbst zusammengesucht hatte. Wohltätigkeitsunternehmen wie der World Wildlife Fund oder das Rote Kreuz benutzten solche Dosen, um für gemeinnützige Zwecke zu sammeln. Dazu kamen noch ein Glas mit weißen Buttons, auf denen »You Are Here« stand, sowie ein weißer Hut als Sammelbehältnisse: »For The Artist. Thank You«. Diese Arbeit erinnerte an Yoko Onos *Ceiling Piece;* in einfachster Form ahmte Lennon hier Installationen des Fluxus nach. Dreihundertfünfundsechzig Luftballons, die mit Antwortkarten und der Aufschrift: »Write to John Lennon, c/o Robert Fraser Gallery, 69, Duke Street, London W 1« bestückt waren, stiegen zur Eröffnung auf. Die Ausstellung widmete er Yoko Ono.

Doch die Anfeindungen gegen Yoko Ono ließen nicht nach – bis heute nicht: »Gegen mich richteten sich mindestens dreierlei Ressentiments: das antiasiatische, das antifeministische und das antikapitalistische. Das sind Klischees nach dem Motto: Schaut Euch den alten Drachen an, seht die reiche Frau und Witwe! Da muß man durch, ich betrachte das ganze Leben als Lernprozeß. Die Völker in Amerika sind stark vermischt, auch wenn es noch Konflikte gibt. Und in Zukunft wird sich das immer mehr verstärken ... Ich fühle mich als Japanerin, Chinesin, Koreanerin, Amerikanerin, New Yorkerin, Engländerin ... Auch als Deutsche. Wohin ich auch gehe, dort ist mein Land.«[86] Diese Äußerung Yoko Onos von 1998 verdeutlicht, daß sie die Anfeindungen in den sechziger Jahren überwunden hat. Damalige Schlagzeilen englischer Zeitungen wie »Yoko The Universal Hate Object« oder »Yoko: The Beatles Despised Her« und »She Stole A Beatle« waren verächtliche und unsachliche Meinungsäußerungen, die keinen Platz für differenzierte Betrachtungen ließen. Aber diese Vergangenheit kann Yoko Ono heute nicht mehr einholen.

Zurück ins Jahr 1968. Drogen spielten damals eine große Rolle in der gesamten Avantgardeszene. Für John und Yoko auch. Doch wer verführte wen zum Drogenmißbrauch? Die Beatles nahmen schon seit längerer Zeit LSD und andere Halluzinogene. Lenono zogen Anfang Juli 1968 in eine gemeinsame Wohnung in London. »Dort fangen sie an, mit Heroin herumzuexperimentieren, das ihnen in den nächsten vier Jahren das Leben schwermachen wird. Yoko hatte die Droge in diesem Jahr schon einmal genommen und sagte Lennon, daß ›es nicht schlecht‹ gewesen sei. Dadurch ermutigt, probiert auch John, und beide werden schnell zu regelmäßigen Konsumenten.«[87] Der Drang, alles auszuprobieren, was in irgendeiner Weise bewußtseinserweiternd wirken könnte, hatte nun auch Lenono erfaßt. Im Oktober wurde die Polizei aktiv und machte Razzien. In Ringo Starrs Wohnung in London W 1, 34, Montague Square,

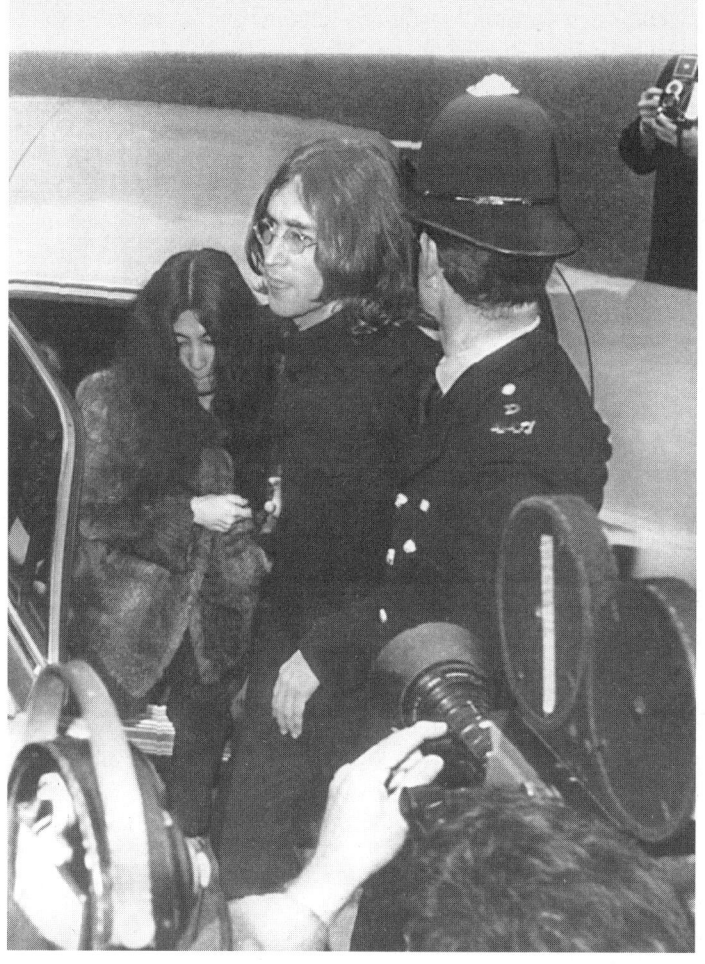

Am 18. Oktober 1968 werden John Lennon und Yoko Ono wegen illegalen Rauschgiftbesitzes vorläufig festgenommen. Bei einer Wohnungsdurchsuchung hatte die Polizei geringe Mengen Haschisch gefunden. (Foto: Süddeutscher Verlag, München)

in der Lenono damals für einige Zeit Quartier bezogen hatten, fand die Polizei »illegale Substanzen«. Wegen des Besitzes von zweihundert Gramm Marihuana (andere Quellen sprechen von dreißig Gramm Haschisch) wurden Yoko Ono und John Lennon verhaftet und am nächsten Tag, dem 19. Oktober, in Marylebone vor dem Magistratsgericht angeklagt. Gegen eine Kaution gestattete das Gericht allerdings ihre Freilassung bis zur Verhandlung.

Die schmächtige Yoko Ono, inmitten der Londoner Bobbys, beschützt von ihrem Freund John Lennon. Dieses Bild kam an die Öffentlichkeit, und man sah zwei Menschen, die wie Schwerverbrecher von zahllosen Polizisten eingekreist wurden.

Zwischenschnitt 1 – erste Filme

Schon in der Flower-Power-Zeit arbeiteten verschiedene Rockmusiker für Filmemacher aus den Avantgardezirkeln. Ebenso bedienten sich die experimentell orientierten Regisseure und Künstler wie Andy Warhol, Jean-Luc Godard oder Kenneth Anger der Mitarbeit und Inspiration von Leuten wie Mick Jagger oder auch der Mitglieder der Rockgruppe Velvet Underground. Insofern war die Symbiose von Film und Rockmusik kein neuer Trend, den Yoko Ono und John Lennon anstießen, sondern vielmehr Ausdruck einer alle Grenzen niederreißenden Aufbruchstimmung in Gesellschaft, Politik und Kunst.

»Der Anstoß dazu mag ursprünglich von Yoko ausgegangen sein, aber schon bald wurde daraus eine gemeinsame Arbeit. In vieler Hinsicht hat man die Kluft zwischen Yokos und Johns Empfinden etwas übertrieben. Immerhin hatte er ein Kunststudium abgebrochen, und sie hatte ihre Karriere als Komponistin begonnen ... Beide gefielen sich in amüsanten und provokativen Gesten in der Öffentlichkeit. Nichtsdestoweniger war Yoko schon Filmemacherin, bevor sie John kennenlernte, und die »Konzept«-Filme entstanden aus ihrer Vorstellung von Ästhetik, die weniger mit Selbstdarstellung als mit einem spielerischen Infragestellen von Wahrnehmungsgewohnheiten zu tun hatte.«[88]

Zwischen den beiden prägenden und auch bekanntesten Filmen von Yoko Ono, *No. 4 (Bottoms)* und *Rape,* entstanden in Zusammenarbeit mit John Lennon somit noch weitere Filme:

Im August 1968 begann Yoko Ono als Regisseurin (mit John Lennon in der Hauptrolle) mit den Dreharbeiten zu einem neuen zirka fünfzig Minuten dauernden Film: *Film No. 5 (Smile).* Im Park von John Lennons Anwesen in Kenwood filmte sie dafür für etwa einhundertachtzig Sekunden lang das Lächeln von Lennon mit einer Hochgeschwindigkeitskamera. Später, nach der Entwicklung, wurde das Filmmaterial in einer äußerst langsamen Zeitlupe abgespielt. Der Sound dazu bestand aus der Original-Geräuschkulisse. *Smile* hatte all das, was Fluxus sein wollte. Yoko Ono experimentierte hier und in einigen weiteren Filmen mit den imaginären, »fließenden« Zutaten, die den Charakter von Fluxus prägten: Aufhebung der Grenzen zwischen den Künsten und zwischen den Menschen und den Künsten. Ihre eigentlichen Ziele gingen ursprünglich noch über den Inhalt des späteren Films weit hinaus. Eigentlich wollte sie im übertragenen Sinne das Lächeln der gesamten Menschheit einfangen, ein Wunsch, der ihrem Denken in der Zen-buddhistischen Philosophie entspricht. Und obwohl sie gar nicht so genau wußte, wie eine High-Speed-Kamera letztlich die aufgenommenen Bildern umsetzen würde, wie sie in einem Interview bekannte, ging sie zielstrebig ans Werk. Lennons Gesicht wirkte bei der Aufnahme sehr statisch, die Bilder aber zeigten in einer extremen Zeitlupenaufnahme schließlich sein Lächeln.

Gesichter spielen auch in *Two Virgins* eine ganz wichtige Rolle, und zwar hier die Gesichter von Yoko Ono und John Lennon.

Ihre beiden Gesichter wurden dort in Zeitlupe übereinandergeblendet, was besonders ihre Ähnlichkeit unterstrich: schmale Gesichter, in der Mitte gescheitelte lange Haare, buschige Augenbrauen. Zum Schluß küssen sie sich in einer langen Einstellung, und die Geräuschaufnahmen des gleichnamigen Albums ergänzen akustisch die Bilder. Die Verschmelzung der Gesichter wirken auf den Betrachter so, als sei nur ein einziges Gesicht zu sehen. Auch dieser neunzehneinhalb Minuten dauernde Film ist beseelt vom Geiste des Fluxus. Diese Einordnung ist präziser als die mit dem damals üblichen Terminus »Undergroundfilm«. Diese Selbstporträts der Künstler waren aber nur Vorarbeiten, Fingerübungen für den späteren abendfüllenden, spielfilmartige Segmente verarbeitenden Film *Rape*.

Verfolgungsjagd durch London oder Der Film Rape

Im April 1968 drehte Yoko Ono in London für das österreichische Fernsehen einen Film mit dem Titel *Rape* (»Vergewaltigung«). Inhaltlich hatte das Ganze jedoch nichts mit sexueller Vergewaltigung zu tun, wie vielleicht vermutet werden könnte, sondern hier ist die Vergewaltigung im übertragenen Sinne gemeint. Der Film reflektiert in besonders drastischer, ja makabrer Weise die Bedrängnisse in einem Leben als Prominenter am Beispiel einer nicht-prominenten Person. Das Tun der Paparazzi wird spätestens seit dem Unfalltod der britischen Prinzessin Lady Diana von jedem Fernsehzuschauer und Zeitungsleser diskutiert, aber auch Yoko Ono nahm sich schon dieses Problems an. Die Uraufführung war 1969.

Das zu dieser Zeit am häufigsten fotografierte Paar der Welt drehte kurzerhand den Spieß um und richtete ihn auf die Konsumenten der Pressebilder und Wochenschaufilme. Fans, Zeitungsleser und Kinogänger gierten tagtäglich nach neuen Bildern aus dem Prominentenkäfig. Im Film *Rape* spielten die

Begriffe »underexposed« (»unterbelichtet«) und »overexposed« (»überbelichtet«) eine zentrale Rolle. Der Mann (oder die Frau) von der Straße, allgemein eher unbeachtet und, bis zur Einführung des Privatfernsehens, auch für eine Berichterstattung nicht besonders interessant, sollte einmal in die Lage der Personen versetzt werden, die auf Schritt und Tritt von Kameras und Mikrofonen verfolgt und zu jeder Gelegenheit fotografiert werden. Yoko Ono erläuterte diese Begriffe folgendermaßen: »Die einen sind ›overexposed‹, das heißt, es wird ihnen zuviel Aufmerksamkeit, mehr Aufmerksamkeit, als ihnen lieb ist, geschenkt. Das sind Leute wie Stars, wie die Beatles. Dann gibt es solche, die sind ›underexposed‹, das heißt, ihnen wird zuwenig Aufmerksamkeit, weniger, als ihnen lieb ist, geschenkt. Das sind die Leute von der Straße. Wir wollen einmal sehen, wie sich ›underexposed‹ Menschen verhalten, wenn sie ›overexposed‹ werden.«[89]

Als Weltberühmtheit schöpfte John Lennon für diese Arbeit aus der reich vorhandenen eigenen Erfahrung im Umgang mit Presse- und Filmfotografen. Zu Zeiten der Beatles kannte er die Situationen, in denen unzählige Fotografen vor seinem Haus oder Hotel lauerten, um wahllos Bilder zu schießen, sobald er aus der Türe trat. Das mochte zum Anfang der Karriere noch ganz lustig gewesen sein. Später aber merkten auch die Beatles, welchen unkündbaren Deal sie mit der publicitygeilen Öffentlichkeit eingegangen waren und welchen Preis sie dafür zahlen mußten. Nicht nur die kreischenden Fans stellten ein immer größeres Problem dar. Ebenso lästig gebärdeten sich die Menschen, die von Berufs wegen darauf angewiesen waren, aktuelle Bilder der Pilzköpfe (und solche anderer Stars) zu bekommen: die Fotografen und Zeitungsredakteure.

In *Rape* Notzucht oder Vergewaltigung spielte die Österreicherin Eva Maylath, die in London bei ihrer Schwester wohnte, die unfreiwillige Hauptdarstellerin. In der spektakulär geschnittenen Endfassung erlebt der Zuschauer dann über einen Zeitraum

141

von siebenundsiebzig Minuten die Verfolgung einer jungen Frau durch das gewalttätige Objektiv der Filmkamera. Ganz in der Kontinuität ihrer anderen Arbeiten wird hier bewirkt, daß der Zuschauer erneut in die Rolle des Voyeurs gezwungen wird. Erst durch seine Tätigkeit, das Zusehen, wird dem Film die feindliche und unmenschliche Dimension verliehen. Bis zum Nervenzusammenbruch der Hauptdarstellerin verfolgten Kameramann Nick Knowland und Tontechniker Christian Wangler die junge Frau: Sobald sie das Haus ihrer Schwester oder das Friseurgeschäft verließ, waren die Jäger zur Stelle. Alles wurde immer schlimmer. »Der Weg zur Themse geriet zur Flucht, die Flucht beinahe zum Lebensende. Eva kam vor einen Lastwagen, dessen Lenker sie nur durch ein drastisches Manöver verfehlte. Zeitig in der Früh, gleich nachdem Evas Schwester das Haus verlassen hatte, sollten Knowland und sein Tongesell gewaltsam in die Wohnung eindringen und zu Eva vordringen.«[90] Die Verfolgte reagierte hysterisch, rief nach der Polizei und war kaum noch zu beruhigen. Die Schattenseiten des Ruhms, die Eva Maylath nach dem Willen von Yoko Ono und John Lennon ganz brutal kennenlernen mußte, versetzten dem Opfer einen gewaltigen Schock. Londons Underground in Gestalt von Yoko und John radikalisierte damit den Umgang mit den eigenen Bewunderern und Fans.

Zwei Fragen blieben bis heute offen: Erstens: Ist der Film echt, das heißt, ist er ein Originaldokument, das spontan, nur durch einen groben Ablaufplan skizziert, entstanden ist? Zweitens: Ist der Film geeignet, als ein rebellischer Akt der Fluxus-Künstlerin Yoko Ono im Sinne der feministischen Ideologie angesehen zu werden?

Die erste Frage ist nicht leicht zu beantworten, denn beide Varianten, echt oder nach Drehbuch gefertigt, sind vorstellbar. Die Szenen sind authentisch, auf eine professionelle Kameraführung wie in einer Spielfilmproduktion wurde verzichtet. Durch die Echtzeitbewegungen der Kamera, hervorgerufen von den schnellen Verfolgungen, vermittelte der Film die Abfolge tatsächlicher Geschehnisse. Und die Hauptfigur des Films, Eva Maylath, agiert nicht wie eine Schauspielerin, die ihr Metier beherrscht. Amateurhaftes Verhalten und echte Angst sind unverkennbar. In einer Szene aber scheint der Originalität ein wenig nachgeholfen worden zu sein: Die verfolgte Frau steigt entnervt in ein Taxi mit dem Kennzeichen PGW 322E, das der Zuschauer abfahren sieht. Unmittelbar darauf sitzen Kameramann und Tontechniker in einem anderen Taxi und fahren der Flüchtenden hinterher. Die Frage sei erlaubt, woher das zweite Taxi so schnell kam und wie es möglich war, das erste ohne Zeitverlust einzuholen und ihm dann zu folgen.

Was die Beantwortung der zweiten Frage angeht, so mag man den Film als einen Versuch ansehen, ähnlich wie *Cut Piece* und *No. 4 (Bottom)*, eine weibliche Sicht auf die von Männern dominierte und geprägte Welt der Frauen zu wagen. Die Frustration und die Angst der verfolgten Frau im Film fanden ihren Ausdruck im täglichen Leben, das niemals frei von Belästigung, Unterdrückung und Reduzierung der Frau als Objekt ist. Es ist wohl kein Zufall, daß somit gerade eine Frau als Opfer ausgesucht wurde. Wehrlosigkeit und Angst fanden die Künstler nirgendwo so ausgeprägt wie beim weiblichen Geschlecht. Yoko Ono zeigte den Männern deren typische Sichtweise durch eine Art *Playboy*-Brille. Es gab im Film zwar keine nackte Haut zu sehen – so wie in *No. 4 (Bottom)* –, aber es wurden konkret die Verletzbarkeit und Scham sichtbar gemacht, die beim Betrachten aufreizender Mädchenbilder mitschwingt. Das Werk war eine fluxusartige Performance, bei der die handelnde Person eigentlich unfreiwillig aktiv wird. Yoko Ono wollte zeigen, daß prominente Zeitgenossen mit einer filmischen und fotographischen Begleitung rechnen müssen und wie dieses Unwesen immer weitere Kreise zieht. Das nichtprominente Opfer sollte wenigstens für kurze Zeit die

Qual der permanenten Nähe einer Kamera spüren, die jede Bewegung, jeden Schritt registriert und keine freie Entfaltung mehr zuläßt.

Zwischenschnitt 2 – Weitere Filme

In der Zeit, in der sie mit John Lennon zusammen war, drehte Yoko Ono noch sieben weitere Filme, die mehr oder weniger stark von ihm beeinflußt wurden. An manchen arbeitete und wirkte er auch selbst mit.

Apotheosis zum Beispiel aus dem Jahre 1970 dauert achtzehn Minuten und beginnt, wie *Two Virgins* und *Smile,* mit den gefilmten Gesichtern von Yoko Ono und John Lennon. Der Film nutzt hauptsächlich die Technik einer einzigen, nie unterbrochenen Kamerafahrt. Die agierenden Personen befanden sich die ganze Zeit nur an einem Ort in Laveham in Sussex. »Die Kamera fährt senkrecht nach oben in den Himmel, und der Betrachter bemerkt, daß sie sich in einem langsam aufsteigenden Heißluftballon befindet. Naturlaute (vor allem Wind und Hundegebell) bilden den friedvollen Hintergrund für die Felder und Hecken, die man bald kaum noch erkennen kann. Die Kamera taucht in eine Wolke ein, und fast fünf Minuten sieht man nichts anderes als Weiß; wenn der Ballon dann wieder auftaucht, hat der Betrachter einen atemberaubenden Blick, der aus einer anderen Welt zu stammen scheint.«[91]

Freedom, Fly und *Up Your Legs Forever* entstanden ebenfalls im Jahre 1970 und bilden eine weitere Station im fluxusorientierten cineastischen Werkprozeß. *Freedom* kann als Metapher für die sich befreiende weibliche Seele gesehen werden: Yoko Ono versucht eine Minute lang, ihren Büstenhalter zu öffnen, was ihr deutlich erkennbare Schwierigkeiten bereitet. Als eine Art Nachfolgefilm zu *No. 4 (Bottoms)* muß *Up Your Legs Forever* angesehen werden. Gezeigt werden anstelle der Hinterteile die

Das Flitterwochen-Bed-in im Amsterdamer Hilton-Hotel Ende März 1969. »Wir saßen sieben Tage lang im Bett und unterhielten uns mit den Reportern. (...) Es war eine Mordsgaudi. Wir haben auf den Titelseiten der Zeitungen Werbung für den Frieden statt für den Krieg gemacht.« (John Lennon) (Foto: Keystone, Hamburg)

nackten Beine von dreihundertsiebenundsechzig Personen, die durch diese Zurschaustellung Einigkeit demonstrieren und so einen Friedensbeitrag leisten, wie Yoko Ono es formulierte. Schließlich ist noch *Fly* zu nennen, ein fünfundzwanzig Minuten langer Film, der, ähnlich aufsehenerregend wie *Bottoms* oder *Rape*, eine Sichtweise auf eine nackte junge Frau erlaubte, auf deren Körper eine Fliege herumwandert.

Ein Jahr später gab es noch drei weitere Filme, die Yoko Ono und John Lennon produzierten, die aber, am Aufsehen, das *Rape* erregte, gemessen, nicht mehr diese schockierende Wirkung zeigten. Der eine Film hieß *The Museum of Modern Art Show* und dauerte nur sieben Minuten. Yoko Ono war es gelungen, in der New Yorker Presse die Nachricht zu streuen, daß sie im »Museum of Modern Art« in einer Retrospektive ihre Werke zeigen würde. Diese Ankündigung war ein Jux. Der Film zeigte die Reaktion der Leute, die vor dem Museum zur geplanten Aktion interviewt wurden, als sie feststellten, daß sie selbst Gegenstand der imaginären Ausstellung waren.

Erection entstand in einer weiteren Zusammenarbeit mit John Lennon und brauchte eine Drehzeit von ungefähr eineinhalb Jahren. Übereinandergeschichtete Einstellungen dokumentieren den voranschreitenden Bau des International-Hotels in London. Als akustische Kulisse diente Musik von Yoko Ono und Joe Jones. Schließlich entstand während einer Solidaritätsveranstaltung für John Sinclair der Film(-ausschnitt) *Ten For Two: Sisters, Oh Sisters,* mit einem vier Minuten dauernden Auftritt von Yoko Ono. Wegen rechtlicher Streitigkeiten kam der Hauptfilm aber nie zur Uraufführung.

Ein weiterer Schritt zur Politisierung ihrer Kunst wurde mit dem Film *Bed-in* aus dem Jahre 1969 vollzogen, der auch unter den Titeln *Bed-Piece* und *Bed Peace* bekannt ist. Die weltweiten Proteste gegen den amerikanischen Militäreinsatz in Vietnam hatten auch die Künstler immer mehr überzeugt. Musiker engagierten sich mit der Kraft und dem Gewicht ihrer Popularität in dieser Sache. Yoko Ono nutzte ebenso wie John Lennon ihre Prominenz, um gegen den anhaltenden Krieg in Fernost zu protestieren. In diesen Kontext gehört auch dieses *Bed-in*. Das Paar Lenono verbrachte im Zuge dessen in der kanadischen Hauptstadt Montreal eine Woche in einem Hotelbett, beantwortete

146

Journalistenfragen und debattierte mit verschiedenen Gästen wie Timothy Leary, Murray The K oder Jonas Mekas aktuelle Themen der Politik.

Zwei Jahre später drehten sie einen ganz anderen Film, der vordergründig völlig unpolitisch war. Er hieß *Imagine* und beschrieb und beleuchtete die persönliche Beziehung von Yoko Ono und John Lennon. Der Film entstand 1971 in England und den USA und wurde für das Fernsehen gedreht. Hier stand das Liebesverhältnis der beiden Künstler ganz im Mittelpunkt. Die hier eingesetzte Musik und der Humor zeigten eine ganz andere Seite des Lenono-Paares: Heiter, beschwingt, fröhlich im Umgang miteinander, war dieser Film eine gegenseitige Liebeserklärung. Eine politische Absicht steckte allerdings auch dahinter.

Danach beendete Yoko Ono die Filmarbeit und wandte sich fast ausschließlich konkreten politischen Aktionen zu, deren Bedeutung für die aufkeimende Friedensbewegung erst sehr viel später angemessen gewürdigt werden sollte.

Gibraltar – Amsterdam: Heirat und Bed-in

Die Scheidung von Ehefrau Cynthia am 8. November 1968 bedeutete für John Lennon einen endgültigen Schlußstrich in ihrer Beziehung und die Möglichkeit, Yoko Ono demnächst zu ehelichen. Bevor sie jedoch heiraten konnten, waren etliche andere Schwierigkeiten zu überwinden, die sich Lenono zum Teil auch selbst zuzuschreiben hatten. Und: In diese Lebensphase fielen etliche sehr zeitaufwendige Ortswechsel, die in ihren künstlerischen Aktivitäten begründet lagen.

Zur Zeit ihrer Verhaftung und Anklage wegen des Rauschgiftbesitzes im Oktober 1968 war Yoko Ono bereits schwanger gewesen. Im Gegensatz zu früheren Schwangerschaften wollte sie das Kind jetzt, denn es war aus wirklicher Liebe zu John entstanden. Die Geburt des Kindes war für den Februar des darauffolgenden Jahres ausgerechnet worden. John Lennon freute sich auf das Ereignis – für ihn war es auch der dann sichtbare Beweis der Zusammengehörigkeit und – ganz bürgerlich-konservativ – die Anerkennung als Familie.

Aber dazu kam es erst einmal nicht. Die Umstände der Verhaftung versetzten Yoko Ono in einen Zustand großer Nervenanspannung, sie war einem körperlichen Zusammenbruch nahe. Ihr sehr schlechter psychischer Zustand machte schließlich die Einweisung in die Queen-Charlotte-Entbindungsklinik notwendig. Die Ärzte sprachen von größeren Komplikationen und befürchteten, daß Yoko Ono ihr Kind nicht würde behalten können. John Lennon wollte seine zukünftige Frau jedoch dort nicht allein lassen und bat darum, in ihrem Zimmer ein weiteres Bett aufstellen zu dürfen. Die Krankenhausführung verweigerte ihm diesen Wunsch. Wütend und erzürnt brachte er kurz entschlossen einen Schlafsack mit und legte sich auf den Fußboden neben das Bett von Yoko Ono.

Genau zwei Jahre nach der ersten Begegnung zwischen Yoko Ono und John Lennon sprach ein englisches Gericht im November 1968 dann das vorläufige Scheidungsurteil, das seine Ehe mit Cynthia Powell offiziell beendete. Diese Tatsache war wahrscheinlich ein weiterer Sargnagel für die Existenz der Beatles, deren private Angelegenheiten plötzlich öffentlich Thema waren. Ihr Leben wurde vom goldenen Sockel in die Niederungen des Otto Normalverbrauchers heruntergeholt. Aber die Scheidung an sich war nicht so sehr der Grund für Lennons Imageverlust. Vielmehr konnten seine Anhänger ihm nicht verzeihen, daß er wegen einer angeblich überdrehten, versponnenen Japanerin, die außer Schreien und dem Filmen nackter Hinterteile nichts konnte, seine Reputation aufs Spiel setzte. Von den Beatles-Fans und ihrer treuen Presse bekam die ohnehin kaum akzeptierte Yoko Ono dann noch einen weiteren Schlag in die Magengrube. Ihr »Leben auf dünnem Eis« – wie ein Song von ihr heißt – geriet für sie zu einem ständigen

Balanceakt, der täglich neu geprobt und auf Sicherheit hin geprüft werden mußte. Das machte sie stark, das machte sie jedoch auch härter im Umgang mit anderen Menschen, besonders wenn sie nichts mit ihrer unmittelbaren Umgebung zu tun hatten. Aber selbst Freundschaften gingen in die Brüche – gerade in ihrer Zeit in New York ein paar Jahre später. Es waren heftige und absolute Brüche. Dragonlady nannte man sie deshalb – Drachenfrau, gewappnet für alle Auseinandersetzungen und furchtlos bei den Widrigkeiten des Lebens.

Vor der Fehlgeburt, die Yoko Ono am 21. November 1968 erleiden mußte, speicherte John Lennon noch die Herztöne des ungeborenen Kindes auf Tonband. Mit einem Kassettenrecorder nahm er sie im Zimmer 1 des Queen Charlotte Hospital auf. Besorgt um das werdende Leben seines Kindes und angesichts der wenig hoffnungsvollen Diagnose, waren beide sehr angespannt. Und traurig. Wenigstens ein paar Lebenszeichen sollten übrigbleiben. Und diese Aufnahme sollte später noch Verwendung finden: Bei der zweiten Produktion der sogenannten endlosen Musik erschien *Baby's Heartbeat* neben anderen, sehr experimentell und avantgardistisch gefärbten Aufnahmen.

»John Lennon and Yoko Ono's romance was one of the great, and most publicised, love stories of the twentieth century. But it was also much more than that: it was an intellectual and artistic collaboration of major significance. Their marriage brought about an unprededented synthesis of the normally distinct realms of avant garde art and Pop music.«[92] Dieses Zitat ist ein Beweis für die nachträgliche Anerkennung der künstlerischen Arbeit von Yoko Ono und John Lennon. Die Eheschließung des Paares in Gibraltar am 20. März 1969 war dann ein wirklicher Höhepunkt im Leben der beiden Künstler. Diese Pop-Hochzeit vermittelte zudem eine unausgesprochene Botschaft, besonders an die musikinteressierten Menschen auf der Welt: Die Heirat vernichtete endgültig die Existenz der

Beatles, und zwar schon ein Jahr vor Paul McCartneys offiziellem Austritt aus der Gruppe.

Die Wiederverwertung verschiedener Ideen, Konzepte und bereits künstlerisch umgesetzter Arbeiten oder Ereignisse läßt sich im Werk von Yoko Ono vielfach feststellen. Auch die Herztöne ihres verstorbenen Babys sind ein Beispiel dafür. Yoko Ono widerfuhr persönliches Leid, und das wurde später vor der breiten Öffentlichkeit zum Kunstereignis verarbeitet und präsentiert: Im Bauch der Mutter starb die Leibesfrucht, der Erzeuger des Kindes nahm die letzten Herztöne auf und hielt alles auf einer Langspielplatte fest. Die Trennung von Privatem und Öffentlichem war damit – wie bei vielen anderen Aktionen auch – aufgehoben. Insofern waren sie absolut konsequent: Beide brachten sich in vollem Umfang, mit ihrer ganzen Person in ihre Kunst- oder Politikaktionen ein. Dadurch wurden sie natürlich auch auf ganzer Linie angreifbar, konnten sich aber immer mit dem ganzen Gewicht ihrer Persönlichkeit dagegenstellen und zu zweit eine Front bilden.

Der männliche Fötus, der damals leblos auf die Welt gekommen war, erhielt trotzdem einen Namen: John Ono Lennon II. Ganz für sich allein begruben sie die Frucht ihrer jungen Liebe. Beide hatten dieses Kind so sehr gewollt. Aber die Krönung ihrer Liebe stand zu dieser Zeit unter keinem guten Stern. Musikalisch wird dieses einschneidende Ereignis in der LP-Produktion *Life With The Lions* verarbeitet.

Eine weitere Nachricht belastete John Lennon sehr: Die Einwanderungsbehörde der Vereinigten Staaten machte zunehmend Schwierigkeiten bei der Einreise des prominenten Musikers, weil er ja wegen Drogenbesitzes verurteilt worden war. In späteren Jahren sollte diese Tatsache noch zu erheblichen Problemen führen, was ihm sehr zusetzte, da Amerika seine zweite Heimat geworden war.

Andere Ereignisse, die, von Fluxus inspiriert, in die Arbeit aufgenommen wurden – wie sich etwa bei einem Auftritt im selben Jahr (1968) in Cambridge zeigt – überzeugen durch ihren Livecharakter. Es ist der Beginn eines neuen Verwirrspiels von Lenono.

Yoko Ono hatte eine Einladung der Universität Cambridge zu einem Avantgarde-Abend am 2. März erhalten, sie hatte keine Vorstellung von dem, was sie dort aufführen sollte. Von John Lennon kam die Idee, eine Band mitzubringen, die lediglich aus ihm selbst bestand. Lennon agierte nur mit einer Gitarre und Verstärker, das Ergebnis kann man sich noch auf der *Lions*-Platte anhören. Das avantgardistisch orientierte Publikum reagierte auf den Rock 'n' Roller Lennon ähnlich wie das Rock-Publikum auf Yoko Ono: überheblich und ablehnend. Die Claims waren sauber abgesteckt: Hier das lärmende experimentelle Spektakel aus der Fluxus-Ecke, dort die aufrührerischen Riffs der Rock 'n' Roll-Bands. Dann wagten es zwei Leute, die jeweilige Tabuzone zu betreten und dort genau das zu tun, was von ihnen nicht erwartet wurde. Lennon zirkelte reine Lärmkaskaden auf das Avantgardetablett, Yoko Ono sang niedliche, oft bewußt belanglose Popsongs, die sie in ihrem kindlich wirkenden Gewand vortrug.

Bei allen Gemeinsamkeiten und den zahlreichen Aktivitäten Yoko Onos darf nicht übersehen werden, daß sie niemals ihre Kunst aufgab. John Lennon hingegen ließ sich mehr und mehr von ihren Aktivitäten in den Bann ziehen. Sie arbeitete als Fluxus-Künstlerin konsequent weiter an ihrer Karriere. Daneben, und das ist nicht im Sinne von nebenbei gemeint, artikulierte sie sich und ihre Ideen in der Musik mit John Lennon.

Die Kunstzeitschrift *Aspen* veröffentlichte im März 1969 die siebte Folge des Projekts »Kunstschachteln«, die verschiedene Gegenstände enthielten. Für diese Ausgabe steuerte John Lennon »The Lennon Diary 1969« bei, während Yoko Ono auf der beigelegten Flexidisk akustische Beispiele ihrer Kunst – wie die Songs *No Bed For Beatle John* und *Song For John* – beisteuerte. Die Intention, die hinter den Ausgaben stand, war ähnlich der von George Maciunas erdachten und initiierten Fluxus-Boxen – ein Projekt, woran Yoko Ono damals auch beteiligt war.

Was kurze Zeit später passierte, ist auch heute für viele noch nicht ganz nachvollziehbar: Die Beatles standen jetzt endgültig vor der Trennung. Der unerbittliche Kampf der Beatles Ringo Starr, George Harrison und Paul McCartney gegen Yoko Ono zerstörte auch mehr und mehr die Beziehung zu John Lennon. Es gab keine Gemeinsamkeiten mehr. Von vollkommener Zerrüttung war die Rede, denn Lennon äußerte immer häufiger und sehr absolut seine Unlust, weiterhin mit der Gruppe zu arbeiten. Er wollte nur noch Yoko Ono, was er durch seine Heirat auch für alle sichtbar dokumentiert hatte. Und die, die nichts mit Yoko Ono zu tun haben wollten, konnte er auch nicht akzeptieren. Zwar veröffentlichten die Beatles noch einige Singles und LPs, die Tourneen aber, immer das Wichtigste für die Fans, waren kein Thema mehr, alle gemeinsamen öffentlichen Auftritte gehörten der Vergangenheit an.

In dieser gereizten Atmosphäre erschien dann überraschenderweise Ende Mai 1969 unter dem Namen Beatles die Single *The Ballad Of John And Yoko*. Das war natürlich ein Affront erster Güte. Und das Ende.

Einen Tag nach diesem denkwürdigen Ereignis verkauften die Beatles die ersten Exemplare ihres einzigen Doppelalbums: Das *weiße Album* stand in allen Läden und fand reißenden Absatz.

In diesen ereignisreichen Wochen und Monaten fiel mehr und mehr auf, daß Yoko Ono aus dem mittlerweile für sie recht eng gewordenen Umfeld des Fluxus herauswollte und mit zielgerichtetem Unternehmungsgeist versuchte, im Popgeschäft Fuß zu fassen. John Lennon arbeitete gleichzeitig vehement daran, sein Image als Beatle abzulegen, und stellte seine Zugehörigkeit zu der Gruppe mehr und mehr in Frage. Die anfangs bei Yoko Ono bestehende Unkenntnis, was populäre Musik anging, hatte sie allmählich durch ihr intensives Engagement mit Wissen gefüllt. Und überzeugte.

John und Yoko mit Yokos Tochter aus erster Ehe, Kyoko.
Am 24. Mai 1969 startete das Paar vom Londoner Flughafen aus zum
zweiten Bed-in-for-peace in die Bahamas.   (Foto: Keystone, Hamburg)

Lennon aber stakste mit teilweise unbeholfenen Schritten auf dem ihm immer noch fremden Feld der bildenden Kunst herum, das Yoko Ono längst als mittlerweile etablierte Künstlerin besetzt hatte. Die Lennon-Ausstellung *You Are Here* traf so bei seinen Fans einmal mehr auf völlige Verständnislosigkeit. Und all das wurde bequemerweise der Frau an seiner Seite in die Schuhe geschoben. Sie war es angeblich, die die Supergruppe Beatles und das Ehepaar John und Cynthia Lennon auseinandergebracht hatte. Sie war der Sündenbock für alles. Sie schien das Idol von Millionen Menschen allmählich zu vergiften, indem sie ihm ihre Vorstellungen von Kunst und Musik injizierte. Sie war für die Öffentlichkeit immer die Hexe und er das unschuldige, willenlose, verzauberte Opfer. Auch unter den Popmusikern war sie verschrieen. Ihr Image befand sich am tiefsten Punkt ihres Lebens, tiefer ging es nicht mehr. Niemand verstand die Liebe, die zwischen beiden war.

Yoko Ono wurde von John Lennon respektvoll »Mother Superior« genannt. Er sah ja in ihr nicht nur die Geliebte, sondern auch die Person, die am ehesten seine Sehnsucht nach einer Mutter erfüllte. In der Bezeichnung lagen schon gewisse Töne der Unterwürfigkeit, die einen schon überraschen, aber sich auch vertraut anhören.

Auf dem Doppelalbum »The Beatles«, das auch als »White Album« bekannt ist, findet sich der Song »Happiness Is a Warm Gun«. Dazu bemerkt John Robertson: »Yoko had a less direct influence on Lennon's most brilliant song from these sessions – ›Happiness Is A Warm Gun‹. The name came from an American gun magazine which George Martin showed to John; one of its features was headlined, ›Happiness is a warm gun in your hand‹ which duly became the song's working title. Lennon used the phrase, and its sexual symbolism, as the basis for a piece of mock doo-wop, a throwback to the vocal groups of the fifties, written around those familiar C-Am-F-G chord changes. He then tied it together with two other song fragments, the first another stream-of-nonsense lyric put together with Apple-publicist Derek Taylor, the second – ›Mother Superior jump the gun‹ – an early reference both to John's nickname for Yoko, and to Yoko's domination of their relationship.«[93] John Lennons Referenz an Yoko Ono deutete darauf hin, daß sie schon sehr früh die dominante Rolle in der Partnerschaft übernommen hatte. Zwar gab sich Lennon gern als knallharter Rock 'n' Roller, im Grunde jedoch war er ein weicher, sehr gefühlsbetonter Mensch. Yoko Ono lebte in dieser neuen Beziehung richtig auf. Sie fühlte sich endlich verstanden. Ihre Ehen mit Toshi Ichiyanagi und Anthony Cox waren so etwas wie leichtsinnige Jugendsünden gewesen, in die sie blind hineingestolpert war und in denen sie sich nie verstanden gefühlt hatte. Jetzt, am Ende der revolutionären sechziger Jahre, forderte Yoko Ono die Gleichberechtigung für sich. Und sie bekam, was sie sich sehnlichst wünschte: Sie wurde als Künstlerin immer mehr gewürdigt.

John Lennon bewunderte nicht nur Yoko Onos Arbeit, sondern die Fluxus-Bewegung insgesamt. Er äußerte sich auch ziemlich drastisch über die Ignoranten, die das Werk seiner zweiten Frau in den Boden stampften. »Yoko ist mindestens so wichtig für mich wie Paul und Dylan zusammen. Ich fürchte, bis zu ihrem Tode wird kein Mensch Notiz von ihr nehmen. Ich kann die Leute an einer Hand abzählen, die außer mir auch nur einen blassen Schimmer davon haben, wer sie ist oder wie sie denkt oder was ihr Werk an Bedeutung für diese Generation von Vollidioten hat. Sie hat die Hoffnung, wahrgenommen zu werden.«[94] Mit diesen Äußerungen aus einem Interview von 1971 mit Jann Wenner für den amerikanischen *Rolling Stone* leistete sich Lennon eine vernichtende Einschätzung der etablierten Kunstszene. Zu dieser Zeit war ihre Kunst bereits bekannt. Die total ablehnende Haltung gegenüber Yoko Ono, die Lennon in diesen Sätzen anprangert, gab es längst nicht mehr. Sie hatte endlich die Anerkennung, die sie verdiente.

Musikalische Erfolge folgten: »Standing in the dock at South-ampton / Trying to get to Holland or France / The man in the mac said / You've got to go back / You know they didn't even give us a chance – The Ballad Of John And Yoko«[95]. Dieser Song stand im Juni 1969 auf Rang 1 der britischen Hitparade. Der Titel ließ vermuten, daß Yoko Ono und John Lennon alleine hinter diesem Song stünden. Doch das Gegenteil war richtig. Das Stück lief unter dem Interpretennamen »The Beatles« und war eine Komposition von John Lennon und Paul McCartney, »die«, so Lennon, »The Ballad Of John And Yoko aufnahmen. Er spielte Baß und Schlagzeug, und ich sang und spielte Gitar-re.«[96]Wie war das möglich? Alle Welt, auch der innere Zirkel um die Ex-Beatles – demnach ebenso Paul McCartney – stand doch der kleinen Japanerin angeblich skeptisch bis ablehnend gegenüber. Und dann geht McCartney hin und schreibt und spielt diesen Song gemeinsam mit John Lennon! Damit machte er sich in seinen Anti-Ono-Aktivitäten unglaubwürdig.

»The Ballad Of John And Yoko« aber war nur noch eine nostal-gische Reminiszenz an erfolgreiche Beatles-Zeiten, denn Yoko Ono hatte längst John Lennons Interesse für Avantgarde-Musik geweckt. Sie bildete natürlich den totalen Gegensatz zu den Beatles-Songs, die fest in der Tradition des Rock 'n' Roll veran-kert waren und die Millionen Menschen ansprachen. Jetzt plötzlich diese Wandlung, diese Auseinandersetzung mit expe-rimentellen Tönen, mit Krach, Geschrei, Kakophonie – Klang-folgen, die nur wenige nachvollziehen konnten. Yoko Ono paß-te wiederum nicht in das Gewand einer Diva, die im Rock 'n' Roll-Geschäft eine glanzvolle Karriere für sich sah. Sie war anders, sie wollte eine eigenständige Rolle spielen. Die Rolle der Frau als schönes Beiwerk in der Pop- und Rockbranche lehnte sie völlig ab. Artikulieren und Agieren waren für Yoko Ono überhaupt keine Fremdwörter, so daß sie mit größter Selbstver-ständlichkeit und einer ganz eigenwilligen Kunst alle in den Schatten stellte.

Ihren Gesangsstil verstand Yoko Ono als eine Mischung aus Einflüssen von Opern à la Alban Berg und Elementen tibetanischer Sing- und japanischer Kabuki-Technik. »There are so many ways of using the throat and the vocal chords, you can use different areas, different parts of the body to express different emotions. As far as influences in my singing, I got a lot of influence from (Alban) Berg's operas, like his Lulu. I think you can hear that very strongly on some of Approximately Infinite Universe, and I think I'm still very influenced by it. Here's also a lot of Japanese kabuki influence, from the old Japanese way of singing. There's one particular kabuki singing style called hetai, a kind of storytelling form that's almost like chanting and requires you to strain your voice a bit. I also listened to tapes of my voice playing backward and tried to make sounds like that. And I listened to Indian singing. Tibetan singing... all that mixed.«[97]

Aus Anlaß seiner Hochzeit zelebrierte das Paar im Amsterdamer Hilton-Hotel eine Art Vorform einer Live-Talk-Show, was die Welt erneut in Staunen versetzte. Bilder davon waren in allen Zeitungen. Es war ein Ereignis mit eindeutigem Fluxus-Charakter, aber darüber hinaus wollten sie alles auch als politisches Statement verstanden wissen, als eine Zwei-Personen-Demonstration. Yoko Ono steckte zu dieser Zeit noch mittendrin in der solistischen Performance-Phase, die nun allmählich von Gemeinschaftsaktionen mit John Lennon abgelöst wurde.

»Drove from Paris to the Amsterdam Hilton / Talking in our beds for a week / The newspapers said / Say what're you doing in bed / I said we're only trying to get us some peace«.[98] Die Weltpresse hatte sich nach der vorherigen Ankündigung des Bed-ins durch Yoko und John selbst eine Sensation versprochen: Der Beatle und seine Frau im Bett beim Liebesspiel. Eine solche Sensation wäre in der damaligen Flower-Power-Zeit (»Make love not war«) auch gar keine welt- und realitätsfremde

Vorstellung gewesen. Auch deshalb nicht, weil das Paar durch seine Nacktheit auf dem *Two-Virgins*-Cover seine unverkrampfte Einstellung zur Sexualität bereits deutlich gemacht hatte. Bei genauerem Hinsehen aber hätte jedem auffallen müssen, daß dieses Cover mit reiner Fleischeslust nicht viel zu tun hatte. Es ging dabei vielmehr ausschließlich um die bildhafte Darstellung des Titels der Langspielplatte. Es sollte signalisiert werden, daß Yoko und John in ganz unschuldiger, geradezu jungfräulicher Reinheit einen gemeinsamen neuen Lebensabschnitt begannen.

Bed-Peace hielt so bei weitem nicht das, was sich die auf Sensationen spekulierende Journaille versprochen hatte. Züchtig bekleidet saßen Yoko und John nebeneinander im Bett und beantworteten die endlosen Fragen der Journalisten. John Lennon dazu: »Wir waren im siebten Stock des Hilton mit Blick über Amsterdam – es war völlig irre, die Reporter kamen in Scharen, und alle hofften wohl, sie könnten uns beim Vögeln im Bett zuschauen – alle hatten sie irgendwie gehört, daß John und Yoko im Beisein der Presse für den Frieden vögeln würden.«[99] Daraus wurde aber nichts. Das Paar diktierte aus dem Bett den Journalisten seine Botschaften vom Frieden in die Stenoblöcke, und sie erlangten so auch ohne spektakuläre Nackt- oder Sexszenen weltweite Beachtung. Vor allem galt die Aufmerksamkeit der Weltpresse der Person John Lennons, seine Berühmtheit machte die Sache zum Ereignis, denn der hochverehrte Beatle war auf Abwege geraten und deshalb immer gut für eine Story.

Der öffentliche Auftritt im Hotelbett wird auch in der ersten Strophe von *The Ballad Of John And Yoko* zum Thema – auf eine lockere und humorvolle Weise. Das frischverheiratete Ehepaar verbrachte eine Woche zwischen den Laken des Bettes in der Präsidentensuite des Amsterdamer Hilton-Hotels, umgeben von Heerscharen des journalistischen Gewerbes, die alle einen Gesprächsfetzen oder ein eigenes Interview mitbekom-

*16. Dezember 1969. John Lennon und Yoko Ono bei einem Wohltätig-
keitskonzert für den Frieden im Londoner Lyceum Ballroom. Im Sommer
hatten die beiden die Plastic Ono Band gegründet.*

(Foto: Süddeutscher Verlag, München)

men wollten. Außer ihren musikalischen Darbietungen und
agitationsschwangerer Politisiererei fand aber nichts statt. Der
große, erhoffte Skandal blieb aus. Yoko Ono und John Lennon
dachten nicht im Traum daran, ihren Sex als Mittel der Provokation einzusetzen, wie es vorher in manchen Gazetten kolportiert worden war.

Das *Bed-in* sollte ein Kunstereignis von weltweiter Bedeutung
werden, das war ihr Ziel. Ihre Intention, damit einen entscheidenden Beitrag für den Frieden auf Erden zu leisten, wurde
damals aber nicht erreicht, und erst im nachhinein, durch einen
Blick zurück auf die Wirkung der Friedensbewegung allgemein, bekommt ihr Tun einen angemessenen Stellenwert. Das
Leben der beiden – wie Kritiker damals hart urteilten – naiven,
reichen, gelangweilten Prominenten bestand nämlich während

dieser Zeit aus fast nichts anderem als dem persönlichen Einsatz, um den Frieden auf der Welt ein Stück voranzubringen. Das Leben der beiden sollte in den Dienst der guten Sache gestellt werden. Daher planten sie auch von Anfang an ihre Hochzeit als ein Happening, das mehr sein sollte als eine Privatsache – eine Aktion für »Love and Peace« war die Absicht, die damit verfolgt wurde. Die eigentliche Zeremonie in Gibraltar fand dann zwar doch eher im privaten Rahmen statt, aber alles, was unmittelbar darauf passierte, wurde unter die Prinzipien von Fluxus gestellt.

Das Stück *Amsterdam,* veröffentlicht auf dem *Wedding Album,* zelebrierte Yoko Ono in einem Sprechgesang, der ihre an fernöstliche Klangeigenschaften erinnernde Stimme ausgesprochen modulationsfähig zeigte. Mit den Formeln »John« und »Let's Hope For Peace« gestaltete sie den ersten Teil dieses Stücks, das des weiteren aus einem Statement von Lennon und den Antworten auf die Reporterfragen während des *Bed-ins* bestand. Auch Geräusche, die während des *Bed-ins* zu hören waren – es klingelte das Telefon, Türenschlagen war zu vernehmen – wurden aufgenommen. Das gesamte Stück wirkte wie eine Live-Reportage.

Yoko Ono hielt die Weltpresse und die interessierte Öffentlichkeit ständig in Atem, denn seit der Hochzeit im März 1969 trat sie regelmäßig an der Seite ihres Mannes öffentlich auf – vorrangig aus Publicity-Gründen. Sie nutzte diese Gelegenheiten oft für Aktionen. Und ohne daß sie sie namentlich so bezeichnete, wurde ihr gesamter Einsatz für Frieden und Freiheit immer mit dem Kunstbegriff des Fluxus in Verbindung gebracht. Denn wie sonst, wenn nicht mit dem Etikett ihres künstlerischen Schaffens versehen, sollte sie sich zu politischen Zu-

Kurz vor Weihnachten 1969 geben John und Yoko vor dem Apple-Building in London ein Statement für den Frieden ab. Das Poster wurde großformatig in elf Metropolen angebracht.
(Foto: Keystone, Hamburg)

WAR
IS
OVER!

IF YOU WANT IT

Happy Christmas from John & Yoko

ständen äußern wollen? Wie sonst konnte sie Politik und Kunst miteinander verbinden? Wie sonst sollte ihr Traum von einer Annäherung von Ost und West in Erfüllung gehen?

Im Juli 1969 veröffentlichten Yoko Ono und John Lennon, gemeinsam mit der Plastic Ono Band, die Friedenshymne *Give Peace A Chance* – ein Lied, das eine große Verbreitung im Radio fand und bei jeder sich bietenden Gelegenheit von ihnen angestimmt wurde. Das Paar der Paare hatte seine Hymne gefunden, der Song wurde zum unverwechselbaren Erkennungszeichen der besessenen Aktivisten.

War Is Over! If You Want It. So kurz und knapp brachten Lenono Ende des Jahres 1969 das Motto ihrer Friedenskampagne auf den Punkt. Plakate mit diesem Text – immer in der jeweiligen Landessprache – tauchten in den wichtigsten Metropolen der Welt auf: Athen, Berlin, Hongkong, London, Los Angeles, Montreal, New York, Paris, Port-of-Spain, Rom, Tokio und Toronto gehörten dazu. Am Times Square in New York oder auf den Champs-Élysées in Paris – überall wurden die vorbeieilenden Menschen mit dem Slogan konfrontiert. Sie mußten sich mit der Botschaft, daß sie selbst zwar im Moment in Frieden leben, an vielen anderen Orten der Welt jedoch Chaos, Elend und Tod herrschen, unweigerlich auseinandersetzen. Auch bei dieser Aktion benutzte das Paar die Popularität des Beatles-Mitglieds John Lennon. »Die Aktion machte ungeheuren Eindruck. Die Leute, die Kontakt mit uns aufnahmen, begriffen, was für ein gewaltiges Ereignis es war, ganz abgesehen von der Botschaft selbst. Jugendliche aus aller Welt bedankten sich bei uns für die ganzen Sachen, die wir so machten und die sie wiederum anregten, etwas zu machen. Wir stießen auf viel Resonanz auch bei Leuten, die keine Popfans waren und die – das ist eine sehr interessante Sache – den verschiedensten sozialen Schichten und Altersgruppen angehörten.«[100] John Lennon erinnerte sich mit diesen Worten an die Wirkung dieser Aktion. *Happy Christmas from John & Yoko* stand auf den Plakaten. Eine ganz persönliche Ansprache sollte hiermit erreicht werden.

Die politischen siebziger Jahre

Nachdem Yoko Ono und John Lennon ihre Flower-Power-Fluxus-Hochzeit entsprechend vermarktet hatten – mit dem *Wedding Album* vom Oktober 1969 wurde das Ereignis akustisch und textlich festgehalten –, begann auch die erste Hälfte des neuen Jahrzehnts für beide sehr turbulent. Die Widrigkeiten des öffentlichen Lebens und private Differenzen hielten sie in Atem und schweißten sie gleichzeitig zusammen. Das Paar wollte sowohl künstlerisch als auch privat nur noch als Einheit dastehen. Keine Soloaktionen mehr – es sollte der Beginn einer neuen kreativen Zweierbeziehung werden. Als äußeres Zeichen dafür ließen sich beide die Haare ganz kurz schneiden. Sie wollten damit belegen, wie ernst es ihnen war.
Yoko Ono wurde Jahre nach den spektakulären Events wie *Bag Piece* und *Cut Piece* in der Öffentlichkeit erneut intensiv als Modell, als Objekt und als Darstellerin wahrgenommen. Ehemann John stellte nämlich im Januar 1970 in der »London Arts Gallery« unter dem Titel »Bag One« fünfzehn Lithographien aus, wovon acht Blätter seine Frau in sehr erotischen Posen zeigten. Als Aufbewahrungsmappe dafür wurde eine vom französischen Couturier Ted Lapidus entworfene weiße Kunstledertasche mit dem schwarzen Schriftzug »Bag One« präsentiert. England war schockiert über die Bilder, und es gelang einigen Entrüsteten einen Tag nach der Eröffnung unter Bezugnahme auf ein Gesetz aus dem Jahre 1839 (Metropolitan Act), die acht erotischen Zeichnungen durch Scotland Yard beschlagnahmen zu lassen. Aber die Justiz gab die Blätter nach eingehender Prüfung wieder frei, der künstlerische Aspekt wurde doch vor die altmodische Moral gestellt. Johns Kunst wurde zum Politikum

– eine Absicht, die hier eher unfreiwillig zustande kam. Die Mappe enthielt des weiteren Zeichnungen vom Hochzeitszeremoniell in Gibraltar und Skizzen vom *Bed-in* in Amsterdam. In seiner Märzausgabe veröffentlichte die Zeitschrift *Avantgarde* sieben Zeichnungen aus dem Portfolio.

Einen politischen Schachzug ganz anderer Art machten Lenono einen Monat später im »The Black Centre« in Londons Holloway Road. Dort residierte der meistens nur Michael X genannte Black-Power-Aktivist Michael Abdul Malik, der vier Jahre später in Trinidad des Mordes angeklagt und ein Jahr darauf hingerichtet werden sollte. Yoko Ono und John Lennon tauschten mit ihm ihre abgeschnittenen Haare gegen mit Blutflecken verunreinigte Shorts des Boxers Muhammad Ali. Dieses im Grunde banale Ereignis diente dazu, die Presse ein weiteres Mal und jetzt auf ganz andere Weise auf die Belange von Black Power aufmerksam werden zu lassen. Aber die englischen Presseleute hatten langsam keine Lust mehr, den hyperaktiven Künstlern ständig hinterherzulaufen und ununterbrochen ähnliche Statements der beiden in die Zeitung zu bringen. Die Journalisten boykottierten somit diese Aktion – ein wichtiger Grund, weshalb sie in der Öffentlichkeit kaum wahrgenommen wurde.

Yoko Ono, die nun seit fast vier Jahren in England lebte, hatte stets an ihren Kontakten zur Kunstszene der Vereinigten Staaten festgehalten. So bat sie Joe Jones, der auch der amerikanischen Fluxus-Bewegung angehörte, eines Tages, das Flux-Fest in New York zu gestalten. Joe Jones war ein Tüftler und Erfinder, der die irrwitzigsten Musikmaschinen baute und mit ihnen abenteuerliche Klangszenen aufführte. Yoko sagte zu. Vom 11. April 1970 an fand somit das Flux-Fest statt. Es dauerte neun Wochen lang und wurde ständig unter ein anderes Motto gestellt, alle von Yoko Ono unter Mithilfe von John Lennon erdacht. In diesen Arbeiten ist erneut die intensive Beziehung der beiden abzulesen. Sie arbeiteten ständig an der für sie wichtigen Einheit von Leben und Kunst, indem sie sich

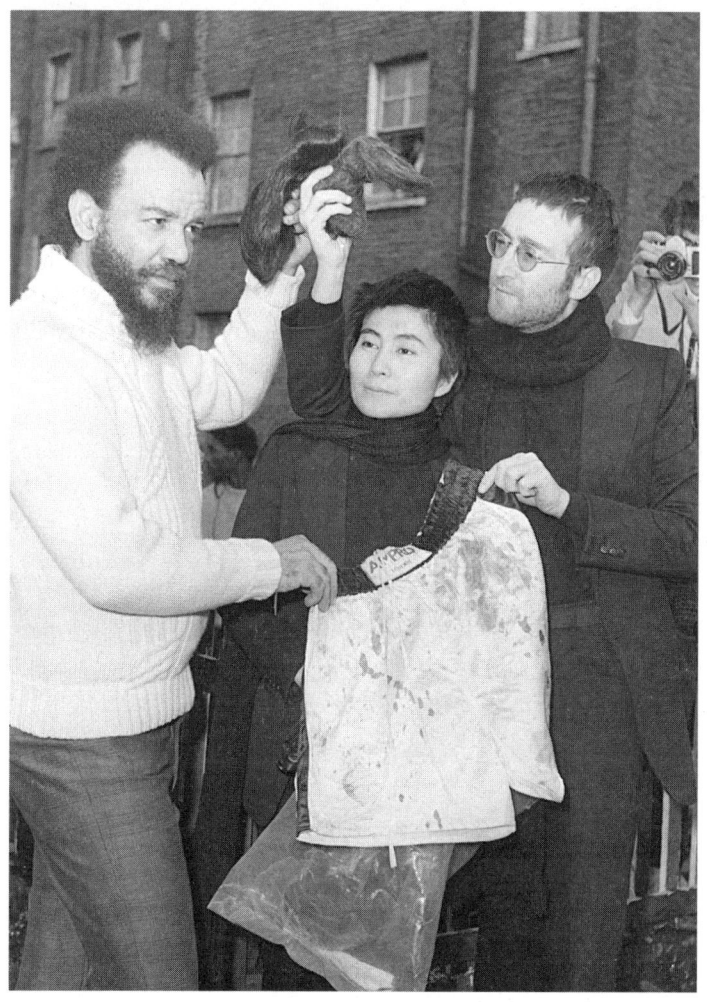

John Lennon und Yoko Ono mit Michal X, dem Leiter der Black-Power-Bewegung am 4. Februar 1970. Ihr Haar tauschten die beiden gegen ein Paar blutbefleckter Kampfhosen, in denen Cassius Clay angeblich gegen Henry Cooper geboxt hatte. Shorts und Haare wurden für die Friedensbewegung versteigert. (Foto: Keystone, Hamburg)

selbst hemmungslos in den Dienst von Politik und Kunst stellten.

Auf dem Weg zu ihrer immer radikaleren Haltung, was Themen wie Menschenrechte, Weltfrieden und Todesstrafe anging, wurde auch Yoko Ono zum Befürworter und zur Anhängerin der Urschreitherapie des amerikanischen Psychologen Arthur Janov. Der Anstoß dazu ging von John Lennon aus, dem in dieser Lebensphase sicherlich so etwas wie Langeweile nicht fremd war. Er war damals einer, der nach neuen Herausforderungen und Erfahrungen suchte. Yoko Ono stand an seiner Seite – ganz fest. Sie wollte nichts anderes. Natürlich beschäftigte auch sie sich in dieser Zeit mit Janovs Gedankenwelt. Über den Urschrei, so theoretisierte Janov damals, sei es möglich, Verdrängungen aus der Kindheit hervorzuholen, um so die Ursache von Blockaden zu finden. Die Sitzungen bei Arthur Janov beeindruckten John Lennon sehr. Seine Gedanken fielen bei ihm auf fruchtbaren Boden. Er fühlte sich in Janovs Buch zu diesem Thema, das er verschlungen hatte, genau beschrieben. Er nahm Kontakt zu ihm auf, und Janov kam nach London, um dort das Paar nach seiner Methode zu therapieren. Yoko Ono verinnerlichte seine Schreimethode. Sie verarbeitete das in den gemeinsamen Sitzungen erworbene Wissen in Songs und öffentlichen Auftritten. Sie sang, um sich zu entdecken, ihre Kindheit aufzuarbeiten – sich also letztlich zu therapieren. Hörbares Zeichen dafür war der oft ohrenbetäubende Klang der Stimme. Sehr unterschiedliche Ausdrucksweisen wie Scatgesang, Krächzen, Jaulen, mitleiderregendes Jammern, Stöhnen kennzeichneten Yoko Onos Gesang während dieser Schaffensphase. Natürlich auch ein Grund, warum die Rockmusikfans ihre Kunst kategorisch ablehnten. Dafür fehlte ihnen jede Antenne. Die üblichen Kennzeichen rockmusikalischer Intentionen und Muster waren hier noch nicht vorhanden, was sich erst mit dem Doppelalbum *Approximately Infinite Universe* aus dem Jahre 1972 ändern sollte. Bis dahin machte Yoko Ono absolut exzentrische Musik, die kaum jemand – jedenfalls nicht aus der Beatles-Szene – hören wollte. Und das war damals die Mehrheit der Musikkonsumenten.

Allen Hilfesuchenden, auch den vom Zeitgeist verstörten Patienten, zeigte Janov, daß die permanente Gefühlsunterdrückung die Wurzel allen Übels ist – besonders in gestörten Paarbeziehungen. Den Grund für die verlorene Fähigkeit, Gefühle auszudrücken und auszuleben, fand Janov meist in weit zurückliegenden Kindheitserlebnissen. Gerade John Lennon sprach diese Theorie an. Er hatte sehr früh seine Mutter verloren und seinen Vater kaum je zu Gesicht bekommen. Er sah sich deshalb in Janovs Buch »Der Urschrei« genauestens beschrieben. Sinn und Zweck der Therapie war es aber auch, Yoko Ono und Lennon von der Drogensucht wegzubekommen. LSD und Marihuana konsumierten die beiden regelmäßig – zur Bewußtseinserweiterung natürlich. Janov stand auf dem Standpunkt, daß sie nur eine kurzzeitige Befriedigung ermöglichten und durch die unkontrolliert wandernden Gedanken lediglich weitere Gefühlsverluste produzierten. Lenono spürten durch ihre Hilfe eine merkliche Verbesserung ihres Lebensgefühls, was vor allem auf ihre zeitweise Abkehr vom Drogenkonsum zurückzuführen war. Insofern war die therapeutische Behandlung in Los Angeles eindeutig ein positiv zu bewertendes Unternehmen.

Doch die Katastrophe folgte auf dem Fuß. Genau betrachtet war es nicht der richtige Zeitpunkt gewesen, wieder schwanger zu werden. Aber es war eben doch geschehen. Denn der Kinderwunsch des Paares war ungleich größer gewesen als die Angst vor einer erneuten Fehlgeburt. Mitte August 1970 aber passierte genau das wieder, was Lenono schon einmal erlebt hatten: Yoko Ono konnte das Kind nicht austragen. Die Schwangerschaft war vorbei.

Aus dieser persönlichen Krise heraus stürzte sich Yoko Ono wieder in die Arbeit und spielte bei der LP *John Lennon/Plastic Ono Band* aus dem Jahre 1970 die Rolle der Muse, die ständig um den Künstler Lennon herumsprang, die, wie es später auf dem Cover heißt, für »Atmosphäre« sorgte. Natürlich mischte sie sich auf diese Weise ständig in die musikalischen Aktivitäten ihres Ehemannes ein. Sie wollten ja immer eine Einheit bilden – in jeder Beziehung. Sie war der gute oder böse Studiogeist – je nach Blickwinkel –, der meistens unsichtbar war, dessen Gegenwart jedoch jeder im Studio spürte. Aber ihre atmosphärische Anwesenheit beflügelte zumindest eine Person, nämlich John Lennon.

1970 veröffentlichte Yoko Ono ein Album mit dem Titel *Plastic Ono Band* unter ihrem Namen. Es trägt denselben Titel wie Lennons erste Soloproduktion. Wenn auch nicht hundertprozentig überzeugend, benutzte Yoko Ono bei den Aufnahmen dazu bereits Stilelemente der progressiven Rockmusik, wie man an der Rhythmik und den Texten in Strophenform sieht. Ihre Kritiker konnten sich damit jedoch immer noch nicht anfreunden. Ihre akrobatisch-lautmalerischen Darbietungen wetteiferten in etwas befremdlicher Weise mit Strukturen der Musik, die eindeutigen Rockcharakter aufwiesen. Yoko Ono war es aber zweifellos gelungen, erneut eine Richtung anzugeben, die avantgardistischen Charakter hatte. Darin schien etwas durch von Freejazz-Attitüden, von traditioneller fernöstlicher Musik, und auch erste Punkattribute waren enthalten. Ein Blick auf die Cover der beiden Soloalben zeigt, wie nahe beieinander das Paar selbst bei getrennter künstlerischer Arbeit gesehen werden wollte. Die Fotos vorne unterschieden sich nur in einem Punkt: Einmal liegt John Lennon unter einem Baum im Schoß Yoko Onos, auf der LP-Hülle der Lennon-Produktion ist es umgekehrt.

Die zweigeteilte Einheit, die Symbiose von Mann und Frau sollte ein visuelles Identifizierungsmuster bekommen. Es ist sehr interessant festzustellen, daß heute – fast dreißig Jahre später – Yoko Onos Musik mit ganz anderen Ohren gehört wird. Heute weiß man, wie fortschriftlich sie war. In vielerlei Hinsicht erhalten die Aufnahmen von damals wegweisende Elemente, die während der Entstehungsphase überhaupt nicht erkannt wurden. »Why?«, schreit Yoko Ono auf ihrer Produktion zu Anfang. Dieses Wort »Why« war an eine Generation gerichtet, die zwar Toleranz und Freiheit auf ihre Transparente geschrieben hatte, sie aber nicht lebte. *Why* ist gleichzeitig ein Schlüsselstück für Yoko Ono, aus dem Kontext von Fluxus und amerikanisierter fernöstlicher Kultur heraus entwickelt.

Auf dem Weg zu ihrem Gesamtkunstwerk sind diese beiden Platten von John und Yoko als Ausdruck gegenseitiger Bewunderung zu sehen. *Yoko Ono Plastic Ono Band* und *John Lennon Plastic Ono Band* wurden gleichzeitig am 11. Dezember 1970 weltweit veröffentlicht. Die Aufnahmen auf Yoko Onos Schallplatte sind wieder ganz im Kontext ihrer Fluxus- und Eventkunst zu sehen. Ihre Kompositionen sind der Improvisation verpflichtete Stücke, die ganz sorgfältig den Reiz des Unbekannten ausloten. Hier arbeitet sie noch mit den gebrochenen Effekten in Stimme und Instrumentalbereich. In manchen Kritiken damals wurde ihr deshalb der Genuß von Drogen unterstellt, ohne die angeblich ein derartiges Konvolut von nervenden Tönen und lärmenden Geräuschen gar nicht herzustellen sei. Völlig unrecht hatten diese – zwar meist auch mißgünstigen Fachleute – damit nicht. In späteren Interviews sollten sich Yoko Ono und John Lennon noch sehr dezidiert zum Konsum bewußtseinserweiternder Halluzinogene während der Arbeit an Schallplattenproduktionen äußern. Die These vom erweiterten Bewußtsein durch Drogengenuß, die neben anderen auch Lenonos Freund Timothy Leary vertrat, fand besonders in Rockmusikerkreisen mehr und mehr Beachtung – und Nachahmung. Man experimentierte mit verschiedenen Mitteln, was immer unter der Prämisse noch kreativer sein zu können, getan wurde.

Die Drogen machten jedoch auch angst. Auch der versuchte man mit der Urschreimethode beizukommen. Und unter dem starken Einfluß der Janovschen Gedanken stand nicht nur das

Paar Yoko Ono und John Lennon, auch einige andere Musiker sahen darin einen Weg zur Befreiung. Aus heutiger Sicht könnte man vielleicht sogar sagen, das Paar habe sich mit den Urschreiübungen und seiner therapeutischen Platte vor dem Schicksal einiger seiner Zeitgenossen aus dem Popbusineß retten können. Brian Jones, Janis Joplin und Jimi Hendrix waren bereits den Drogentod gestorben, Jim Morrison sollte nur noch wenige Monate leben. Der enorme Druck, den das Musikgeschäft ausübte, war besonders für Lennon schwer zu ertragen. Vielleicht versuchte er auch deshalb, sich an Yoko Ono zu klammern wie ein Ertrinkender. In diesem Zusammenhang können sogar die beiden Schallplatten, die damals herauskamen, als eine Form der Selbsttherapie angesehen werden.

Die Drogeneskapaden während dieser Zeit provozierten ständige Anfeindungen durch die drei anderen Beatles und ihnen nahestehende Personen, die keine Gelegenheit ausließen, Yoko Ono zu diffamieren. John Lennon äußerte sich in dem berühmten *Rolling Stone*-Interview mit Jann Wenner, daß die Beatles-Clique Yoko immer verachtet habe, von Anfang an. Und tatsächlich: Ihre zur Schau getragene Verliebtheit ging den meisten Mitarbeitern im Apple-Imperium ziemlich auf die Nerven. Kaum jemand versuchte diese offene Verachtung zu kaschieren. Aber alle Versuche, einen Keil zwischen Yoko Ono und John Lennon zu treiben, schlugen fehl. Yoko Ono nahm sich trotzig kurzerhand immer mehr Freiheiten heraus: Bei der Aufnahme zu »Let It Be« beispielsweise saß sie neben Lennon auf dem Fußboden, beide ganz in Weiß gekleidet. Während John seine Gitarre spielte, küßte sich das Paar. Das Geturtel der beiden im Beisein der anderen wirkte natürlich reichlich provokativ.

Das Paar war glücklich, mochte die Welt davon halten, was sie wollte. Das Landhaus Tittenhurst Park, in der Nähe von Ascot, wurde das neue Zuhause der Lennons. Die neuen Besitzer statteten den weißen Prachtbau mit einem Aufnahmestudio aus, in

*Signierstunde für Yoko Onos Buch »Grapefruit« am 15. Juli 1971
in London.* (Foto: Süddeutscher Verlag, München)

dem noch einige wichtige neue Musikstücke entstehen sollten. Hier fanden Lenono ihre experimentelle Spielwiese für eine Musik jenseits der Beatles, und hier probierten sie immer wieder Neues aus.

In den ersten Wochen und Monaten des Jahres 1971 entstand auch der politische Song »Power To The People«. Auf der B-Seite dieser Platte ist Yoko Onos Song *Open Your Box* zu finden, der eine gewisse Veränderung ihres musikalischen Stils andeutete. In den ausführlichen Gesangsparts dominierte jedoch immer noch das ursprüngliche Schreien ihrer Stimme. Über einem ständig wiederholten Rhythmus variierte Yoko Ono die Titelzeile des Songs, manchmal bis zur Unkenntlichkeit verzerrt, dann auch wieder laut und bestimmend.

Bald darauf schon suchten Yoko und John aber wieder ein neues Zuhause: Am 13. August 1971 reisten sie erneut nach New York. Ihnen wird England zu eng. Da sie dort noch kein Domizil besitzen, wohnen sie zunächst in einer Suite im Saint-Regis-Hotel in der Bank Street. Die Visa sind bis zum 29. Februar 1972 befristet gültig. Wahrscheinlich stand schon bei der Anreise für beide der Entschluß fest, England zu verlassen und in Amerika zu leben. Vielleicht war es auch so etwas wie eine Heimkehr, da Lennon in der Vergangenheit oftmals für Kurzbesuche oder Konzerte mit den Beatles in die Vereinigten Staaten gereist war. Diesmal sollte es für länger sein. Er liebte dieses Land, in dem er zu Recht die Wiege des Rock 'n' Roll sah und in dem er für sich eine künstlerische Freiheit vermutete, die er in Good Old England so sehr vermißte. Er hatte vom alltäglichen Leben in England genug, weil die englische Gesellschaft für seine Aktivitäten immer weniger Verständnis aufbrachte und er sich unverstanden fühlte.

Yoko Ono kehrte zurück in das Umfeld, in dem ihre künstlerische Karriere ihren Anfang genommen hatte und wo sie viele Freunde besaß. Für sie kam die Heimkehr nach New York einem großen Triumph gleich. Sie war mittlerweile weltberühmt – und nicht nur wegen John Lennon. Ihr eigenes künstlerisches Können, das hatte sich in London gezeigt, war die Antriebskraft für ihre zahlreichen spektakulären Aktionen. Nun konnte sie an den Ausgangsort ihrer Kunst mit dem Gefühl zurückkehren, daß ihre fünfjährige Abwesenheit vom Big Apple nicht umsonst gewesen war. Yoko Ono konnte mit Fug und Recht ihre Werke selbstbewußt vorzeigen und auf beachtliche Erfolge in der Alten Welt verweisen: Alte Bekannte wie Merce Cunningham und John Cage hatten sie nicht vergessen und nahmen ziemlich schnell wieder Kontakt zu ihr auf.

Der eigentliche Grund für die Reise des Paares in die Vereinigten Staaten bestand zunächst darin, endlich die leidige Sorgerechtsfrage für Yoko Onos Tochter Kyoko klären zu lassen. Dieser äußerst unbefriedigende Schwebezustand wurde dann auch durch ein amerikanisches Gericht aufgehoben, indem – wie bereits geschildert wurde – dem Vater Anthony Cox das Sorgerecht zugesprochen wurde.

Die politische Situation in den USA war Anfang der siebziger Jahre ziemlich aufgeheizt. Alle eigentlich dringend zu Hause gebrauchte Energie wurde im Vietnamkrieg verbraucht. Präsident Richard Nixon war nicht in der Lage, die verschiedenen politischen Gruppierungen zum Konsens zu führen. Infolgedessen radikalisierten sich die Minderheiten und fanden eine gemeinsame Sprache im Protest gegen das Engagement der Amerikaner in Vietnam und im Kampf gegen die nationale Rassentrennungspolitik. An einigen dieser Aktionen beteiligte sich auch das Ehepaar Lennon, was später für den Einbürgerungsantrag von John Lennon noch sehr von Nachteil sein sollte.

In New York trat am 6. Juni auch der amerikanische Rockavantgardist und Spektakelmusiker Frank Zappa im Fillmore East mit seiner Band »The Mother Of Invention« auf. Yoko Ono und John Lennon besuchten das Konzert, kletterten irgendwann nachts auf die Bühne und funktionierten kurzzeitig Zappas Bühnenshow in ein fluxusgesteuertes Lenono-Ereignis um.

Der spontane Gag entwickelte sich zu einer Jam Session, die von dem Paar Yoko Ono und John Lennon dominiert wurde. Kurzerhand nahmen sie die Regie in die Hand und veranstalteten für den Rest des Abends ein politisch-avantgardistisches Happening. *Well (Baby Please Don't Go), Jamrag, Scumbag* und *Aii* (auf der Doppel-LP *Sometimes In New York* City veröffentlicht) sind Zeugnisse frecher, selbstbewußter und kompromißloser Lenono-Kunst. Der Sack, in dem der Abschaum der Menschheit zusammengehalten wird (*Scumbag*), war dabei ein Sinnbild für die damals unversöhnlich gegeneinander agierende Gesellschaft. Yoko Ono trug als Gürtel einen vollbestückten Patronengurt – ein Accessoire, das eigentlich überhaupt nicht zu ihrem politischen Feldzug für Frieden und Freiheit auf der Welt zu passen schien. Damit wollte sie ausdrücken, daß trotz all ihrer Friedfertigkeit ein Kampf im Gange war, den sie jedenfalls nicht wollte und den die Gesellschaft dennoch ständig ausficht. Sie drückte ihre Antikriegshaltung hier durch ein äußeres Zeichen aus, das immer automatisch mit Tod und Vernichtung in Verbindung gebracht wird. Da befand sie sich im Einklang mit allen Protestierern, die auch keinen Widerspruch darin sahen, mit Militärparkas zu Anti-Vietnam-Demonstrationen zu gehen.

Die extremen Positionen der Konservativen und der äußersten Rechten standen zu dieser Zeit in Amerika den aufgeklärten und veränderungswilligen Linken gegenüber. Die Frage der Rassentrennung in den USA, das größte Übel, unter dem die gesamte amerikanische Gesellschaft damals zu leiden hatte, spaltete sie besonders in zwei Lager. Im Umgang mit herabsetzender Sprache war allerdings niemand zimperlich. Yoko Ono und John Lennon nahmen sich ebenfalls diese Freiheit und nannten die Um- und Mißstände beim Wort. *Scumbag* war das Ergebnis: rückkopplungsgesteuerte Gitarrenriffs, Yoko Onos schrille, zeternde, jaulende Gesänge, ein temporeicher Rhythmus, Lennons Wiederholungsgesang – alles eine Frage der korrekten musikalischen Position und der Einstellung zur modernen Musik.

Das Paar Yoko Ono und John Lennon zelebrierte noch intensiver gemeinsame Aktionen. Sie befanden sich in einer Phase übereinstimmender Definition ihres Kunstbegriffs. Wie auf parallel verlaufenden Linien wanderten ihre Gedanken, bis sich die Wege kreuzten. Yoko und John wurden durch ihre nun fast ausschließlich politischen Aktionen und den fast krank zu nennenden Öffentlichkeitswahn selbst zum Kunstbegriff. Hier ist vielleicht eine Parallele zu Joseph Beuys und dem von ihm geprägten Begriff »Soziale Plastik« zu erkennen. Mit dieser Bezeichnung umschrieb Beuys seine Theorie eines sozialen Organismus, worin er eine neue Definition des menschlichen Miteinanders sah. Waren Yoko und John also so etwas wie eine lebende Skulptur, die sie selbst in einer kontinuierlich fortschreitenden kreativen Phase geschaffen hatten, und zwar lange bevor Joseph Beuys seine Theorien über den erweiterten Kunstbegriff (plastischer Prozeß) mit den Begriffen »Soziale Plastik« und »Wärmeplastik« verbreitet hatte? Wenn das Wort »Menschlichkeit« im Begriff »Soziale Plastik« enthalten sein sollte, dann waren Lenono ganz bestimmt Protagonisten einer disziplinenübergreifenden Form von Kunst und Leben.

Der Bruch mit der Museumskultur

Auch zu Lennons bekanntestem und berühmtestem Song »Imagine« hatte ihn Yoko Ono inspiriert. Sie hatte ihn davon überzeugt, ein Lied über eine friedvolle, ohne materielle Besitzansprüche und ohne die Geißel einer bevormundenden Religion zu gestaltende Gesellschaft zu schreiben. Das Album kam Anfang Oktober 1971 auf den Markt. Die gleichnamige Langspielplatte entstand ganz in der Tradition von Yokos Konzeptkunst, die sie in ihrem *Grapefruit*-Buch für viele zu einem späteren Zeitpunkt verwirklichte Events und konzeptuelle Arbeiten dort definiert hatte. Das Zitat auf der Rückseite des »Imagine«-Covers hob die zentrale Bedeutung des Wolkenmotivs der Hülle hervor und stammte auch von Yoko Ono: »Imagine the clouds dripping. Dig a hole in your garden to put them in« (»Stell' Dir vor, die Wolken tröpfeln herab. Grabe ein Loch in deinen Garten, um sie hineinfallen zu lassen.«). Indem Lennon dieses Bild bewußt für sich vereinnahmte, zeigte er der Öffentlichkeit deutlich, welchen Anteil Yoko Ono an seiner Arbeit hatte. Nicht nur seine eigene Imaginationskraft beflügelte seine Musik, sondern sie speiste sich ebenso stark aus den künstlerischen Motiven von Yoko Ono.

Yoko Ono hatte Lennon mit der Zeit – vielleicht ohne es bewußt zu wollen – in eine Abhängigkeit gedrängt, die sie zu nutzen wußte. Das war auch eindeutig bei der nächsten größeren Aktion der Fall, die das Paar kurz nach der Ankunft in den Vereinigten Staaten realisierte.

Das Everson Museum in Syracuse, New York, organisierte 1971 eine umfangreiche Einzelausstellung mit Werken von Yoko Ono, die im Oktober eröffnet wurde. Ihr Freund und Fluxus-Weggefährte George Maciunas war bei diesem Unternehmen einer der kreativsten Mitstreiter, der die ganze Sache mit viel Engagement unterstützte.Yoko Onos Zufriedenheit, die die mit beträchtlichen organisatorischen und finanziellen Aufwendungen verbundene Schau prägte, entwickelte sich allerdings bald in eine gegenläufige Richtung.

Yoko geriet mit George Maciunas immer öfter aneinander. Der Grund dafür waren unterschiedliche Meinungen zur Konzeption, Finanzierung und Mitwirkung an der Ausstellung. Die Kosten stiegen ins Unendliche, was nicht nur die Finanzmanager von Lenono öfter zum Veto veranlaßte und sie auf Sparsamkeit drängen ließ. Aber George Maciunas, der sich immer an das vorgegebene finanzielle Raster halten wollte, sah sich ständig mit neuen Forderungen von Yoko Ono konfrontiert, die sehr viel Geld kosteten, was der Etat aber nicht mehr zuließ.

Diese Meinungsverschiedenheiten, kleineren Streitereien, unterschiedlichen Vorgehensweisen strapazierten seine Nerven ganz gewaltig. Yoko Ono wünschte und forderte ständig neue oder veränderte Produktionsdetails. Immer wieder gab es Besprechungen zwischen ihr, John Lennon und George Maciunas. Dazu gehörte auf jeder Seite ein Stab Mitarbeiter, die das ganze Meeting zur großen unbeweglichen Sache machten. Es war schon ein kleines Wunder, daß nach den dauernden Streitigkeiten und Meinungsverschiedenheiten endlich am 9. Oktober die Yoko-Ono-Schau unter dem Titel *This Is Not Here* mit dem Gastkünstler John Lennon doch noch eröffnet werden konnte. Bis zum 27. Oktober standen so ihre ausgestellten Kunstobjekte im Kontext mit der vorausgegangenen Lennon-Ausstellung in London, die bekanntlich unter dem Namen »You Are Here« durchgeführt worden war. »Du bist hier« war damals ganz klar auf Yoko Ono gemünzt gewesen, während »Es ist hier nicht« den damaligen Liebesbeweis von John an Yoko nun an einem anderen Ort variierte.

Übrigens: »*This Is Not Here*« – diesen Satz benutzten Lenono als einen Slogan, den sie auf einem Hinweisschild vorne an ihrem Hause Tittenhurst Park angebracht hatten, um die ständig das Grundstück belagernden Fans von John Lennon darauf hinzuweisen, daß bei ihnen nichts zu sehen und einzufangen sei. Der folgende Ausstellungsbeitrag von John Lennon war typisch für seinen schwarzen englischen Humor: In einem schmalen Fischaquarium befand sich ein pinkfarbener Schwamm, den er »Napoleons Harnblase« nannte. Dieser Seitenhieb gegen das große Feindbild der Engländer zeigte auf eine Art Patriotismus, dem Lennon sonst gar nicht zugeneigt war.

Das Hauptthema, das die Ausstellung im Everson Museum prägte, war das »Wasser«. Freunde und Bekannte von Yoko Ono stellten Gefäße zur Verfügung, die das Publikum mit Flüssigkeiten füllen konnte. Anläßlich eines Statements über die Ziele der Ausstellung forderte Yoko Ono alle interessierten Besucher auf, selbst an einem der Kunstwerke mitzuarbeiten: »Yoko Ono wishes to invite you to participate in a water event (one of the events taking place in the show) by requesting you to produce with her a water sculpture, by submitting a water container or idea of one which would form half of the sculpture. yoko will supply the other half-water. the sculpture will be credited as water sculpture by yoko ono and yourself. the sculpture will be displayed throughout the duration of the show.«[101] Dem Wasserereignis sollte die ganze Aufmerksamkeit gelten; es war der absolute Mittelpunkt der Ausstellung.

Das Wort »Wasser« war für Yoko Ono eine Metapher für die Mutterschaftsfunktion bei der Erschaffung des Menschengeschlechts, im weitesten Sinne auch für die Seele. Es ist das leitende Element, aus dem heraus jedes Leben entsteht. Bei »Water Event« handelte es sich um eine Weiterentwicklung von »Water Piece« aus dem Jahre 1962. Auch während der Ausstellung in der Indica Gallery 1966 benutzte Yoko Ono die Gegenstände Schwamm, Pipette und Plexiglasfläschchen zur Demonstration ihrer Wasserphilosophie: Die Zuschauer sollten damals einen Tropfen Wasser auf den trockenen Schwamm träufeln. Eine weitere Erklärung für die Philosophie ihrer Wasserarbeiten gab sie im Katalog zur *Half-A-Wind*-Ausstellung in London 1967:

»Water talk
you are water
I'm water
we're all water in different containers
that's why it's so easy to meet
someday we'll evaporate together
but even after the water's gone
we'll probably point out to the containers

178

and say, ›That's me there, that one.‹
we're container minders.«[102]

Die kontinuierliche Fortführung des Wasserthemas findet sich auch in Yoko Onos rockmusikalischen Arbeiten. Auf der gemeinsam mit John Lennon eingespielten Doppel-LP *Some Time In New York City* benutzte sie in ihrer Komposition »We're All Water« die Textzeile »We're all water from different rivers«.

Am Gesamtkonzept von »Water Event« beteiligten sich Allan Kaprow, Ornette Coleman, George Brecht, Gordon Matta-Clark, Geoffrey Hendricks, Per Kirkeby, Alison Knowles, Jon Hendricks, Timothy Leary, Jonas Mekas, Nam June Paik, Robert Watts, Shigeko Kubota, Michael Snow, Andy Warhol, Robert Filiou, Richard Hamilton, John Cage und Joseph Cornell. Sie stellten die verschiedensten Behälter wie Wasserkocher, Schlauch, Blumentopf, Kontrabaßkoffer, Geschirr, Trinkgläser oder ein Taschentuch (für die Tränen) zur Verfügung. Robert Watts stellte ein räderloses mit Wasser gefülltes Volkswagenkabriolett mit halbgeöffnetem Faltdach auf. Auch Ringo Starr und George Harrison schickten eigene Objekte: Starr einen wassergefüllten grünen Müllsack, Harrison, etwas weniger einfallsreich, eine Milchflasche.

Dann folgte *AMAZE* – ein anderes wichtiges Ausstellungsprojekt. Dort präsentierte sie eine der großflächigsten Arbeiten, das begehbare Labyrinth *AMAZE*. Entscheidenden Anteil an dieser Arbeit hatte George Maciunas, dem Yoko Ono in diesem Zusammenhang bereits 1965 in den *8 Architectural Pieces Dedicated To A Phantom Architect, George Maciunas* Instruktionen für den Bau von Irrgärten und Labyrinthen gewidmet hatte. Dort heißt es unter anderem: »Transparent House – a house intended so that the people inside cannot see out, and so that the people outside can see in«.[103]

AMAZE besteht aus großen, transparenten Plexiglasscheiben, die durch die schmalen Gänge dazwischen eine verwirrende

Wirkung erzielen. Der Mittelpunkt des Environments offenbart eine Überraschung, die im Gegensatz zum Labyrinth einen sehr profanen, nicht so recht zum Geheimnis des Irrgartens passenden Alltagsgegenstand als Zentrum präsentiert: Hinter Einwegspiegeln steht eine Toilette. Imaginäre Lebensschichten, dargestellt durch die transparenten Wandtafeln, öffnen sich dem Betrachter, der dann plötzlich mit einer sehr realen Konstruktion für menschliche Bedürfnisse konfrontiert wird, die er dort vermutlich nicht erwartete. Wer das Labyrinth betritt, begibt sich auf eine metaphysische Reise, die ihn zurückführt, womöglich in sein eigenes vergangenes Leben. Der Weg dahin verlangt volle Konzentration und tastendes Vorwärtsschreiten; die Plexiglasscheiben verhindern ein schnelles achtloses Herumlaufen. Was der Besucher sieht, wenn er das Zentrum von *AMAZE* erreicht hat, läßt bei ihm eine heitere Stimmung aufkommen. Der zunächst unwirklich erscheinende Weg löst sich auf, alles erscheint in einem anderen, positiveren Licht.

Yoko Ono spielt mit den Ängsten und mit der Neugierde des Zuschauers, indem sie ihn zwar auf ein Ziel einschwört, den Weg dahin jedoch als einen Gang über irreführende Wege konstruiert. Diese Arbeit hatte wieder sehr viele Bezüge zur Zen-buddhistischen Philosophie, mit der Yoko Ono bereits viel früher ihre Kunstaktionen auf eine mystische Ebene transportierte. Und gerade *AMAZE* ist ein sehr fluxusbetontes, aus dadaistischer Tradition entwickeltes Objekt. Die Toilette als Mittelpunkt der Arbeit weist nicht nur zufällig eine Analogie zu Marcel Duchamps epochalem Ready-made »Fontaine« aus dem Jahre 1917 auf, das er unter dem Pseudonym »R. Mutt« ausstellte.

»Hiermit hat er bewiesen, daß alles mögliche ›Kunst‹ sein kann, was das gleiche ist, wie zu beweisen, daß Kunst alles mögliche ist ... erst als das Ready-made unter dem richtigen Namen seines Schöpfers im Museum aufgenommen wurde, erhielt die Verfremdung ihre volle Bedeutung. Der fertige Gegenstand, der sein eigentliches Wesen verliert, gehört künftig dem Ort und der Zeit.«[104] Diese Erklärung für »Fontaine« paßt ebenso zutreffend auf Yoko Onos Werk *AMAZE,* das einen Gegenstand in einer irrelevanten Umgebung zeigt, aus der heraus eine andere, mehrdimensionale Bedeutung möglich ist. Der Mensch reduziert sich auf seine Bedürfnisse und schöpft daraus die Kraft, die zur Bewältigung schwieriger und unangenehmer Aufgaben nötig ist.

Zur *This Is Not Here*-Konzeption gehörte auch hier für das Publikum die Möglichkeit, Zeichnungen oder Malereien den ausgestellten Gegenständen hinzuzufügen. Als Anregung stellte Yoko Ono mehrere Bilder aus den Jahren 1960 und 1966 aus, die unter dem Titel *Add Color Painting* reale Dinge wie eine Schallplattenhülle oder Assemblagen (eine stilisierte aufgehende Sonne aus Stoff) in einer Bearbeitung zeigten.

Die Anti-Malerei der japanischen Künstlerin, Anfang der sechziger Jahre entstanden, paßte hervorragend in das Ausstellungskonzept. So fand denn auch *Painting To Let the Evening Light Go Through* (1961) einen Platz im Everson Museum. Zu dieser Arbeit gab Yoko Ono folgende Anweisung: »Hang a bottle behind a canvas. Place the canvas where the west light comes in. The painting will exist when the bottle creates a shadow on the canvas, or it does not have to exist. The bottle may contain liquor, water, grashoppers, ants or singing insects, or it does not have to contain.«[105] Das ursprünglich vorgesehene Material, nämlich die Flasche und das Segeltuch, wurden im Everson Museum durch eine Plexiglasscheibe ersetzt, die mit dem eingravierten Titel sowie der Bezeichnung »Yoko Ono 1961« versehen war. In dieser Arbeit spielt sie mit dem Licht und mit dem Schatten, diesen unzertrennlichen, immaterialisierten Naturzuständen, die zwar von den Augen wahrgenommen, aber nicht konserviert werden können. Licht und Schatten sind für Yoko Ono flüchtige Kunstobjekte, deren Erlebniswert sich von Augenblick zu Augenblick verändert. Das Kunstwerk präsen-

181

tiert sich an jedem Tag in einem anderen Zustand, nur das benötigte Hilfsmaterial bleibt gleich.

Yoko Ono war bei dieser Ausstellung ganz sie selbst, frei von allen Selbstzweifeln. Sie fühlte sich auf dem Höhepunkt ihrer Karriere und nahm die Einladung zu diesem Event als eine hohe Wertschätzung ihrer auf den ersten Blick nicht sehr leicht zugänglichen Kunst an. Ihre etwas schroffe und unnahbare Art gegenüber den Ausstellungsbesuchern und den Journalisten verhinderte jedoch eine unbefangene Auseinandersetzung mit ihrer Kunst. Es wurde offenkundig, daß sie trotz ihres großen Bekanntheitsgrades nicht besonders beliebt war. Yoko Onos Verhaltensweise stand sogar im extremen Widerspruch zu der an sich lobenswerten Absicht, die Museumsbesucher in ihrer Welt der Kunst zu integrieren und dadurch vielleicht Menschen in die Ausstellung zu holen, die sonst einen großen Bogen um moderne Kunstwerke machen: »...sie glaubte an sich als Künstlerin – trotz ihrer Verbindung mit dem Popstar; ihr Selbstbewußtsein war dadurch, wie es sonst nur allzuoft der Fall ist in Künstlerehen, nicht ausgehöhlt worden. Allerdings ›bezahlte‹ sie für diese Ungebrochenheit mit Unbeliebtheit bei vielen und Anerkennung bei wenigen.«[106]

Gleichzeitig kam das Gerücht auf, die damals schon nicht mehr existente Rockgruppe Beatles plane wieder einen gemeinsamen Konzertauftritt, der angeblich um Mitternacht in der Galerie stattfinden sollte. Und das entsprach natürlich nicht den Tatsachen. Aber die Vermutung reichte. Die Lennon-Fans veranstalteten einen regelrechten Tumult, es kam sogar zur Zerstörung von Ausstellungsstücken. Die Verantwortlichen der Museumsschau hatten völlig unterschätzt, was der Name John Lennon und der der Beatles für Emotionen auslösen konnte. Plötzlich wimmelte es von Tausenden von jungen Leuten, die im Regen vor dem Museumsgebäude auf die Ausstellungseröffnung warteten. Diese Menschen waren nur gekommen, um einen Blick auf John Lennon werfen zu können, Yoko Onos Kunst war ihnen völlig gleichgültig. Die Künstlerin sprach später vollkommen erbost von der reinsten »Zirkusvorstellung«.

An dem Gerücht, daß die Beatles auftreten würden, war – wie bei allen vorherigen Spekulationen – nichts Wahres dran. Die Öffentlichkeit reagierte heftig, als das klar wurde. Die aus der Fassung geratenen, Yoko Ono wenig zugeneigten Lennon-Fans gerieten mit der Künstlerin aneinander. Sie strafte sie mit Hochmut. Howard Smith, ein von Lenono geschätzter Redakteur der Zeitschrift *Village Voice,* der von Yoko Ono nach den Gründen für die ablehnende Haltung ihrerseits befragt wurde, brachte es auf den Punkt: Ihr vorgeblich überlegenes Wissen zu Kunst und Musik anderen Menschen gegenüber wirke verletzend und beleidigend, meinte er. Viele Menschen sähen sich einem Würgegriff ausgesetzt, sobald sie mit ihr über diese Themen redeten. Aus diesem Würgegriff kämen sie nur heraus, indem sie die Bedeutung und die Einmaligkeit der japanischen Künstlerin anerkennen würden. Das geschähe aber niemals freiwillig, sondern Yoko Ono würde die Menschen durch ihre überhebliche Art zwangsweise dahin führen.

Yoko Ono erzürnten diese offenen Worte sehr; sie fühlte sich mißverstanden und verletzt. Nach dieser Misere nahm sie sich die Freiheit und entschied, in Zukunft keine Kunstausstellungen mehr durchzuführen. Ärger und Schock waren zu groß, als daß sie diesen Entschluß vorerst hätte revidieren können. Wieder einmal stand das Paar öffentlich unter Beschuß. Zunächst jedoch täuschten die darauffolgenden politischen Aktionen über Risse, die inzwischen auch im Verhältnis der beiden entstanden waren, hinweg. Nach außen waren sie noch immer die Einheit, doch das Aufeinanderprallen der verschiedenen Welten stellte ihre Beziehung einmal mehr auf eine harte Probe.

Außerdem kam es im Zuge der Ausstellung zu Differenzen zwischen Yoko Ono und George Maciunas. Sie waren im Grunde überflüssig gewesen, weil es nur um Kleinigkeiten ging, veranlaßten Maciunas jedoch zu wütenden Reaktionen. Er merkte, daß sich Yoko Ono seit ihrer Rückkehr aus England verändert hatte, obwohl sie doch gerne in ihre alte Heimat zurückgekehrt war. Sie hatte an Härte und Durchsetzungsvermögen gewonnen und war eine energische Busineßfrau geworden. Sie war nun nicht mehr die zerbrechliche, scheue Japanerin, die im weitläufigen Amerika fast demütig um Anerkennung bettelte. Nun bestimmte sie die Richtlinien der Ausstellungspolitik, legte die konsequent einzuhaltenden Termine fest und kümmerte sich auch um die finanziellen Bedingungen. Sie gängelte ihn derart, daß er die Fassung verlor. Einmal, so wird erzählt, verließ George Maciunas »mit großen Schritten das Museum und rannte auf dem Mittelstreifen des ›interstate highway‹ davon, damit drohend, den ganzen Weg nach New York City zurückzulaufen (acht Stunden mit dem Wagen). Als uns klar wurde, daß es George mit dem Weglaufen ernst war, mußten wir ihn kurzerhand zurückholen und jagten in einem Streifenwagen los, um ihn inständig zur Umkehr zu überreden.«[107] Schließlich gelang es mit Hilfe von David Ross, der zum Organisationsstab gehörte, den völlig aufgebrachten George Maciunas zu besänftigen und dazu zu bewegen, seine Arbeit im Museum fortzusetzen.

Zur Ausstellung gab das Museum eine Art Katalog heraus, den George Maciunas entwickelt hatte. Dieser Katalog bestand aus ausgehöhlten Holzteilen, die auf ein Kunstlederband geklebt wurden. Sobald dieses Band aufgerollt wurde, entstand daraus ein Kasten, der, wie Ina Conzen in einem anderen Katalog schrieb, mit folgenden Gegenständen bestückt worden war: »Acht leere weiße Plastikschächtelchen, gläserner Schlüssel, zwei Tuschezeichnungen, Schuhabdrücke (Painting stepped on by Ono and John), Ausstellungsplan und Statements von Yoko Ono (auch als Plakat genutzt), vier Event/Statement-Karten von John Lennon und Yoko Ono, eine ›Märchenerzählung‹ ihrer Liebesbeziehung und das Buch ›Grapefruit‹ (Simon and Schuster, New York 1969).«[108] Je zwei Texte auf den kleinen

Karten stammten von Yoko Ono und John Lennon. Die Anweisungen darauf standen wieder ganz in der Tradition der Fluxus-Events aus den sechziger Jahren. Sie zeigten dem Museumsbesucher den Weg, wie er sich aktiv an der Ausstellung beteiligen könnte. Dieser außergewöhnliche Katalog dokumentierte in Ausschnitten das künstlerische Leben Yoko Onos sowie ihre private Beziehung zu John Lennon.

Auch über die richtige Würdigung seiner urheberschaftlichen Anteile an der Ausstellungskonzeption gab es nachträglich Streit zwischen ihr und George Maciunas. Denn er engagierte sich über das normale Maß hinaus für das Zustandekommen dieses Ereignisses, wurde aber oft von Yoko Ono, besonders beim Auffüllen der entstandenen Finanzierungslücken, im Stich gelassen.

Das von John Lennon und Peter Bendry gestaltete Ausstellungsplakat bestand aus Zeitungsartikeln über Yoko Onos Kunstwerke sowie aus Zeichnungen, Collagen und Texten und war der Titelseite der *New York Times* nachempfunden. Wie sehr Lenono mittlerweile eine Gesamtkonzeption aller künstlerischen Ebenen anstrebten und – teilweise bereits realisiert hatten –, zeigte sich besonders an diesem Plakat. Ein Vergleich mit der Langspielplatte *Some Time In New York City* drängt sich auf: Dieses Schallplattencover besaß ebenso große Ähnlichkeit mit der Titelseite der *Times* wie das Plakat zur *This Is Not Here*-Ausstellung.

Seitdem John Lennon wegen seiner linksgerichteten Aktivitäten und öffentlichen Einmischungen in die Politik durch das FBI (Federal Bureau of Investigation) observiert und sein Telefon abgehört wurde, war es Lennon verwehrt, die Vereinigten Staaten zu verlassen. Hätten John und Yoko es dennoch getan, hätte die Gefahr bestanden, daß Lennon die erneute Einreise verweigert worden wäre. Die Regierung betrieb nämlich letztlich seine Ausweisung. Diese Kampagne gegen ihn dauerte bis 1975, als ihm dann endlich die begehrte Green Card, die unbeschränkte Aufenthalts- und Arbeitserlaubnis für Ausländer in den USA, erteilt wurde. Bis dahin vergingen viele Monate schikanöser Behandlung, was im Verhältnis zwischen den Eheleuten Lennon auch nicht ohne Spuren blieb. Yoko Ono und John Lennon zeigten den Behörden allerdings die Zähne, machten weiter mit ihren politischen Aktionen, was ihre Lage nicht gerade verbesserte.

Yoko Ono zeigte sich gerade in dieser Zeit als stärkere Persönlichkeit, die sich auch durch die dauernden Unannehmlichkeiten nicht aus der Ruhe und nicht von ihrer Schaffenskraft abbringen ließ. Bei Lennon schlich sich langsam kreative Desorientierung ein, die auch seine Souveränität im Umgang mit Rock 'n' Roll beeinflußte.

Radikalität und Feminismus

»Besonders für die feministischen Performances und Filme in den siebziger Jahren kann die in den USA lebende Yoko Ono als Protagonistin gelten. Erst in den letzten Jahren wurde die Bedeutung ihrer Arbeiten für die Entwicklung der bildenden Kunst anerkannt. Besonders die Einzelausstellung des Whitney Museums in New York 1989 ist in diesem Zusammenhang zu würdigen. Zu lange hatte die Medienresonanz auf ihre Ehe mit John Lennon den Blick auf ihr künstlerisches Werk verstellt. Und zu oft hatte man sie als jene Person beschuldigt, die durch ihren ›verderblichen‹ Einfluß auf den ehemaligen Kunststudenten und versierten Zeichner John Lennon die Beatles auseinandergebracht habe.«[109] Anerkennende Worte, die Yoko Onos Leistung ins rechte Licht rücken, ihre geleisteten Pionierarbeiten endlich würdigen.

Aus der Kenntnis heraus, in welchem gesellschaftlichen Umfeld Yoko Ono aufwuchs, wie sie als Jugendliche ihre Umwelt wahrnahm und wie sie sich als Frau in der fast ausschließlich von

Männern beherrschten Domäne Fluxus behauptete, ist es nicht besonders überraschend, daß sie sich in einer radikaler und extremistischer werdenden Gesellschaft der Sache der Frauenbefreiung verschrieb. Ihre Emanzipation begann aber ganz im Privaten. John Lennon war ein Mann, der ganz traditionell erzogen war und bis dahin Frauen zu Hause eher in der Rolle der Mutter und Hausfrau wahrgenommen hatte. Seine vielfach belegte chauvinistische Denkweise mußte somit irgendwann auf gewaltigen Widerstand bei der aufgeklärten Japanerin stoßen. Sie wollte sich Respekt verschaffen. Bei Lennon und in der Welt. Und sie schaffte es auch, sich ihren Platz zu erobern. Doch sie war immer im Zwiespalt, war sanft und stark zugleich. Ray Coleman schreibt in seiner Lennon-Biographie: »Ein starker Hang zu Konformität, Konvention, Tradition und Romantik verband die beiden miteinander, während die Welt den genau entgegengesetzten Eindruck von ihnen bekam. Sie bekundeten ihre Zuneigung zueinander wesentlich offener als die meisten ›normalen‹ Ehemänner und Ehefrauen; jede Facette ihres Zusammenlebens wurde öffentlich ausgespielt. Jegliche Spekulation, Yoko sei eine aggressive Verfechterin der Frauenbefreiung, die einem chauvinistischen Beatle ihre Auffassung eingetrichtert habe, war nicht mehr haltbar.«[110]

Doch Zorn spürte sie schon, wenn sie über das Verhältnis der Geschlechter nachdachte. Der sehr feministisch gefärbte Song *Woman Is The Nigger Of The World* entstand. Obwohl Harmonie und Melodie des Songs sehr moderat sind und ohne große Umwege schmeichlerisch ins Ohr kommen, bestehen Text und Botschaft aus äußerst explosivem Material: »Woman is the nigger of the world ... yes she is / If you don't believe me, take a look at the one you're with / Woman is the slave to the slaves / Yeh (think about it)«.

Yoko Ono fühlte sich besonders am Anfang ihrer Beziehung zu John Lennon in den Beatles-Kreisen wie ein nur geduldetes Wesen. In dieser Männerwirtschaft waren die Frauen hübsches

Beiwerk, sonst spielten sie im Musikgeschäft nur selten eine herausragende Rolle. Yoko Ono hatten einen anderen Anspruch. Sie verstand sich als eigenständige Künstlerin, agierte selbständig und behauptete sich in der Öffentlichkeit. Bei den Beatles-Frauen sah Yoko Ono direkte Parallelen zu den traditionell lebenden japanischen Frauen, die ebenfalls in einer hierarchisch strukturierten Männergemeinschaft lebten und kaum selbst Initiativen ergreifen durften.

In einem Interview mit der englischen Zeitschrift *Nova* sagte Yoko Ono »an einer Stelle ›woman is the nigger of the world‹, und das wurde dann auf dem Titelblatt von ›Nova‹ zitiert oder so ähnlich jedenfalls.«[111] Und aus dieser Bemerkung entstand dann der gleichnamige Song. Darin offenbart Yoko Ono auch ihre kritische Einstellung zur gerade entstehenden Emanzipationsbewegung. Aber sie bezieht deutlich Stellung.

In der Entstehungsphase dieses Liedes hatte Yoko Ono ihrem Ehemann das Buch »The First Sex« von Elisabeth Gould Davis zu lesen gegeben. In diesem schildert die Autorin die Frauenrolle in der Gesellschaft, die jahrhundertelang nur eine zweitklassige war. Dieses Buch war für sie ganz zentral, denn es machte deutlich, was sie empfand.

Nach seiner Veröffentlichung verselbständigte sich der Song zu einer Art Hymne der Frauenbewegung. Yoko Ono wurde zu einer ihrer Galionsfiguren, obwohl sie nicht auf ungeteilte Zustimmung stieß. Sie stand mit diesem Lied plötzlich in vorderster Linie der ihr Recht einklagenden kampfbereiten Frauen: *Woman Is The Nigger Of The World* wurde zu dem Emanzipationssong der siebziger Jahren. Das Lied beinhaltete alles, was die Frauen schon lange spürten und nie zu sagen wagten. Hart und punktgenau benennt der Song die Situation der Frauen. Allein das in Amerika äußerst provozierend wirkende Wort »Nigger« sicherte Yoko Ono Aufmerksamkeit und Entrüstung. Denn mit diesem diffamierenden Begriff wurde gesagt, was alle betraf – egal, ob weiß, schwarz, gelb oder rot.

Seit der Veröffentlichung der Schallplatten *Approximately Infinite Universe* und *Fly* verfolgt Yoko ihre vom Feminismus geprägte Lebensphilosophie ganz konsequent – fast rücksichtslos. Und immer wieder kommen dieselben Motive zur Sprache. Die bitteren Pillen des Lebens wie Kindheitsängste, Selbstmordgedanken und Einsamkeitsgefühle quälen sie noch immer. Yoko vertrat einen Feminismus, der dem ihrer Zeit weit voraus war, was zum damaligen Zeitpunkt jedoch noch niemand erkannte. Sie stand für eine unverkrampfte Emanzipation. Obwohl sie von der härteren Frauenbewegungsfraktion um Andrea Dworkin und Kate Millett nie akzeptiert wurde, kämpfte Yoko Ono für die Rechte ihrer Geschlechtsgenossinnen mit ihren Mitteln und erreichte gerade über den musikalischen Weg eine große Anzahl weiblicher Betroffener. Sie erinnert sich viele Jahre später in einem Interview an die diskriminierenden Situationen, denen sie sich von seiten der Feministinnen ausgesetzt fühlte: »Richtig, die Feministinnen hatten auch nichts für mich übrig. Für die war ich bloß die Frau eines reichen Mannes. Das war ganz am Anfang, als die Feministinnen noch vehement über Ehefrauen und Prostituierte herfielen.«[112] Was den Wunsch nach konsequentem Rollentausch angeht, so können Yoko Ono und John Lennon als Vorbilder gelten. Sie demonstrierten ein paar Jahre später, wie das aussieht: Sie besorgte die Geschäfte, und er buk zu Hause Brot.

Yoko Ono war im Grunde schon einen Schritt weitergegangen als die noch in der Pubertät des Feminismus steckenden Frauen. Das »Manifest der Gesellschaft zur Vernichtung der Männer«, das Valerie Solanas als einziges Mitglied dieser obskuren Vereinigung verfaßt hatte und das ungeschminkt zur physischen Entfernung des männlichen Teils der Gesellschaft aufrief, hätte sie niemals unterschrieben. Solanas wurde unrühmlich durch das Attentat auf Andy Warhol am 3. Juni 1968 bekannt, als sie den Künstler mit zwei Pistolenschüssen niederstreckte. Der zufällig anwesende Mario Amaya wurde ebenfalls verletzt.

Ihren Haß auf den Künstler und Filmemacher Warhol begründete Solanas damit, daß er in seinen Zelluloidwerken die Frau zum Objekt der Begierde degradiere. Für Yoko Ono kam die vehemente Forderung von »SCUM« (»Society For Cutting Up Men«) nie in Frage. Sie selbst sah sich zwar auch als engagierte Feministin, die radikale Umkehr der Männer- in eine Frauenherrschaft wollte sie jedoch nicht erreichen. Ihr Ziel war es vielmehr, einen Ausgleich zwischen Mann und Frau herzustellen und eine Gleichberechtigung der Geschlechter zu erreichen, die weder den einen Teil bevorzugte noch den anderen benachteiligte.

In einem längeren Essay, der im Februar 1972 in der *New York Times* erschien und der dem Doppelalbum *Approximately Infinite Universe* beigelegt wurde, formulierte Yoko Ono einige wichtige Thesen zur Feminisierung der Gesellschaft: »Das Ziel der feministischen Bewegung sollte nicht allein damit enden, daß die Frauen bessere Jobs in der Gesellschaft bekommen, obwohl wir daran definitiv arbeiten sollten. Wir müssen weitermachen, bis alles vom Rassismus gegen Frauen befreit ist.«[113]

Für Yoko Ono war Emanzipation mehr, als einen ebenso guten Job zu bekommen. Sie sprach sich unter anderem dagegen aus, die ureigenen Probleme der Frauen und die Differenzen im Umgang der Geschlechter miteinander auf die weibliche Homosexualität zu reduzieren. Darin sah sie nur eine andere Form der Unterdrückung der Frauen. Und sie forderte eine Teilnahme der Männer an der Kindererziehung, was nur durch einen Wandel im Denken der Männer erreicht werden könnte. Im typisch weiblichen oder männlichen Rollenverhalten in seiner Reinform sah sie das ganze Dilemma der fehlgeschlagenen gesellschaftspolitischen Entwicklungen. Die Erziehung schien ihr Grundlage für eine bessere Welt zu sein. Der versöhnliche, mutige Blick in eine gleichberechtigte Zukunft für Männer und Frauen endete für Yoko in der Hoffnung, eine Gesellschaft des Gleichgewichts, des Friedens und der Genügsamkeit aufbauen zu können.

Daß sich ihr prominenter Ehemann gegenüber der Emanzipation offen zeigte, machte ihr Arbeiten und Leben einfacher. Lennon wollte sich nämlich auch befreien – vom Diktat der Beatles. Er wollte weg von Gruppenzwängen und Fremdbestimmung. Yoko und John konnten so aufeinander zugehen, was die Mitstreiterinnen der Frauenbewegung ihr schon wieder übelnahmen. Der Feminismus der siebziger Jahre hatte zwar die Geburtswehen gerade überwunden, steckte jedoch noch in den Kinderschuhen, und in dieser Zeit hatte er seine radikalste Ausprägung. Eine schallende Ohrfeige – im übertragenen Sinne – erhielt Yoko Ono darum dann auch von einer kämpferischen, sehr streitbaren Angehörigen des eigenen Geschlechts: von Julie Burchill. Sie war die geborene Enthüllungsjournalistin und arbeitete als Kolumnistin für englische Presseorgane wie *Time Out, Observer* und *The Face*.

Die Häme, Ironie und Verachtung, mit der sie die »resolute Geisha« beleidigte, waren beispiellos. Frau Burchill nahm niemals ein Blatt vor den Mund, es war ihre Spezialität, überschätzte Stars und Sternchen des Showbiz zu entlarven. »Yoko Ono. Sie war häßlicher als Ringo und sang wie ein Hamster unter der Folter. Und zu dem Gewäsch, Ono-Haß sei ›rassistisch‹ – als Buddy Holly seine Mexikanerin oder Robert De Niro seine Schwarze heiratete, wurden da diese Frauen internationale Haßobjekte? Keineswegs; tatsächlich wurde Ono wegen ihres ungewöhnlich hohen Schwachsinnsquotienten gehaßt, auf den besonders die Briten höchst empfindlich und höchst allergisch reagieren.«[114] Diese gemeinen Sätze der Kolumnistin machen deutlich, wie sehr Yoko Ono die wahren Probleme innerhalb des Emanzipationsspektrums erkannt hatte. Denn Julie Burchill leistete mit ihrem Kommentar keinen Beitrag zur Weiterentwicklung der Befreiung der Frau – sie schürte lediglich Haß und grenzte damit eine engagierte Frau wie Yoko Ono aus. Dabei war es die Japanerin, die nachhaltig wichtige und wirksame Aktionen zur Realisierung der Emanzipation durchführte.

Besonders während der zweiten Politisierungsphase innerhalb der Rockmusik – die erste artikulierte sich in der musikalischen Opposition gegen den Vietnamkrieg, getragen von Bob Dylan, Joan Baez, Donovan und anderen – setzte Yoko Ono ihre feministischen Gedanken immer stärker in ihrer Kunst um. *Cut Piece* kann als ein Beispiel dafür gelten. Yoko Ono nannte mit zuvor nie gekannter Offenheit die Dinge beim Namen. Das schon erwähnte Agitprop-Lied *Woman Is The Nigger Of The World* bildet einen Höhepunkt, was diesen Themenkomplex angeht.

Viele Äußerungen belegen ihre frühe Einschätzung, daß eine emanzipatorische Revolution nur gelingen könne, wenn beide Geschlechter diesen Streit Seite an Seite führen. Und diese Position kann man letztlich nur richtig bewerten, wenn man ihr Verhältnis zu John Lennon berücksichtigt. Es gab in dieser Beziehung, soweit es sich um öffentliche Aktionen handelte, niemals Zwei-Personen-Stücke, sondern immer nur beide als Einheit zusammen. Eine Meinung vertretend, in einer Sprache agierend. Nur so wird verständlich, daß sie zuallererst den Namen John Lennon als Antwort auf die Frage nannte, was sie unter Feminismus verstehe. Auf die ungläubige Reaktion des Interviewers Andy Peebles von BBC Radio One präzisierte sie: »Jede Person, die sich über den Kampf bewußt ist, den Frauen führen, und darüber, was sie in der Männergesellschaft durchmachen müssen. Ich bewundere alle Frauen, denn im Grunde sind sie alle Feministinnen. Gleichzeitig gibt es zum Beispiel in Amerika immer mehr feministische Männer, die beginnen, sich der Frauenbewegung bewußt zu werden, und das finde ich wirklich sehr gut. Es ist für Männer sicherlich schwerer, Feministen zu werden, aber sie sehen die Frauenbewegung als Teil der Gesellschaftsstruktur und sozialer Bewegungen.«[115] Hier wird nochmals klar, daß sie glaubt, daß nur gemeinsame Unternehmungen beider Geschlechter den Erfolg bringen können, den die Frauenbewegung sich erhofft.

In ihrem Heimatland veröffentliche Yoko Ono im April 1973 (kurz nach dem feministischen englischsprachigen Song *Sisters O Sisters* von Ende 1972) dann die Single *Joseijoi Banzai* in japanischer Sprache. Hier forderte sie zornig und resolut die Macht für die Frauen, die nach zweitausend Jahren Männerherrschaft endlich herzustellen sei. Das Stück wurde mit der Gruppe Elephant's Memory eingespielt. John Lennon war daran nicht beteiligt.

Lost Weekend

Bis zum Frühjahr des Jahres 1973 verbrachten Lenono fünf Jahre lang fast jeden Tag miteinander. Sie durchschritten gemeinsam die Höhen und Tiefen ihres Lebens. Während dieser Zeit waren sie kaum einmal voneinander getrennt gewesen. Doch nun sollte alles anders werden. John Lennon erhielt die Aufforderung, die USA wegen des vor einigen Jahren in England begangenen Rauschgiftvergehens unverzüglich zu verlassen. Er legte Berufung gegen diese Entscheidung ein und ließ auch nicht davon ab, sich politisch in seinem Gastland zu engagieren und zu äußern.

Yoko Ono mußte mit ansehen, wie ihr Ehemann systematisch aus dem Lande getrieben werden sollte. Aber sie stand wie immer unbeugsam an seiner Seite. Das FBI arbeitete mit schmutzigen Tricks, um Lennon zu diskreditieren. Sie suchten immer neue Gründe für seine Ausweisung. Telefonabhöraktionen, offenes Beschatten und in die Presse lancierte Falschmeldungen waren an der Tagesordnung und sägten an dem Ast, auf dem John Lennon seine Zukunft verbringen wollte. Besonders Lennons kompromißlose Parteinahme für die radikalen Gründer der Youth International Party (Yippies), Jerry Rubin und Abbie Hoffman, brachte die amerikanische Regierung gegen ihn auf. Man fürchtete dessen Einfluß auf die jungen Wähler

sehr. Die Einwanderungsbehörden INS (Immigration and Natu-
ralization Services) versuchten mit allen juristischen Möglichkeiten, das ehemalige Beatles-Mitglied loszuwerden.

Yoko Onos Auseinandersetzungen mit Anthony Cox um das
Sorgerecht für die gemeinsame Tochter Kyoko wurden ebenfalls
in den Streit mit der Einwanderungsbehörde hineingezogen. In
der Akte, die das FBI über John Lennon anlegte und in dem es
jeden relevanten Schnipsel sammelte, ist immer wieder vom
Sorgerechtsfall Kyoko Cox die Rede. Yoko Ono, unter der »Alien
Registration Number« A-19489154 als Ausländerin erfaßt,
besaß – so wie Lennon – eine Aufenthaltserlaubnis bis zum
29. Februar 1972. Bei ihr bestand zwar nicht die Gefahr, ausge-
wiesen zu werden, trotzdem richtete sich die FBI-Beobachtung
zwangsläufig auch auf ihre Person. Eine Tatsache, die zum Teil
ihre politische Radikalität Anfang der siebziger Jahre erklärt.

Dazu haben aber viele andere Ereignisse auch beigetragen, die
sie zum Beispiel auf der Doppellangspielplatte *Sometime In
New York City* thematisierte. Diese Platte hatte sie mit John
Lennon und Elephants Memory eingespielt. Sie war eine
Anklage gegen Ungerechtigkeit und Intoleranz in der Welt.
Darin beschäftigte sie sich auch mit Einzelschicksalen wie dem
von Angela Davis und John Sinclair, der wegen des Besitzes
von Marihuana gerade zu einer langen (neuneinhalb bis zehn
Jahre) Gefängnisstrafe verurteilt worden war. Sinclair war
Manager der Chicago-Rockband MC 5 und Informationsmini-
ster der White Panther Party, einer radikalen Vereinigung, die
die weiße Kulturrevolution von der Straße aus beginnen wollte.
Bei ihnen war hauptsächlich von freier Liebe, Drogenkonsum
und dem Rock 'n' Roll als der populären gewaltfreien Waffe die
Rede. Das war es, was sie predigten.

Es lag auf der Hand, daß Sinclairs harte Bestrafung somit ein
Politikum war. Gegen diese Art des Vorgehens sprachen sich
mehrere Prominente wie Jerry Rubin und Abbie Hoffman, Ed
Sanders und Allan Ginsberg, Phil Ochs und Stevie Wonder und

eben auch Yoko Ono und John Lennon aus. Sinclair, der auch als Kritiker für das Jazzmagazin *Down Beat* gearbeitet hatte, wurde tatsächlich drei Tage nach einem Solidaritätskonzert in Ann Arbor, an dem auch Yoko Ono und John Lennon beteiligt waren, nach siebenundzwanzig Monaten aus der Haft entlassen. Der Oberste Gerichtshof des Staates Michigan entschied aufgrund eines Einspruchs von Sinclair selbst zu dessen Gunsten, weil in dem Bundesstaat gerade ein neues Drogengesetz vor der Verabschiedung stand.

Der bereits mehrfach zitierte Song *Woman Is The Nigger Of The World* war ebenfalls für diese Doppel-LP wieder aufgenommen worden. Er gehört zu den Schlüsselwerken in Yoko Onos musikalischen Werke, ähnlich wie es die Aktion *Cut Piece* oder der *Film No. 4 (Bottoms)* für die Kunst waren. Die überwiegende Anzahl der Songs auf *Some Time In New York City* waren Agitationsstücke, für den einen Tag geschrieben, ohne Ewigkeitsansprüche, lediglich dem aktuellen politischen Thema verpflichtet.

Der Eindruck der Unabhängigkeit von Yoko Ono und John Lennon, was politische Fragen anging, ist zumindest in einer Hinsicht richtig: Sie waren keiner politischen Partei und keiner gesellschaftlichen Bewegung zuzuordnen. Das Ehepaar fühlte sich nur dem Frieden und der (persönlichen) Freiheit verpflichtet. Und damit überzeugten sie. Und solchen hehren Zielen konnte eigentlich kein Politiker widersprechen. Er wäre garantiert in eine Ecke gestellt worden, in die er nun gar nicht hineingedrängt werden wollte. Aufgrund dessen ergriffen so einige politisch sehr einflußreiche Menschen wie etwa Pierre Trudeau, der kanadische Ministerpräsident, Partei für den Frieden und für die Sache von John und Yoko.

Doch John Lennons Rückzug aus der Politik nahm Anfang des Jahres 1973 immer konkretere Formen an. Dieses Bestreben mag auch mit den ständigen Schikanierungen und Überwachungen durch amerikanische Behörden zusammenhängen, die ihn mit allen zur Verfügung stehenden Mitteln aus dem Lande jagen wollten, aber es hatte auch rein private Gründe. Yoko Ono demonstrierte zur selben Zeit mit der Veröffentlichung der beiden Alben *Approximately Infinite Universe* und *Feeling The Space* zum ersten Mal ihre musikalische Unabhängigkeit von Ehemann John Lennon. Er hatte mit diesen Werken nicht mehr viel zu tun, seine Handschrift und seine Ideen waren kaum noch gefragt. Es wurde nun auch für die Öffentlichkeit deutlich, daß Yoko Ono und John Lennon in kleinen Schritten mehr und mehr getrennte Wege gingen.

Bei Lenono hing im Oktober 1973 der Haussegen schief. Die Harmonie schien zu Ende zu sein. Eine willensstarke und selbstbewußte Yoko Ono regierte in dieser Zeit alleine. Privates und Geschäftliches waren ihre Sache. Sie war die Hausherrin im Dakota House. Dort hatten die Lennons zwei Etagen gemietet und bewohnten neun Zimmer. Auch andere prominente Leute wie Leonard Bernstein und Laureen Bacall lebten dort. Das Gebäude war bereits 1967 bekannt geworden, als der polnische Regisseur Roman Polanski dort den Film »Rosemary's Baby« mit Mia Farrow in der Hauptrolle gedreht hatte.

Übrigens: Seinen Namen hatte das Gebäude, das der Architekt Henry J. Hardenbergh Ende des 19. Jahrhunderts im Auftrag des Erben des Singer-Nähmaschinen-Imperiums, Edward S. Clark, errichtete hatte, von New Yorkern erhalten, die gegenüber Apartments allgemein so ihre Vorurteile pflegten. Der Stadtbezirk Upper West Side galt damals als rückständige Ansammlung von Armenbehausungen und undurchdringlichen Steinwüsten. »Da hätte er ja gleich in Dakota, im Westen der USA, bauen können! (Dakota wurde damals noch von den Indianern gehalten und galt so ziemlich als Ende der Welt).«[116] So und ähnlich äußerten sich die New Yorker Bürger. Das an der Ecke 72. Street, Central Park West stehende, schloßähnliche Gebäude sollte sich jedoch bald zur ersten Adresse im Nordwesten New Yorks entwickeln.

Zuerst schleichend und in kleinen Schritten, dann immer vehementer und offensichtlicher wurde die Kluft zwischen Yoko Ono und John Lennon deutlich. Yoko Ono konzentrierte sich ganz stark auf ihre eigene Arbeit, eine Tatsache, die angesichts der konsequenten Gemeinschaftsaktionen des Paares in der Vergangenheit als sensationell zu bezeichnen ist. Ihre ganze künstlerische Kraft setzte Yoko jetzt für die Produktion von Schallplatten unter ihrem eigenen Namen ein.

Yoko Ono verfolgte konsequent und mit Engagement ihre Karriere und wurde in ihrer Ehe zur dominierenden Person. John Lennon dagegen befand sich auf einem persönlichen und künstlerischen Tiefpunkt. Die Auseinandersetzungen mit der Einwanderungsbehörde und anderen offiziellen Stellen der Vereinigten Staaten wie dem FBI und dem Justizministerium zermürbten ihn zusehends. Und es kriselte erheblich in der Ono-Lennon-Ehe. Als der von John Lennon bekämpfte amerikanische Präsident Richard Nixon im Jahre 1972 wiedergewählt wurde, brach für den Musiker die Zukunft zusammen. Aus Wut und Enttäuschung darüber verwandelte sich Lennon in einen übellaunigen, zutiefst destruktiv ausgerichteten Menschen, der die ihm nahestehenden Leute damit vor den Kopf stieß. Er vergrub seine Hoffnungen in Resignation, deren Auswirkungen Yoko Ono jedoch nicht lange duldete. Es kam immer häufiger zu Meinungsverschiedenheiten und Streit, auch über alltägliche, profane Dinge. Und: Alle Versuche, endlich ein gemeinsames Kind zu bekommen, schlugen fehl.

1970 kam May Pang, eine in Amerika geborene junge Frau chinesischer Abstammung, zu Yoko und John. Für einen Wochenlohn von neunzig Dollar wurde sie als Sekretärin, Telefonistin und Empfangsdame eingestellt. Sie hatte zuvor bei der Firma ABKCO Industries, die dem Beatles-Manager Allen Klein gehörte und die mit Apple Records, dem Plattenlabel der Fab Four, in geschäftlicher Verbindung stand, einen Job gehabt. Daher bestand die Verbindung zu den beiden. Sie wurde ganz schnell zur engen Vertrauten von Yoko Ono und John Lennon. Sie arbeitete bei den Dreharbeiten zu den Filmen *Up Your Legs Forever* und *Fly* mit. Und ihr Tätigkeitsspektrum erweiterte sich im Laufe der Zeit mehr und mehr. Sie war bald Mädchen für alles. Nach und nach entwickelte sich zwischen ihnen eine Freundschaft, die auf dem großen Vertrauen, das ihr von ihren Arbeitgebern entgegengebracht wurde, basierte. May Pang hatte wahrscheinlich zu dieser Zeit auch ein Verhältnis mit John Lennon. 1971, im Sommer, fuhr sie dann auch mit dem Ehepaar nach London, wo letzte Gesangsaufnahmen für das Lennon-Album *Imagine* gemacht wurden.

Es ist wahrscheinlich kein Zufall, daß May Pang – genauso wie Yoko Ono – ihre Wurzeln in der östlichen Hemisphäre der Erdkugel hatte, denn eine Seelenverwandtschaft bestand zwischen ihnen sofort. Und daß sie, ebenfalls wie Yoko Ono, eine recht freudlose Kindheit erlebte, ist eine weitere Gemeinsamkeit. May Pangs Vater, ein Wäschereiarbeiter, der sehr cholerisch war, hatte sie oft verprügelt. Das war zwar eine andere Art von Leid, das sie erleben mußte, aber beide fühlten sich von ihren Eltern nicht geliebt und verstanden. Es ist interessant zu beobachten, wie ähnlich diese beiden Frauen waren.

May Pang war wegen ihrer unmittelbaren Nähe zu Yoko Ono und John Lennon über alle geschäftlichen und persönlichen Angelegenheiten informiert, auch über intimste Details im privaten Leben der Stars. Das ihr entgegengebrachte Vertrauen bezog sich auf alle Lebensbereiche von Lenono. Sie kletterte die Leiter im Lenono-Imperium schnell hinauf und wurde auf dem Höhepunkt sogar zur persönlichen Assistentin von Yoko Ono und John Lennon bestimmt. May Pang erledigte alle Aufgaben zur Zufriedenheit ihrer Arbeitgeber, so daß sie eines Tages selbst mit intimsten Dingen konfrontiert wurde. So blieb ihr der langsame Zerfall der Liebesbeziehung der beiden nicht verborgen.

Im März 1973 erhielt Yoko Ono die Erlaubnis, sich unbefristet im Land aufhalten zu dürfen. Dadurch war ihr auch die Aus-

und Wiedereinreise jederzeit problemlos möglich, während John Lennons Kampf mit der Einwanderungsbehörde immer dramatischere Formen annahm. Dahinter steckte auch der Versuch der Administration, das Paar auseinanderzubringen. Die Verantwortlichen erhofften sich, daß Yoko Ono aufgrund ihrer künstlerischen Aktivitäten ein- und ausreisen würde. John Lennon könnte vielleicht eines Tages so leichtsinnig sein, seiner Frau zu folgen, und damit seine Wiedereinreise aufs Spiel setzen. Schließlich erhielt er am 23. März die Aufforderung, innerhalb von sechzig Tagen die USA zu verlassen. Diese Auseinandersetzungen mit der Einwanderungsbehörde und die Aktivitäten des FBI belasteten das Privatleben von Yoko Ono und John Lennon sehr. Im Oktober 1973 traf Yoko Ono eine sehr weitreichende Entscheidung: Sie eröffnete May Pang, daß sie sie zur Betreuung ihres Ehemannes John ausersehen habe und mit ihm nach Los Angeles gehen solle. Yoko Ono entschied darüber, was für John Lennon das Beste sei! Und er fügte sich ihrer Anordnung, weil er selbst kaum noch in der psychischen Lage war, seinen Lebensweg zu gestalten. May Pang wußte natürlich um die Auseinandersetzungen zwischen den beiden. Und sie wußte, daß sich John Lennon in einer schweren persönlichen Krise befand.

Yoko Ono erzählte May Pang alles, was sie quälte, auch was ihre Differenzen mit John Lennon betraf. May Pang berichtet so später: »›John und ich kommen miteinander nicht mehr zurecht. Wir streiten uns nur noch und werden uns immer fremder.‹ ... Während der vergangenen zwei Wochen hatte ich auch bemerkt, daß sie offenbar vermieden, sich im selben Raum aufzuhalten, und daß sie, wenn sie sich trafen, fast überhaupt nicht miteinander redeten. Mir schien, als wenn John und Yoko durch eine Krise gingen – sie waren zu dem Zeitpunkt vier Jahre verheiratet und insgesamt fünf Jahre zusammen ... Ich war sicher, sie würden ihre Krise überwinden, und hörte nicht auf den Klatsch.«[117] Zu May Pangs großer Verwunderung bat sie

Yoko Ono, sie möge doch mit ihrem Mann ausgehen, sich seiner anzunehmen. Unverblümt forderte die Hausherrin also ihre Assistentin auf, ein Verhältnis mit ihrem Mann zu beginnen.

John Lennon fiel mehr und mehr in die Rolle des trink- und koksfesten Rock'n'Rollers zurück und kehrte den Macho seiner Liverpooler und Londoner Jahre wieder heraus. Die Beziehung zu Yoko Ono schien ihm kaum noch Zukunft zu haben. Er hatte immer öfter Augen für andere weibliche Wesen. Seine Mißachtung ging so weit, daß er sich offen mit anderen Frauen vergnügte, obwohl seine Gattin in der Nähe war.

Yoko Ono sah nicht hin, sie kümmerte sich intensiv um die geschäftlichen Angelegenheiten, denn die Auseinandersetzungen, was den Nachlaß des Beatles-Imperiums anging, waren lange nicht beendet. May Pang fielen auch in dieser Angelegenheit wichtige Aufgaben zu, die sie immer zur Zufriedenheit von Lenono erledigte.

Yoko Ono hatte immer ein feines Gespür für Mißstimmungen. Sie wußte, was in John vorging. Und erkannte die aufkommende Gefahr. Loving John war dabei, aus ihrem Leben zu verschwinden. Sie wollte ihn aber um jeden Preis weiter kontrollieren und zu sich zurückführen. Also gab sie ihm, was er anscheinend zu brauchen schien. Sie setzte die junge und hübsche May Pang, ihre enge Vertraute, auf ihren Ehemann an. Das Chinesenmädchen sollte dabei auch die Rolle der Geliebten übernehmen. Denn Yoko Ono wollte beide unter Kontrolle halten und immer bestens informiert sein. Darin sah sie ihre Chance, John Lennon für sich zurückzugewinnen, wenn eines Tages in ihm das Feuer des Abenteuers erloschen sein würde.

Dennoch: Im Oktober 1973 kam es zwischen Yoko Ono und John Lennon zur Trennung. Die Welt war erstaunt. Kaum jemand hatte ihr Auseinanderleben bemerkt. »Als John und Yoko sich voneinander trennten, kam das für alle überraschend. Sie waren als Freunde und Künstler und als Mann und Frau zusammengewesen, und ihre Liebesbeziehung war eine der öffentlichsten unseres Jahrhunderts. John war bekanntermaßen schwierig, flatterhaft, launisch und nicht sehr umgänglich. In einer Phase schöpferischer Tatenlosigkeit, die ihn zu diesem Zeitpunkt ereilte, zeigte sich seine Unsicherheit in unreifem Verhalten.«[118] Yoko Ono erwies sich in der Trennungsphase ohne Zweifel einmal mehr als die stärkere Persönlichkeit. Vielleicht war es auch gerade das, was John nicht mehr ertragen konnte. Es war für sie völlig klar, daß das keine Trennung für immer sein würde. Sie wußte, daß beide irgendwann wieder zueinanderfinden und nach einer heilenden Unterbrechung den gemeinsamen Weg fortsetzen würden. In diesem Bewußtsein ließ sie ihn gehen.

Gleichzeitig trat ein weiterer Mitspieler auf die Bühne ihres Lebens: Der Radio- und TV-Reporter Elliot Mintz. Er war seit der Produktionszeit der Polit-LP *Some Time In New York* ein enger Vertrauter von Lenono. Nun wurde er von Yoko Ono mit in die Auseinandersetzungen des später sogenannten »Lost Weekend« eingebunden. Mintz porträtierte Yoko Ono anläßlich der Veröffentlichung des Doppelalbums in einem Rundfunkbeitrag. Er bekam auch riesigen Ärger mit seinem Arbeitgeber, weil er 1973 dieses umstrittene Album komplett in seiner Radiosendung vorgestellt und gespielt hatte: Mintz wurde entlassen. Das alles hatte ihn nicht daran gehindert, zu der Künstlerin ein persönliches Vertrauensverhältnis aufzubauen, das von ihr erwidert worden war. Kurze Zeit nach der Veröffentlichung von *Some Time In New York City* zum Beispiel reiste Mintz mit Lenono nach San Francisco und war ihnen behilflich, endlich das Drogenproblem zu lösen. Dieses Vertrauen prädestinierte ihn später auch dazu, dem mittlerweile in ein Lotterleben mit May Pang eingebetteten John Lennon in Los Angeles unter die Arme zu greifen. Elliot Mintz: »Das ›verlorene Wochenende‹ (wie später seine kalifornische Zeit genannt wurde) war eine Mischung aus verrückter Party, einer Reise in die Niederungen der Unvernunft und, ich glaube, Johns letztem

Versuch, sich seiner Männlichkeit zu vergewissern. Es war sein Abschied von seiner Jugend, um endlich ein Mann zu werden, mit Yoko zusammensein zu können und ein Kind mit ihr zu haben.«[119] Besonders letzteres sollte sich trotz aller Differenzen bald einstellen.

John Lennons Tourneen führten nur noch durch die Bars und Nachtclubs von Los Angeles, wo er mit seinen Kumpanen Harry Nilsson und Ringo Starr manche fröhliche Zecherei veranstaltete. Sein Benehmen war unerträglich. Er war – man muß es so sagen – ein arrogantes Arschloch geworden, das ohne Rücksichten lebte und nur noch provozierte.

Die Rolle seiner Begleiterin May Pang reduzierte sich anfangs auf den Part einer Aufpasserin, die verhindern sollte, daß er total unter die Räder kam. Bald aber traten John Lennon und May Pang auch als Liebespaar in Erscheinung und führten sich entsprechend auf. Über das persönliche Verhältnis zu John Lennon hinaus mußte May Pang seiner Ehefrau Yoko Ono regelmäßig, manchmal mehrmals in der Woche, berichten, wie es um John stand. Dadurch war Yoko Ono immer über den neuesten Stand der Dinge informiert und konnte mit diesem Wissen sogar manche Entwicklung steuern. Für sie wäre es viel schlimmer gewesen, wenn Ehemann John mit ihr unbekannten Frauen engere Liebesbeziehungen eingegangen wäre.

Yoko Ono kümmerte sich während dieser achtzehn Monate dauernden Abwesenheit weiter um die geschäftlichen Angelegenheiten, und zwar nicht nur um ihre eigenen, sondern auch die von John Lennon. Der hatte sich nämlich aus Bequemlichkeit und Desinteresse in letzter Zeit ganz von Managementaufgaben zurückgezogen. Früher war sie in vielen Situationen scheu wie ein Reh gewesen, nun dominierte sie in finanziellen Angelegenheiten ihre Verhandlungspartner. Diese Situation war für die Presse natürlich ein gefundenes Fressen. Das Privatleben des Rockstars Lennon und der exaltierten Fluxus-Künstlerin und Sängerin Yoko Ono wurde in allen Einzelheiten der

Öffentlichkeit präsentiert. Die Journalisten sahen sich einmal mehr in ihrer Auffassung bestätigt, daß Yoko Ono tatsächlich die Drachenfrau ist, die beißend und stechend ihre Sache verteidigt und versucht, das vorhandene Vermögen von Tag zu Tag zu vergrößern. Ihr ausgeprägter Geschäftssinn wurde ihr natürlich von den Medien immer wieder vorgehalten – Frau und Geldgier ist halt ein schönes Motiv, mit dem man auch sie zu diffamieren versuchte. Yoko Ono aber verfolgte unbeeindruckt den eingeschlagenen Weg und lebte damit auch die Emanzipation, die sie weiterhin für eine große Aufgabe hielt. Aber sie wurde von allen zur raffgierigen, nie genug bekommenden Unperson erklärt.

Ihre künstlerischen Ambitionen standen hinter all dem eine Zeitlang zurück, aber es gelang ihr dennoch, die bereits erwähnte LP *Feeling The Space* zu veröffentlichen. Darauf war zu spüren, daß John Lennon keinen Einfluß nahm. Für Yoko Ono war diese LP sicherlich so etwas wie ein Befreiungsakt vom rockmusikalischen Einfluß ihres Ehemannes. Ihr Publikum versuchte natürlich immer wieder, die Parallelen zu Lennons Arbeit zu entdecken. Ein unauflösbares Dilemma für sie. Wenn die Songs zu sehr nach Lennons Musik klangen, wurden ihr grobe Plagiatverstöße unterstellt. Waren die Stücke dagegen frei von Beatles- oder Lennon-Klängen, wurde ihr vorgeworfen, ohne seine Unterstützung nur zweitklassige Qualität abliefern zu können. Es ist bewundernswert, wie Yoko Ono diese wenig objektive Kritik einsteckte und sich dadurch in ihren künstlerischen Zielsetzungen niemals beeinflussen ließ.

In dem Gitarristen David Spinozza, der damals in New York zu den begehrtesten Studiomusikern gehörte und bereits mit John Lennon an dessen Album »Mind Games« zusammengearbeitet hatte, hatte Yoko Ono in dieser Zeit einen neuen idealen Partner, der ihre musikalischen Soloaktivitäten betreute und wichtige Hinweise und Tips gab, gefunden. Spätestens ab Juli 1973 war Yoko Ono auf Spinozza aufmerksam geworden. Sie bot dem völlig überraschten Spinozza eines Tages die Mitarbeit an dem Album *Feeling The Space* an. Sie bestimmte den aus Brooklyn stammenden, 1949 geborenen Musiker zu ihrem Musical-Director, der auch die Studiomusiker auswählen und leiten sollte. Und tatsächlich: Er besaß das nötige Fingerspitzengefühl, aus den Kompositionen der Japanerin die richtigen Elemente herauszufiltern und in eine überzeugende Form zu bringen. Spinozza war es, der Struktur in die Songs brachte und aus den wenigen Angaben, die Yoko Ono neben den Songtexten gemacht hatte, eine Musik, Yoko Onos unverwechselbare Musik, entstehen ließ. Im Zuge dieser intensiven Zusammenarbeit verliebte sie sich in diesen Mann. *Feeling The Space* erschien Anfang November 1973 in den Vereinigten Staaten und Ende November 1973 in England, in etwa zeitgleich mit Lennons Album »Mind Games«.

Bei *Feeling The Space* wird deutlich, wie weit sich Yoko Ono mittlerweile von John Lennon entfernt hatte. Musik und Texte zeigen die Entfremdung, die während dieser Zeit das Verhältnis der Eheleute prägte. Die Produktion ist dem Feminismus gewidmet. Yoko Onos Worte auf der Rückseite des Covers unterstreichen den Anspruch, einen kompromißlosen Feminismus leben zu wollen: »This album is dedicated to the sisters who died in pain and sorrow and those who are now in prisons and in mental hospitals for being unable to survive in the male society.« Sie hält sich mit ihren jetzt radikal-emanzipatorischen Ansichten nicht mehr zurück, sondern geht offensiv an die Öffentlichkeit mit ihren Forderungen. »Hexen müssen hängen«, heißt es in einer Zeile in *Woman Of Salem*. Und bei *Woman Power* wird die Botschaft von der Befreiung der Frauen mit sägenden Gitarrenriffs und harschen Baßfiguren in die Köpfe des Publikums katapultiert. Yoko Ono singt sehr artikuliert, streut jedoch auch die für sie typischen Schreie mit ein. Schließlich gibt sie den zornigen jungen Frauen Stimme: »Angry young woman/ on sunrise strip/ walking away to the new world/ she left her man, she left her children/ ›Cause she knows that she only has one life to live.« (*Angry Young Woman*).[120] Dieser Text beschreibt auch ihre eigene Situation, ist Teil ihrer ungeschriebenen Autobiographie.

Angry Young Woman, dieser Titel basiert auf einer tatsächlichen Begegnung, die Yoko Ono mit jungen Frauen während der »International Feminist Planning Conference« in der Harvard Divinity School in Cambridge/Massachusetts hatte. Das war am 3. Juni 1973. Die »National Organization of Women« hatte Yoko Ono eingeladen. Sie erzählt später folgendermaßen davon: »I was asked to give a concert there for the Sisters. John and I took this very seriously. I made a booklet of my songs and statements specially for the occasion and carried copies of them with me. John carried his guitar. He was to be my band. The conference was incredibly memorable for both of us. I never will forget how all the women at the concert suddenly stood up and joined me in singing the chorus of *Woman Power.* Their power at that moment was so strong that it stopped the video camera from running! Our photographer did not know why his flashbulb suddenly did not work. Things like that happened a few times in my life. This was one of them.«[121] Diese Geschichte dieser jungen Frauen inspirierte Yoko Ono zum Text dieses Songs.

Auf der Rückreise von dieser Konferenz wurde sie zu einem weiteren Lied für das Album *Feeling The Space* angeregt. Denn in Salem in Massachusetts besuchte Yoko Ono ein Haus, in dem eine Hexe gewohnt haben sollte. Diese Hafenstadt war bekannt geworden, weil dort im 17. Jahrhundert eine erbarmungslosfanatische Hexenverfolgung, die im Jahre 1692 ihren absoluten Höhepunkt erreichte, stattgefunden hatte. Hintergrund für diese Hysterie: Reverend Samuel Parris hatte damals zwei karibische Sklavinnen in sein Haus genommen, die angeblich die Nachbarkinder mit mythischen Erzählungen verhexten. Plötzlich wurden etliche Frauen verdächtigt, Hexen zu sein. Ein fremdartiges Aussehen genügte. Neunzehn Frauen wurden stranguliert. In Yoko Onos Stück *Woman Of Salem* wird davon erzählt, wie die angebliche Hexe Sally Kegley verbrannt wurde, nachdem man sie an ein Holzkreuz gehängt hatte. Auch der amerikanische Schriftsteller Arthur Miller beschäftigte sich in seinem Theaterstück »Hexenjagd« mit dieser Zeit und zog Parallelen zur Kommunistenverfolgung durch den Senator McCarthy in den fünfziger Jahren. Für die feministischen Glaubenskämpferinnen waren die Hexenverfolgungen ein Sinnbild für die Unterdrückung der Frau. Daß dieses Motiv in die Popmusik Eingang fand, ist auf Yoko Ono zurückzuführen, die noch andere Musikerinnen anregte, sich damit auseinanderzusetzen – zum Beispiel Julie Driscoll mit »Season Of The Witch«.

Yoko Onos Selbstbewußtsein schien zu diesem Zeitpunkt unerschütterlich. Sie hatte überhaupt keine Scheu davor, mit deutlichen Worten brenzlige Themen aufzugreifen und die Mißverhältnisse in der Beziehung der Geschlechter zueinander anzuprangern. Physische und psychische Verletzungen von Frauen, auch aus zurückliegenden Zeiten, nannte sie genauso beim Namen, wie sie schon mit John Lennon gemeinsam Menschenrechtsverletzungen und verbrecherische Aktionen angeklagt hatte. Diese Absicht wird auch in dem Songtext zu *Woman Power* deutlich. Hier stellt sie sich in eine Reihe mit den Frauen, die in der Vergangenheit als Hexen verfolgt und getötet wurden – ein Schulterschluß und eine Solidaritätsbekundung der Drachenfrau mit anderen ausgegrenzten, geschundenen und ermordeten Schwestern. Yoko Ono setzte neue Akzente, andere als in ihren früheren Schreieruptionen, indem sie eine Story erzählte und sie in zum Teil mitreißende Melodien und Rhythmen verpackte. Sie forderte Gehör für sich und die Frauen ein, indem sie sich einer klaren Sprache bediente, die kaum jemand ignorieren konnte. Und daß sie sich im Befreiungskampf der Feministinnen in derselben Situtation wie die Hexen sieht, bestätigte Yoko Ono ganz offen und kämpferisch mit ihrem Song

Yes, I'm A Witch. Indem sie sich selbst zur Hexe erklärt, ist sie auch in der Lage, sie zu verteidigen. Yoko Ono sah in der Selbststilisierung als Hexe eine Verbindung zu deren angeblich verführerischen Mächten. Diese setzte sie für den Kampf zur Befreiung der Frauen ein, denn die Hexe als ewig verfolgte Revolutionärin besaß magische Kräfte zur Heilung der Welt: Yoko Ono wollte die Welt von der reinen Männerherrschaft heilen.

Während der Trennung von John Lennon arbeitete Yoko Ono also intensiv im Record Plant-Studio in New York an ihrem *Feeling The Space*-Album. In dieser Zeit – von 1973 bis 1974 – entstanden auch noch eine ganze Reihe weiterer Songs, die sich nicht auf der Platte wiederfanden. John Lennon buchte in diesen Monaten seltsamerweise das gleiche Studio für seine Produktion »Walls And Bridges«. Sind die beiden sich dort nie begegnet? Und wenn ja, gingen sie sich aus dem Weg? Leider ist darüber nichts bekannt.

John Lennons Kompositionen auf dieser Platte merkt man seine Zerrissenheit an. Auch Yoko Ono war zeitweise mit den aufgenommenen Stücken überhaupt nicht zufrieden, so daß die geplante Veröffentlichung zunächst etwas zurückgestellt wurde, doch dann begab sie sich auf Promotiontour für *Feeling The Space* nach Japan. Im August trat sie dort mit der Plastic Ono Super Band in mehreren Städten auf. Die Bühnenshow war sehr exzentrisch und schockierte das Publikum. In Japan veröffentlichte sie *Yume O Moto (Lets Have A Dream)/It Happened* als Single. Auffallend an diesem Stück war einerseits die dominierende jaulende Gitarre des David Spinozza, was seinen musikalischen Einfluß auf Yoko Ono deutlich macht. Er führte sie hier auch vokalistisch eine Stufe zurück in eine frühere experimentellere Phase. David Spinozza heizte dieses Stück durch, wie Robert Palmer sie nannte, »some killer solos« mächtig auf. Der Text des Liedes ist wie ein Hilferuf zu verstehen, der ganz offensichtlich an John Lennon gerichtet ist. Vielleicht ist das auch der Grund, warum dieser Song von ihr nur in Japan und in japanischer Sprache veröffentlicht wurde.

Die in dieser Zeit aufgenommenen Stücke, die nicht auf die Platte kamen, wurden später, 1992, als Disc 6 der *Ono Box* unter dem Titel *A Story* veröffentlicht. Eine zweite Ausgabe erscheint dann noch unter demselben Titel im Jahr 1997 im Rahmen der Wiederveröffentlichung von elf Yoko-Ono-Alben – allerdings in einer etwas anderen Zusammenstellung.

Yoko Ono kommentierte 1992 die damalige Nichtveröffentlichung des Albums so: »Then John came back from LA, we got back together again and I felt it was not important to release this album. Who wants to remember a Lost Weekend, anyway?«[122] Offensichtlich wollte sie die gerade wieder entflammte Beziehung zu ihrem Ehemann nicht mit der Herausgabe von Songs belasten, die genau die noch offene Wunde der gerade überstandenen Trennung trafen.

Bevor die Versöhnung hatte zustande kommen können, waren noch mannigfache Widrigkeiten aus der Welt zu räumen. Je länger die Zusammenarbeit der berühmten Frau mit dem überaus talentierten und engagierten Studiomusiker Spinozza dauerte, je intensiver wurde auch ihre Beziehung. Was die Arbeit betraf, so hatte sie nach John Lennons Weggehen jemanden gebraucht, mit dem sie fruchtbar zusammenarbeiten konnte. Yoko Ono handelte berechnend und verletzte Spinozza oft dadurch. Ob er nun eine länger anhaltende Affäre mit ihr hatte (wie Yoko behauptet) – oder nicht –, ob sie intim miteinander waren (wie Spinozza abstreitet) – oder nicht –, kompliziert war die Beziehung zwischen ihnen in jedem Fall. David Spinozza hatte jedenfalls die einzigartige Gabe, die künstlerischen Fähigkeiten Yoko Onos zutage zu fördern und aufzubereiten. Doch er stand immer zwischen Yoko Ono und dem abwesenden Lennon, auch wenn sie ihren Ehemann herunterputzte, hinter ihm herspionierte oder im allgemeinen kein gutes Haar an »Loving John« mehr ließ.

John Lennon wußte von all dem nichts. Er befand sich mit seiner jungen attraktiven, von seiner Ehefrau ausgesuchten Geliebten in Los Angeles, schlug heftig über die Stränge und sehnte sich doch häufig zurück nach *Mother Superior*.

Der Kontakt zwischen den Eheleuten war nie total abgebrochen. Immer wieder tauschten sie Gedanken aus. Und mehr und mehr spürten sie durch die räumliche Distanz, daß sie doch zusammengehörten. In langen Telefonaten zwischen Los Angeles und New York übermittelte Lennon so seiner Frau eines Tages, daß er gerne wieder nach Hause kommen würde. Yoko Ono glaubte aber nicht so richtig daran, daß er seine Eskapaden beendet hatte und reagierte erst einmal zurückhaltend. Lennon verließ dennoch rasch Los Angeles und mietete sich im Hotel Pierre an der Fifth Avenue in New York ein. Seine Suite lag gegenüber Yokos Wohnung im Dakota House, auf der anderen Seite des Central Parks. Er war ihr hier schon ganz nah.

Am 28. November 1974 stand John Lennon mit Elton John auf der Bühne des Madison Square Garden. Im Publikum saß auch Yoko Ono, wovon Lennon angeblich nichts gewußt haben will, und hörte sich das Konzert an. Nach May Pangs Aufzeichnungen jedoch war ihm Yokos Anwesenheit sehr wohl bekannt, er habe seiner Ehefrau sogar Eintrittskarten besorgt, berichtete sie. May Pang bezichtigt hier ihren Geliebten offen der Lüge. Wie dem auch sei: Yoko Ono und John Lennon standen sich nach langer Zeit wieder gegenüber.

Anlaß für diesen Bühnenauftritt war der Song »Whatever Gets You Through The Night« von John Lennon, der in den amerikanischen Charts sofort auf Nummer eins gelandet war. Lennon hatte seinem Landsmann Elton John versprochen, mit ihm gemeinsam aufzutreten, falls dieses Ereignis eintreten sollte. Nun war es soweit, und John Lennon löste sein Versprechen ein.

Das Publikum im Madison Square Garden rastete förmlich aus, als das ehemalige Beatles-Mitglied auf die Bühne kam, zur

209

Gitarre griff und spielte. Für Yoko Ono stand ein anderer, ihr unbekannter John auf den Bühnenbrettern, den sie schon lange nicht mehr live spielen gehört hatte. Auf Yoko Ono wirkte er aber irgendwie verloren, einsam und allein. Spürte sie Mitleid? Oder Liebe? Was sie in diesem Moment wirklich empfand, läßt sich heute nicht mehr nachvollziehen. Nach dem Konzert ging sie hinter die Bühne. Lennon ist hektisch, ja aufgeregt. Sie sprachen kurz miteinander, ohne konkrete Pläne zu schmieden. Für John war die Begegnung wohl nicht erfreulich verlaufen. May Pang: »Yoko kam zu uns und meinte zu mir: ›War das Konzert nicht toll, May?‹ Sie setzte sich neben John und unterhielt sich mit ihm rund zwanzig Minuten lang über irgendwelche Nebensächlichkeiten. John war jedoch nicht recht bei der Sache ... Schließlich hielt er es nicht länger aus. Er nahm mich beim Arm, ließ Yoko einfach sitzen und ging mit mir an Uri Gellers Tisch ... Er hatte sich nicht einmal von Yoko verabschiedet.«[123]

Doch Yoko Ono war, wieder einmal, die treibende Kraft bei der Wiedervereinigung des Paares. Die Gefühle füreinander waren nie richtig erloschen, so daß eine gemeinsame, wenn auch nur geringe Basis vorhanden war, die die Wiederaufnahme der Beziehung rechtfertigen konnte. Und sie merkte selbst, wie sehr sie im Grunde ihren Ehemann brauchte. Die Begegnung nach dem Auftritt im Madison Square Garden war für sie das auslösende Ereignis, John Lennon aufgrund eines großzügig gewährten »Gnadenerlasses« wieder im Dakota House aufzunehmen. Dazu waren aber von seiner Seite aus einige Bedingungen zu erfüllen. Yoko Ono verlangte von ihm, dem Alkohol und den Drogen zu entsagen und seinen in Kalifornien eingeschliffenen Lebensstil schnellstens abzulegen. John Lennon durfte erst Anfang 1975 das Dakota Building wieder betreten. Und: Yoko Ono gab nach wie vor den Ton an und bestimmte das Leben ihres Ehemannes, wie sie es in all den Jahren vorher, seit der ersten Begegnung im Jahre 1968, getan hatte. Der wiederum fügte sich demütig und folgte ihren Wünschen und Bedingungen. In dieser Situtation wurde besonders deutlich, daß May Pang nur ein Werkzeug in Yoko Onos Händen gewesen war. Die Geliebte konnte gehen und ihre achtzehnmonatige Rolle ablegen. Yoko Ono kostete ihren Triumph aus. Sie hatte in diesem Drei-Personen-Stück die Oberhand behalten.

May Pang erklärte später: »Seit Yoko mir vor achtzehn Monaten nahegelegt hatte, mich mit John einzulassen, war mir klar gewesen, daß sie immer die Oberhand behalten würde. Doch als sich dann die Beziehung zu John immer mehr vertiefte, hatte ich mich der Illusion hingegeben, John habe sich verändert. Er hatte mit dem Trinken aufgehört, und er hatte entdeckt, was es hieß, einen Sohn zu haben... Doch obwohl mir der Gedanke daran verhaßt war, mußte ich mir tief in meinem Inneren eingestehen, daß John noch immer alles tun würde, was Yoko von ihm verlangte.«[124]

John Lennon zog im Januar 1975 wieder in die gemeinsame Wohnung im Dakota House in der Nähe des Central Parks ein. Das »Lost Weekend« war beendet, vor Lenono lagen nur noch knappe sechs Jahre, die sie miteinander in Vertrautheit und großer Liebe verbrachten.

Nachwuchs

Yoko Ono wurde noch im Monat des Wiedereinzuges von John Lennon ins Dakota Haus schwanger. War die achtzehnmonatige Trennung das beste Stimulanzmittel für die Schwangerschaft gewesen? Yoko Onos zweiundvierzigster Geburtstag stand zu diesem Zeitpunkt unmittelbar bevor.

Lennons Rückkehr in den Schoß seiner Ehe bedeutete für beide eine Änderung des Lebensstils, jedenfalls was ihre Ernährung anging. Das Paar begann damit, makrobiotisch zu essen – eine neue Philosophie hielt Einzug, die vor allem von Yoko Ono konsequent verfolgt wurde. Trotzdem verlief die Schwangerschaft nicht ohne Komplikationen: Die weiterhin bestehenden Auseinandersetzungen mit der Einwanderungsbehörde zerrten an den Nerven des Ehepaares. Auch das Verhältnis zu May Pang war noch nicht in letzter Konsequenz beendet, denn hin und wieder trafen sich Lennon und die junge Frau noch.

Yoko Ono arbeitete während dieser Monate fast gar nicht künstlerisch, sie bereitete sich nur noch auf die Geburt ihres zweiten Kindes vor. Und John Lennon mußte wegen einer geplanten, aber unautorisierten Veröffentlichung eines Albums, das er selbst unter dem Titel »Rock ’n’ Roll« auf den Markt gebracht hatte, prozessieren. Diese Aktion kostete ihn zwar einige Kraft, aber ansonsten wollte er nur noch Vater sein. Um allen Unwägbarkeiten und Schwierigkeiten aus dem Wege zu gehen, verkündete er somit eines Tages, daß er seinen Musikerberuf nicht weiter ausüben werde. Er wollte unbedingt ein Kind von Yoko, dieser Wunsch sollte auf jeden Fall in Erfüllung gehen. Dafür wollten beide alles tun.

Und endlich: Im Oktober 1975 hob ein Berufungsgericht den Ausweisungsbeschluß der US-Regierung auf und verpflichtete die Einwanderungsbehörde, ihm die unbeschränkte und unbegrenzte Aufenthaltserlaubnis für die USA zu erteilen.

Das Eis unter Yoko Onos und John Lennons Füßen wurde wieder stabiler.

Am 9. Oktober 1975 feierte John Lennon seinen fünfunddreißigsten Geburtstag, und – man hätte es nicht besser planen können – um zwei Uhr morgens brachte Yoko Ono im New York Hospital durch Kaiserschnitt einen Jungen zur Welt, der den Namen Sean Taro Ono Lennon erhielt. Das Kind wog knapp sechs Pfund und war ganz sicher ein überaus willkommener Erdenbürger. Lennon war überglücklich, denn für dieses Kind, sagte er später einmal, »haben wir wirklich hart gearbeitet. Wir sind durch die Hölle gegangen, um dieses Kind zu kriegen – es hatte zuvor viele Fehlgeburten und andere Schwierigkeiten gegeben. Er ist wirklich das, was man ein Kind der Liebe nennt. Die Ärzte sagten uns, wir könnten niemals ein Kind bekommen. Wir gaben daraufhin fast auf.«[125] Vor allem die Tatsache, daß Vater und Sohn am selben Tag Geburtstag hatten, schien ein Zeichen des Himmels und machte das Glück der Eltern vollkommen. Yoko Ono glaubte nämlich an eine hinduistische Weissagung, wonach der am Geburtstag des Vaters geborene Sohn die Seele des Vaters nach dessen Tod übernehmen werde, damit sie weiterlebt.

Die Geburt war sehr kompliziert gewesen. Eine gefährliche Angelegenheit für Yoko und ihr Kind. Fast wäre sie daran gestorben. Aber es sollte alles anders kommen...

Hartnäckigen Gerüchten zufolge hatte das Paar die Geburt ihres Kindes bewußt für den 9. Oktober geplant, um damit genau an John Lennons Geburtstag einen Beweis ihrer neuentfachten Liebe präsentieren zu können. Yoko Ono bestritt diese These allerdings stets vehement. Nach ihrer Darstellung sollte das Kind immer auf ganz natürliche Weise zur Welt kommen, nämlich zu Hause im Beisein des Vaters. Am 9. Oktober aber hätten frühmorgens plötzlich die Wehen eingesetzt, so daß sie schnellstens ins Krankenhaus hatten fahren müssen, wo der Arzt die Entscheidung für den Kaiserschnitt getroffen habe, erläutert sie. Die von dem Biographen Albert Goldman verbreitete Version besagt, daß Yoko Ono bereits einige Tage vor der Geburt im Krankenhaus eingetroffen sei. Das scheint damit widerlegt. Auch den Gerüchten, daß die Komplikationen der Geburt darauf zurückzuführen seien, daß Yoko Ono während der Schwangerschaft Drogen eingenommen habe, trat sie immer entgegen: »Wir hatten mit dem Heroin unheimlich viel Ärger. Beispielsweise hörten wir lange vor Seans Geburt mit Drogen auf, weil wir wirklich ein Kind wollten. Wegen des Kaiserschnitts mußten mir die Ärzte Beruhigungsmittel geben. Unmittelbar nach der Geburt zitterte Sean etwas. Es dauerte ungefähr einen Monat. Aber statt es den Beruhigungsmitteln zuzuschreiben, warf man uns im Krankenhaus vor, Drogen während der Schwangerschaft genommen zu haben ... Es war der schrecklichste Augenblick unseres Lebens. Sie hätten uns beinahe als Eltern disqualifiziert.«[126] James Woodall stellte hingegen fest, daß die Geburt des Kindes an Lennons Geburtstag nicht geplant war, sondern daß an diesem Tag die Schwangerschaft aufgrund der vielen Komplikationen durch Kaiserschnitt beendet werden mußte.

Sean Taro Ono Lennon war ein Kind ganz verschiedener, vollkommen gegensätzlicher Welten. Sein Name spiegelt sowohl seine britische als auch seine japanische Abstammung wider, zudem bekam er die britische und die amerikanische Staatsbürgerschaft. »John hat darauf bestanden, daß er einen japanischen Vornamen hat. Taro ist die japanische Form von Sean oder John, genau dasselbe. John und ich wollten, daß sein Name so international wie möglich ist.«[127] Mit diesen Worten erklärte Yoko Ono den Namen ihres Sohnes, der der Welt unbedingt etwas Besonderes signalisieren sollte. Er war das Geschöpf eines lange gehegten Traumes von Lenono, er war die Garantie für ein Weiterleben der Eltern.

Nach ihrer Rückkehr aus dem Krankenhaus bezog das Paar sein Kind, so gut es eben ging, in ihr Leben ein. Man bemühte sich, dem Kind ein halbwegs normales Familienleben zu bieten. Sean bekam ein japanisches Kindermädchen mit Namen Masako, das sich äußerst veranwortungsbewußt um den Jungen kümmerte. Endlich waren Lenono eine richtige Familie, wenn auch immer noch keine ganz normale. Das Leben im Dakota House organisierte Yoko Ono. Dienstbare Geister gab es dort ebenso viele wie bei Yoko früher zu Hause. Doch das Kind stand für sie ganz im Mittelpunkt. Auch John Lennon hatte sich ja aus dem Musikgeschäft völlig zurückgezogen. Vom Rock 'n' Roller zum Hausmann war er mutiert. Anfang 1976 war auch der Vertrag der Beatles mit der Plattenfirma EMI ausgelaufen. Im Gegensatz zu den drei anderen Bandmitgliedern bemühte sich Lennon nicht um eine Verlängerung. Er beschäftigte sich jetzt mit Brotbacken und kümmerte sich um seinen Sohn Sean. Vier Jahre lang sollte er sich nicht mehr in einem Aufnahmestudio blicken lassen.

Die Geschäftsfrau

Yoko Ono gab ihre Aufgaben als Mutter freiwillig und ohne große Probleme mehr und mehr an Ehemann John ab, der wiederum gerne alle Familienvaterpflichten bereitwillig an seine Ehefrau abtrat. Hier also erfüllte sich für sie all das, was sie im Sinne von Emanzipation und Gleichberechtigung immer eingefordert hatte. Der von Lennon geforderte gesellschaftliche Wandel hatte also auch im privaten Bereich des Paares Konsequenzen. Sie wollten ganz bewußt die Rollen tauschen, um die persönlichen Wünsche ausleben zu können – egal, wie das Klischee und die Funktionen allgemein verteilt waren.

Diese Umkehrung geschlechtsspezifischer Rollenklischees hatte sogar eine enorme Vermehrung des Privatvermögens von Lenono zur Folge. Yoko Ono saß häufig im Erdgeschoß des Dakota House am Schreibtisch, dort, wo sich die Geschäftsräume, unter anderem von Lennon Music, befanden. Hier entwickelte sie jedoch keine neuen Kunstkonzepte, vielmehr arbeitete sich Yoko Ono immer intensiver in die äußerst kompliziert gewordenen Geschäfte des weltweit agierenden Beatles-Imperiums ein. John Lennon war froh darüber, denn diese Busineßangelegenheiten kümmerten ihn überhaupt nicht mehr. Er wollte nur noch die Verantwortung für Sean übernehmen und hoffte, durch dieses besondere Engagement an seinem zweiten Sohn wiedergutzumachen, was er bei Julian versäumt hatte. Lennon verließ kaum noch das Haus.

Yoko Ono hingegen arbeitete zielstrebig daran, ihre Macht und ihre Kompetenzen als Herrscherin des Lennon-Apparates auszuweiten. Ständig wurden Geschäftsführer entlassen und neue

215

eingestellt. Diese zeitweise hektischen Aktivitäten dienten nur dazu, Yoko Ono im Lennon-Imperium an die entscheidenden Schalthebel zu bringen. Schließlich erreichte sie im Mai 1977 ihr lange herbeigesehntes Ziel, als John Lennon sie offiziell zu seiner Managerin und Repräsentantin erklärte. Mangelndes Selbstwertgefühl konnte ihr jetzt niemand mehr unterstellen, und daß sie zum richtigen Zeitpunkt das nötige Selbstbewußtsein entwickelt hatte, hatte Yoko Ono bereits in der Vergangenheit bewiesen. Den Anforderungen dieses anderen Lebens wurde sie wieder mit eiserner Disziplin und fast sturer Hartnäckigkeit gerecht. Das Vermögen zu mehren – das war eine Aufgabe, die in den nächsten Jahren ihre volle Zeit beanspruchen sollte. Dazu gehörte auch, die äußerst komplizierten Besitzverhältnisse in der Beatles-Firma Apple auseinanderzudividieren. Yoko Ono agierte geschickt und vertrat die Interessen ihres Mannes mit stoischer Ruhe. Obwohl die Streitigkeiten bereits in ein Gerichtsverfahren mündeten, kam durch Yoko Onos Verhandlungsgeschick ein Vergleich zustande, der den Vertrag mit den Beatles als Gruppe und ihrem ehemaligen Manager Allen Klein beendete und John Lennon endgültig von seiner Vergangenheit erlöste. Sie waren getrennte Leute.

Ein anderes wichtigstes Ziel Yoko Onos war, weitere Wohnungen im Dakota House zu erwerben. Sobald eine Wohnung frei wurde, trat sie als potentielle Käuferin auf, und sie erhielt fast immer den Zuschlag. So gelang es ihr, insgesamt fünf Wohnungen in dem großen Gebäude zu erwerben. Sie investierte so stets in sichere Kapitalanlagen, kaufte also vornehmlich Immobilien oder Land, aber auch andere gewinnversprechende Investitionen waren darunter:

- landwirtschaftliche Nutzflächen in den Catskill Mountains, in Virginia, Vermont und New York State,
- zweihundertfünfzig Rinder; eines der Tiere erzielt auf einer Auktion den Rekordpreis von 265 000 Dollar,

- ein Wochenendhaus in Cold Spring Harbor/Long Island,
- die Villa El Salano in West Palm Beach/Florida,
- die Hochseeyacht »Isis«
- sowie wertvolle Antiquitäten und Kunstobjekte.

Schätzungen zufolge besaß John Lennon am Ende der siebziger Jahre ein Vermögen von 150 Millionen Dollar, nach Meinung mancher waren es sogar 250 Millionen Dollar gewesen. Obwohl kaum eine der finanziellen Transaktionen in der Öffentlichkeit bekannt wurde, versahen die Presseleute Yoko Ono ständig mit Schmähtiteln und schütteten hämisch ihre Witze und verbalen Attacken über sie aus. Sie sei eine geld- und raffgierige Hexe, die ihre ganze Kraft darauf verwende, das Vermögen ihres Mannes ins Endlose zu vermehren. Alle emanzipatorischen und friedensstiftenden Aktionen der Vergangenheit seien plötzlich abgehakt, es zählten nur noch die Dollarnoten, meinten die Journalisten hämisch. Die Drachenlady bemerkte plötzlich wieder, wie dünn das Eis unter ihren Füßen geworden war.

Als dann auch noch bekannt wurde, daß Yoko Ono ihre geschäftlichen Entscheidungen auf der Grundlage von Wahrsagerei, Okkultismus, Hexenglaube und Sternendeuterei zu treffen pflegte, war den feindseligen Berichterstattern Tür und Tor geöffnet. Astrologen und Kartenleger gehörten tatsächlich zu ihren Beratern, was ihrem Image nicht gerade förderlich war.

Die Ablehnung, die sie während dieser Jahre erfuhr, wurde hauptsächlich durch die alten Vorurteile ihr gegenüber genährt. In Amerika gab es zwar niemals etwas Bedeutenderes als den geschäftlichen Erfolg, wenn aber eine Frau, zumal eine Ausländerin, sich dieses Ziel auf die Fahnen schrieb, war das allen mehr als suspekt. Dazu kam, daß sich John Lennon nur um seinen Sohn Sean kümmerte und seine Zeit mit Brotbacken verbrachte. Dieses Verhalten war in den Augen der Öffentlichkeit unmännlich. Dahinter mußte die kleine japanische Drachenlady stecken, die den berühmten Musiker verhext haben mußte. Altbekannte Reaktionen zwar, aber der Ruf und das Ansehen Yoko Onos waren immer davon geprägt.

Yoko Ono ließ sich durch diese feindselige Haltung aber nicht beirren. Sie kämpfte immer um Anerkennung. Diese wollte sie endlich auch von ihrer Familie in Japan erhalten. Im Sommer des Jahres 1977 fuhren Lenono dann auch mit Sohn Sean für mehrere Monate in Yoko Onos Heimatland. Ihre Mutter Isoko war von John Lennon nicht sehr begeistert, obwohl er sich sehr zurücknahm. Yoko fühlte sich erneut ungeliebt.

Während ihres Japan-Aufenthaltes wurde aber auch deutlich, daß sich John Lennon ganz behutsam wieder in geschäftliche Angelegenheiten einmischen wollte. Yoko Onos Domäne sollte nun auch seine werden.

Die privaten Jahre John Lennons waren Ende der siebziger Jahre vorüber. Das Paar veröffentlichte am 27. Mai 1979 in ganzseitigen Anzeigen in der amerikanischen *New York Times,* in der englischen *Sunday Times* (London) und zuvor in einer japanischen Tageszeitung eine Standortbeschreibung ihres Lebensweges: *A Love Letter From John And Yoko To People Who Ask Us What, When And Why.* Yoko Ono wollte in einem offenen Brief der Welt das Lenono-Familienglück schriftlich geben. Sie berichtete von Sean, von den Katzen und vermittelte überhaupt ein optimistisch-friedliches Bild ihres familiären Idylls. Ihre Dankbarkeit gegenüber den Mächten sei grenzenlos, betonte sie. Es sollte ein Ausdruck positiven Denkens sein, zumindest die Adressaten wollte man davon überzeugen. Die klatschsüchtige Öffentlichkeit war gierig nach Informationen über das Paar. Und man wollte nun selbst alles ins rechte Licht rücken.

Albert Goldman schreibt in seiner umstrittenen Lennon-Biographie, daß Yoko Ono zu dieser Zeit »im letzten Stadium der Heroinsucht« gewesen sei. »Ihre Haut war grünlich, ihre Wangen hohl, sie sprach schleppend und hatte überall an den Hüften und Beinen blauschwarze Male, weil sie fortwährend gegen Möbelstücke lief.«[128] Auch der damalige Lennon-Assistent Frederic Seaman schlug in diese Kerbe, indem er Yoko Onos körperliche Verfassung als katastrophal beschrieb und sogar den Namen des Mannes ausplauderte, der ihr angeblich die Drogen beschaffte. Wenn auch alle Einzelheiten über ihre Heroinsucht niemals bekannt wurden, so wurde mit diesem Manifest deutlich, daß es mit dieser öffentlich gezeigten Harmonie zwischen dem Paar nicht so weit her sein konnte. Yoko Ono steckte in einer neuen Krise und brannte darauf, nach den Jahren als Geschäftsfrau wieder ganz Künstlerin sein zu können.

8. Dezember 1980

Yoko Onos Arbeit als Künstlerin war in den vergangenen Jahren in den Hintergrund getreten. Die Öffentlichkeit sah so gut wie nichts von ihren Werken. Erst im Laufe des Jahres 1980, als sich auch John Lennon wieder der Kompositionsarbeit zugewandt hatte, präsentierte sie zum ersten Mal wieder neue Objekte. Beide hatten wieder zu ihrer Kreativität zurückgefunden. John Lennon wollte eine neue Platte produzieren. Dieses Album, *Double Fantasy* genannt, wurde zum intensiven Dialog zwischen John Lennon und Yoko Ono. Das Paar beauftragte den Plattenproduzenten Jack Douglas mit der Organisation der erforderlichen Sessions. Douglas mietete in New York die Hit Factory Studios.
Im August 1980 begannen die Aufnahmen für *Double Fantasy.* Es waren Wochen harter Arbeit nötig, denn die Sessions nahmen sehr viel Zeit in Anspruch. Schließlich wurden im September die letzten Abmischungen erledigt. Yoko Ono hatte im Zuge dessen auch wieder mit dem Labelbesitzer David Geffen Kontakt aufgenommen, bei dem das Album veröffentlicht werden sollte. Ihr war der Okkultimus immer noch sehr nahe, und sie

befragte vor dem Treffen mit Geffen dessen Horoskop. Anscheinend sprach nichts Negatives dagegen, und sie arbeiteten fieberhaft an den neuen Aufnahmen. Auch die Öffentlichkeit wußte bereits Wochen vorher von dem bevorstehenden Veröffentlichungstermin.

Allmählich begann vor dem Dakota House wieder der Rummel um das dort lebende berühmte Paar. Immer mehr Fans pilgerten täglich vor dieses Gebäude, in der Hoffnung, einen Blick auf John Lennon zu erhaschen. Alle Erwartungen waren darauf gerichtet, eine Wiedergeburt des musikalischen Lennon mitzuerleben. Und alle Welt rechnete mit politisch-kritischen und ironisch-satirischen Songs, so wie sie am Beginn der Lenono-Zusammenarbeit typisch für die beiden waren. Die Fans hofften, daß das Paar wieder eindeutig Stellung beziehen würde, um die Welt wachzurütteln. Als dann aber am 17. Oktober die Single *(Just Like) Starting Over* erschien, zeigte sich das Publikum über Lennons Wandlung sehr überrascht, denn dieses Lied hatte mit den alten Songs nicht viel gemeinsam. An die Tradition knüpfte man eher mit der B-Seite der Single an, auf der Yoko Onos Komposition *Kiss Kiss Kiss* zu hören war. Ihr Lied ist ein wirklich orgiastisches Stück, ganz feministisch beeinflußte Rockmusik. Yoko Ono war mit Emanzipationsbewegungen und Gleichberechtigungsfragen noch lange nicht fertig.

»Unser gemeinsames Leben ist so kostbar«, sang John Lennon, »wir sind erwachsen.« Auch diese Zeilen deuteten darauf hin, daß ihnen der Zeitpunkt gekommen schien, die Ereignisse und Gedanken der vergangenen, ganz im Privaten verbrachten Jahre dem Publikum zu offenbaren. Daran war auch eine gewisse sentimentale Naivität ablesbar. Beide schienen davon auszugehen, daß die Fans an ihrem Seelenleben überaus interessiert seien. Das Coverbild von *Double Fantasy* zeigt Yoko Ono und John Lennon, wie sie sich mit geschlossenen Augen küssen. Es ist eine Schwarzweißfotografie von Kishin Shinoyama. Im Untertitel heißt das Album *A Heart Play by John Lennon &*

Yoko Ono – eine gegenseitige Liebeserklärung des Paares Ono-Lennon und ein äußeres Zeichen ihres Neubeginns. Das Covermotiv zitiert das *Wedding Album,* indem es die dort veröffentlichten Fotos des küssenden Paares Lennon variiert und an den Beginn der wechselvollen Künstlerehe erinnert.

Double Fantasy ist tatsächlich eine Arbeit von zwei Menschen, deren individuelle Phantasie in der Unterschiedlichkeit der Songs ihren Ausdruck fand. Für Yoko Ono ist es eine kontinuierliche Fortschreibung ihrer Kompositionsarbeit, die sie zu Beginn und in der Mitte der siebziger Jahre begonnen hatte. Die von ihr geschriebenen sieben Titel auf der Platte orientieren sich überwiegend am New Wave. Diese Stilrichtung beeinflußte sie ziemlich stark, was bei den Stücken *Kiss Kiss Kiss* und *I'm Moving On* deutlich wird. Gegenüber den doch äußerst zärtlich gezupften Lennon-Kompositionen griff Yoko Ono zu anderen Stilmitteln und zauberte eine recht wilde und kaltschnäuzige Musik, als wären die vergangenen fünf Jahre gerade an ihr vorübergezogen. Lennons Songs waren freundlicher, eigneten sich viel mehr für die Präsentation im Radio als die seiner Ehefrau und erinnerten eher an seine Beatles-Vergangenheit. Es war diesbezüglich alles so, wie es seine Fans hören wollten. Die Stücke von Yoko Ono trafen dagegen eher den aktuellen Musikgeschmack, sie waren weit avantgardistischer. Nicht umsonst wurde ihre Musik von New-Wave-Bands wie The B-52's oder Joy Division nachgeahmt.

Die Veröffentlichung des Albums *Double Fantasy* war von bestimmten Erwartungen begleitet, weil die ganze Welt sich auf neue Stücke von John Lennon freute, der noch überwiegend als Beatle gesehen wurde. Beatles-Fans, und die gab es immer noch reichlich, assoziierten mit seinem Namen eine ganz bestimmte Phase des eigenen Lebens und der damals eine große Rolle spielenden Musik. Das Ergebnis bewies jedoch, daß die künstlerische Symbiose mit Yoko Ono ungebrochen war. Ihr Name stand also nicht nur gleichberechtigt groß auf dem Cover, ihr Anteil am Gesamtergebnis war nicht minder bedeutend als der von John Lennon. Daher ist die Aussage, es handele sich hierbei um Lennons Comeback, so nicht richtig. *Double Fantasy* war das Comeback beider Künstler – eine Gemeinschaftsarbeit und der Versuch, das Leben auf dem dünnen Eis grundlegend neu zu ordnen. John Lennon konnte mit Recht darauf hinweisen, daß er auch noch zu anderen Dingen fähig war als nur dazu, die Hausmannrolle zu spielen. Wenn das Album auch nicht allseits auf wohlwollendes Interesse stieß, war die Fertigstellung der schwarzen Scheibe für die Liebe des Paares ungeheuer wichtig. Sie hatten es geschafft, gegen alle Widrigkeiten etwas Gemeinsames auf die Beine zu stellen, was auch ihre Fähigkeit, einander zu verzeihen und miteinander zu arbeiten, auf grandiose Weise der ganzen Welt dokumentierte.

Schon viele Male vor dem verhängnisvollen 8. Dezember hatte wohl Mark Chapman in der Menschenmenge vor dem Dakota House darauf gewartet, einen Blick auf John Lennon und Yoko Ono werfen zu können. Lennons Mörder war Ende Oktober aus Honolulu mit dem Vorhaben nach New York geflogen, sein jetzt nur noch mit Haß belegtes Idol zu töten.[129] Nachdem es ihm weder gelungen war, Munition für seinen Revolver zu kaufen noch John Lennon zu sehen, flog er frustriert nach Hawaii zurück.

Beflügelt vom Erfolg des *Double Fantasy*-Albums kam es bei Yoko und John zu einer Art zweitem »Politfrühling«. Anfang Dezember 1980 unterstützte das Paar »eine Demonstration, die in San Francisco zugunsten japanischer Arbeiter geplant wird, die sich im Lohnstreik gegen ihre Arbeitgeber (örtliche Lebensmittel-Importeure) befinden. Die Lennons veröffentlichen eine Erklärung: ›Wir sind im Geiste bei Euch. Wir beide wurden als asiatische Familie in der westlichen Welt vorverurteilt und mißbraucht. Boykott muß sein, wenn es der einzige Weg ist, Gerechtigkeit zu erzwingen und die Würde der Verfassung zum Heil aller Bürger der USA und ihrer Kinder wiederherzustellen.

Am Abend des 8. Dezember wird John Lennon vor seinem Haus in New York von Mark Chapman mit vier Schüssen schwer verwundet. Er stirbt kurz vor Mitternacht in der Notaufnahme des Roosevelt Hospital. Die völlig verstörte Yoko Ono verläßt gerade das Krankenhaus. (Foto: Süddeutscher Verlag, München)

Frieden und Liebe. John Lennon und Yoko Ono, New York, Dezember 1980.«[130] Diese Solidaritätsbekundung klang genau so, als wäre sie Anfang der siebziger Jahre verfaßt worden. Der Text deutete darauf hin, daß Lenono entschlossen waren, die privaten Jahre endgültig hinter sich zu lassen und mit neuen Ideen, Kampagnen und Schallplatten bei Friedens- und Freiheitsaktionen mitzuwirken.

Walking On Thin Ice. Der Titel dieses Yoko-Ono-Songs trifft genau die Situation, in der John Lennon und Yoko Ono am Ende der achtziger Jahre leben mußten. John Lennon fühlte sich in New York zwar völlig sicher – er konnte, ohne belästigt zu werden, in aller Öffentlichkeit auftreten, Kaufhäuser besuchen und im Restaurant sein Essen einnehmen. Aber dennoch drohte ständig Gefahr. Gegen psychopathische Racheengel, durchgeknallte Fans der harten Fraktion oder wahnwitzige Erlöser war er nicht gewappnet. Lennon trat fast jedermann offen gegenüber. Daß ein Typ wie Mark Chapman nur eines im Sinn hatte, das hat er sich sicherlich niemals vorstellen können.

»Walk in the footsteps of the person in front.
1. on ground
2. in mud
3. in snow
4. on ice
5. in water
Try not to make sounds.«

Mit *Walking Piece* hatte Yoko Ono schon im Jahre 1964 – fast zwanzig Jahre vor dem erfolgreichen Songtitel *Walking On Thin Ice* – das geäußert, was das Leben des Paares Lennon-Ono ausmachte. Ihr gemeinsames Leben war immer auf dünnem Eis gebaut. Und die Zeilen dieses Liedes können auch – und das ist das Tragische daran – viel über Mark Chapman aussagen. Er tritt ganz bewußt und aggressiv auf dünnes Eis und ist verloren.

Walking On Thin Ice – Auch am 8. Dezember 1980, einem Montag, arbeitete sie im Record Plant an den Remix-Aufnahmen zu diesem Stück. Gegen 22.50 Uhr kehrten Yoko Ono und John Lennon aus dem Aufnahmestudio zurück zum Dakota House. Vor dem Eingang zu dem mächtigen Gebäude versah der kubanische Wachmann José Perdomo seinen Nachtdienst. Der Nachtportier Jay Hastings arbeitete an der Rezeption der großen Eingangshalle. Als die Limousine mit beiden vor dem Gebäude hielt, stieg Yoko Ono zuerst aus. Mark Chapman wartete, bis Lennon das Fahrzeug verließ, sprach ihn mit »Mr. Lennon?« an und feuerte, als der sich umdrehte, fünf Schüsse aus seinem Revolver ab. John Lennon wurde zweimal in den Rükken und je einmal in Hals und Schulter getroffen; die fünfte Kugel verfehlte ihr Ziel.

Yoko Ono konnte nur hysterisch schreien. Sie rief ohne Unterlaß nach einem Krankenwagen, der aber auf sich warten ließ. Um keine Zeit zu verlieren, transportierten die herbeigerufenen Polizisten den sterbenden John Lennon in einem Streifenwagen zum Roosevelt Hospital. Um 23.15 Uhr konnten die Ärzte nur noch Lennons Tod feststellen. Wegen des großen Blutverlustes hatte er keine Überlebenschance.

Mark Chapman wurde noch am Tatort verhaftet.

3. KAPITEL

1980 bis heute

Das Leben geht weiter

Die Nachricht vom Attentat auf John Lennon schlug ein wie eine Bombe. Die Welt trauerte um ein Idol: Die Popmusikfans, die Mitglieder der Friedensbewegung und Yoko Ono waren in Trauer vereint. Die Weltöffentlichkeit war entsetzt. Empörung, Wut und Trauer gingen um den Erdball. Die amerikanische Nation hatte seit dem Attentat auf John F. Kennedy keinen derartig überwältigenden kollektiven Schmerz mehr erleben müssen. John Lennon wurde aber auch ein Opfer einer seltsamen Moral, die in seinem Wunschheimatland herrschte: Auf der einen Seite galt es, die Freiheit für jeden Menschen zu garantieren – dazu gehörte auch, sich mit Schußwaffen eindecken zu können –, auf der anderen brachte dieses Recht ein quasi paranoides Sicherheitsdenken hervor. John Lennon aber wagte sich immer ohne Begleitschutz an die Öffentlichkeit, und das wurde ihm letztlich zum Verhängnis.

Das Mitgefühl für die Witwe Yoko Ono nahm völlig überraschend ungeahnte Ausmaße an. Sie war plötzlich Alleinerbin des bedeutenden Lennon-Nachlasses – sozusagen seine Statthalterin. Anfänglich kam sie mit der ihr von der Öffentlichkeit zugedachten Witwenrolle nicht zurecht, aber letztlich verstand sie sie zu akzeptieren.

Vor Wochen noch als raffgierige Drachenlady verspottet und angefeindet, traf sie das kollektive Mitgefühl in ganzer Härte. Vergossene Tränen, verstreute Blumen, gespendetes Geld – der Tod John Lennons ließ alle Ressentiments vergessen. Ein Jahr nach dem Mord sprach sie in einem Interview dieses Problem an: »Was soll dieses komische Verhalten? Plötzlich liebt ihr mich – aber weshalb? Ich bin immer noch dieselbe. Wenn sie mich genauso haßten wie früher, wäre es wie in alten Zeiten. Aber es ist, als ob John ihnen durch ihre Liebe zu mir ersetzt würde. Ich aber hätte lieber den Haß und meinen Mann wieder und das Unverständnis der Welt. Denn das hat Spaß gemacht, er machte die Rebellin aus mir – wir beide gegen die Welt! Es hat uns wirklich Spaß gemacht.«[131]

Yoko Ono teilte der Öffentlichkeit mit, daß es keine offiziellen Beisetzungsfeierlichkeiten geben würde, und bat nur darum, eine nächtliche Schweigeminute für John Lennon einzulegen. Yokos schlimmste Aufgabe war es nun, Sean vom Tod seines Vaters in Kenntnis zu setzen. Yoko Ono gelang es, ihm die Sicherheit zu geben, die er brauchte, um mit diesem schrecklichen Ereignis fertig zu werden. Aber ganz ohne öffentliches Statement konnte sie dann doch nicht vorgehen. Sie gab am 10. Dezember der Presse folgende Erklärung: »Ich habe Sean gesagt, was passiert ist. Ich habe ihm das Bild seines Vaters in der Zeitung gezeigt und ihm die Situtation erklärt. Ich habe Sean zu der Stelle geführt, an der John lag, nachdem er erschossen wurde. Sean wollte wissen, warum dieser Mensch John erschossen hat, wenn er John mochte. Ich habe ihm erklärt, daß es wahrscheinlich ein verwirrter Mensch war, Sean hat gesagt, wir wollten herausfinden, ob er verwirrt war oder ob er wirklich vorhatte, John zu töten. Ich habe ihm gesagt, daß das Sache des Gerichts ist. Später hat Sean geweint. Er hat auch gesagt: ›Jetzt ist Daddy ein Teil von Gott. Ich glaube, wenn man stirbt, wird man viel größer, weil man dann Teil von allem ist.‹ Ich habe Seans Äußerungen nicht mehr viel hinzuzufügen. Das Schweigen zu Johns Gedenken findet am 14. Dezember um 14 Uhr statt, zehn Minuten lang. Unsere Gedanken werden bei Euch sein. In Liebe, Yoko und Sean.«[132]

Im Central Park in New York kamen etwa vierhunderttausend Menschen zusammen, um dem Idol einer ganzen Generation zu gedenken. Auch in anderen Städten, zu denen John Lennon eine besondere Beziehung hatte (Toronto, Liverpool und Hamburg) versammelten sich die Menschen in stiller Trauer. Sogar der staatliche Rundfunksender der damaligen DDR spielte Beatles-Songs.

Natürlich wurde auch Yoko Ono von der New Yorker Polizei als Zeugin zum Tathergang befragt. Am 18. Dezember gab sie Police-detective Peter Mangicavallo folgende Aussage zu Protokoll: »Wir hatten eine Radiosendung, mußten sie zwischen 16.30 und 17.00 machen. Fuhren mit einer Limousine zu Record Plant – wurden mitgenommen von Leuten mit einer Limousine. John hat Autogramme gegeben. Ist eingestiegen. Fuhren zu Record Plant. Blieben bis gegen halb elf. Wir wollten in ein Restaurant, sind dann doch nicht. Wir sind zurückgefahren. Normalerweise fahren wir zum Tor rein, diesmal aber nicht. Ausgestiegen, am Tor vorbeigegangen. John ging durch die Tür, er ging schneller. Ich hörte Schüsse. Er ging die Treppen hoch zur Tür. Sagte: ›Mich hat's erwischt.‹ Ich folgte ihm. Er stand, aber er wankte. Ich sagte, er solle sich hinlegen. Manchmal war er vor mir, und machmal war ich vor ihm. Ich sah einen Mann neben der Kabine des Wachmanns. Es war dunkel und Nacht. Er nickte mir zu – dunkle Kleidung, irgendwie grau. Männlich/weiß. Er war nicht klein...«[133] Die kargen Notizen, nüchtern und im Stakkato niedergeschrieben, geben keinen Aufschluß über die Gemütsverfassung der Zeugin Yoko Ono. Schmerz und Trauer sind eben nur sehr schwer wiederzugeben.

»Music was my salvation«

Der Satz aus dem Booklet zur *Season Of Glass*-CD wirkt wie ein Befreiungsschlag der Künstlerin Yoko Ono, die seit dem Tod ihres Ehemanns in einer seltsamen Starre zu existieren schien. Es war eine Art freiwillige Isolationshaft, in der die Witwe lebte. Sie ernährte sich zeitweise nur von Pilzen und Schokoladenkuchen, rauchte unablässig und zog sich für viele Wochen ganz ins Dakota House zurück. Aber vollkommen untätig kann sie denn doch nicht gelebt haben. Abgesehen davon, daß täglich Beileidstelegramme und -briefe eintrafen, die zu beantworten waren, arbeitete sie an der endgültigen Fertigstellung ihrer Solosingle *Walking On Thin Ice,* die dann am 1. Februar 1981 veröffentlicht wurde. Auf der B-Seite war *It Happened* zu finden. Der Titelsong ist eine Mischung aus avantgardistischen Gesangs- und Schreisequenzen und hat eine – damals sehr ungewöhnliche – rhythmische Struktur, die auf stampfendem Beat aufgebaut ist. An diesem Stück arbeiteten Yoko Ono und John Lennon bis zum späten Abend seines Todestages. Das Ausmaß der Tragödie ihres Lebens wird somit in diesem Lied besonders zum Ausdruck gebracht. Ohne Netz und doppelten Boden war ihr Dasein immer Drahtseilakt gewesen, der besonderes Geschick und eine außergewöhnliche Balancefähigkeit erforderte. *Walking On Thin Ice* ist somit kein Resümee des Mordes an John Lennon, sondern das ihres gemeinsamen Lebens.

Yoko widmete sich wieder ganz der Verwaltung der Finanzen, jetzt des Lennon-Nachlasses. Yoko Ono war zeit ihres Lebens eine viel zu gute Geschäftsfrau gewesen, um an dieser Aufgabe zu scheitern. Die Hälfte des Vermögens erbte sie, die andere ging in das Eigentum verschiedener Nutznießer über. Wieder nimmt man ihr das übel. Albert Goldman schildert Yoko in seiner Lennon-Biographie gerade in dieser Phase als eine besonders geldgierige, alles vermarktende Hexe, deren Raffgier ins Bodenlose gehe und die jede Möglichkeit nutze, sich ins Gespräch zu bringen. Goldman will natürlich das Augenmerk auf den Widerspruch lenken, daß sich Yoko Ono stets als selbstlose Künstlerin stilisierte und im verborgenen, aber mit konsequentem Einsatz, ihr Vermögen mehrte und dabei über Leichen ging. Er verkennt dabei das legitime Recht jedes Künstlers, von der Vermarktung seiner Kunst zu profitieren. Und für die Rolle einer brotlosen Künstlerin war Yoko Ono nun wirklich nicht geschaffen.

Musik war ihr Leben, und die Musik rettete sie. Dafür spricht auch, daß diese künstlerische Sparte Yoko Onos Hauptaugenmerk galt. Die bildende Kunst, die Fluxus-Bewegung und ihre Events standen dahinter insgesamt zurück. Jetzt, nach dem Tod ihres Mannes, besonders. Zusammen mit dem Produzenten Phil Spector begann sie so Ende des Winters 1981 in der Hit-Factory mit den Aufnahmen zu ihrer Solo-LP *Season Of Glass*. Zunächst unterstützten sie dabei dieselben Musiker, die bereits bei den *Double Fantasy*-Aufnahmen mitgearbeitet hatten. Spector stieg bald aber aus dem Projekt aus, und auch die Studiomusiker kündigten nicht lange danach ihre Mitwirkung, weil sie von Yoko Ono keine Anweisungen mehr entgegennehmen wollten. Yoko Ono stellte das Album allein fertig. Trotzdem dankte sie im Booklet den Musikern überschwenglich für deren Einsatz und Inspiration. Warum auch immer.

In *Season Of Glass* wird die Avantgarde-Künstlerin Yoko Ono zum Thema gemacht. Diese Produktion lebte, wie viele ihrer musikalischen und künstlerischen Werke, sehr vom autobiographischen Input. Das kompromißlose Vorgehen und das rigorose Umsetzen ihrer exzentrischen Ideen wies auf Yoko Onos Rückkehr zu ihren Wurzeln hin. So traurig der Anlaß auch war:

Sie wollte wieder einmal der Welt zeigen, daß ihre Kunst nicht am Ende war und ihr avantgardistischer Anspruch für sie ganz im Vordergrund stand. Allein das Cover der Schallplatte war zur Provokation der Öffentlichkeit gedacht, vor allem aber die John-Lennon-Fans sollten Zielscheibe sein. Symbolträchtig zeigte es im Ausschnitt – vor einer nur verschwommen sichtbaren New York-Silhouette – ein halbvolles Wasserglas und die blutverschmierte Brille, die Lennon am Abend seiner Ermordung trug. Yoko Ono selbst hatte dieses makabre Stilleben fotografiert, mit dem sie an den schrecklichsten Moment in ihrem Leben erinnern wollte. Diese Inszenierung nahm Yoko Onos Avantgarde-Vergangenheit auf, ein neuer Tabubruch wurde instrumentalisiert. Die Reliquie des ermordeten Lennon mutierte zum Gegenstand in einer künstlerischen Environmentkulisse.

Auf der Rückseite des Covers zeigt sie dem Publikum eine andere Version der Dinge: Nun ist erkennbar, daß das Foto in Yoko Onos Wohnung im Dakota aufgenommen wurde. Der Blick der Fotografin geht durch das Fenster über den Central Park auf die Wolkenkratzer hinaus. Vor dem Fenster steht ein runder Tisch, darauf befindet sich das Wasserglas. Anstelle der besudelten Brille ist hier ein Tontopf mit Blumen zu sehen. Diesen Bildausschnitt hatte John Lennon immer gehabt, wenn er aus dem Fenster schaute. Nun sollte auch seinen Fans ein Blick aus seiner privaten Welt hinaus gewährt werden.

Neben der provozierenden Schallplattenhülle sorgten auch einige der Songs für Aufregung. *No No No* beginnt mit einer Serie von Schüssen, die in direkter Weise den Mordanschlag auf Lennon akustisch illustrieren und in Erinnerung rufen. Inhaltlich erzählt das Lied vom Sichzurückziehen in eine sichere Position, in ein Versteck. Daneben wünschte sich Yoko Ono in dem Song *Goodbye Sadness,* daß die Traurigkeit verschwinden und einer normalen Lebensgestaltung Platz machen möge. Überhaupt bewegt sich die gesamte LP thematisch zwischen quälender Trauerarbeit und dem notwendigen optimistischen

Juli 1986. Yoko Ono macht mit Schülern der Kardinal-Spellman-School einen Spaziergang durch den New Yorker Central Park. Yoko probte mit den Kindern an einem Song für eine Benefizveranstaltung. Sozialpolitisches Engagement spielte in ihrem Leben nach wie vor eine entscheidende Rolle. (Foto: Süddeutscher Verlag, München)

Blick nach vorne. Aber selbst nach vielen Jahren fällt beim Hören dieser Stücke immer noch auf, daß das schreckliche Ereignis vom Dezember 1980 für Yoko ein ganz tiefer Einschnitt war. Insofern verstand es Yoko Ono, eine Art akustischer Erinnerungsskulptur zu schaffen, deren Zweck bei jedem Abspielen der Musik von *Season Of Glas* deutlich wird: Niemand soll ohne die Erinnerung an John Lennon davonkommen, wenn er ein Stück wie »Sadness« hört.

Yoko Ono tat alles dafür. Auch dem New Yorker Bürgermeister Ed Koch rang sie eine Zusage ab, einen Teil des Central Parks zum Gedenken an John Lennon umzubenennen. Sie ging in der gesamten Stadt auf Bittsteller- und Sammeltour. Ein offener

Brief sollte die Menschen für ihr Vorhaben gewinnen. Das Gelände sollte in der Nähe des Dakota House liegen. »Es wird als Strawberry Fields bekannt werden. Es soll dort sein, wo John und ich unseren letzten gemeinsamen Spaziergang gemacht haben. John wäre sehr stolz darauf: Eine Insel, die nach seinem Song benannt wird, hätte ihn viel mehr gefreut als eine Statue oder ein Denkmal.«[134] Yoko Ono erinnerte in ihrem Bittbrief auch an die Eichelpflanzaktion im Jahre 1969, mit der das Paar damals seine Liebe bekundet und eine weltweite Aktion für die Liebe zwischen den Menschen initiiert hatte. Aus der ganzen Welt sollten ihr die Menschen Pflanzen, Steine und Felsstücke schicken, bat sie. Damit würden die »Strawberry Fields« errichtet werden. Im April 1982 wurde das kreisrunde Bodenobjekt, in dessen Mitte das Wort »Imagine« steht, der Öffentlichkeit präsentiert.

Im Dakota House geschahen währenddessen merkwürdige Dinge. Yoko Ono warf dem ehemaligen Lennon-Assistenten Fred Seaman vor, Gegenstände und Demobänder aus dem Nachlaß John Lennons unberechtigterweise mitgenommen zu haben. Anfang Januar entließ sie den Mann, der wohl Manuskripte und Tagebücher Lennons hatte mitgehen lassen. Yoko Ono verklagte Seaman schließlich, erhielt aber auch nach langen juristischen Auseinandersetzungen nicht alle Dokumente zurück.

Als schon niemand mehr mit neuen Aufnahmen von John Lennon rechnete, überraschte Yoko Ono einmal mehr seine Fans, die dem charismatischen John Lennon auch nach dem Ende der Beatles die Treue gehalten hatten. Posthum veröffentlichte die Witwe das *Double Fantasy*-Nachfolgealbum *Milk And Honey,* in welchem sie umfangreiches Material vieler Sessions zusammengestellt hatte. Die von Lennon geschriebenen Songs waren während der Demo-Aufnahmen zum *Double Fantasy*-Projekt entstanden. Yoko Ono schrieb ihre Stücke erst nach Lennons Tod. Auf der Platte *Milk And Honey* war der Name John Lennon

Yoko Ono mit ihren Söhnen Sean und Julian in den 80er Jahren:
Sean, der gemeinsame Sohn mit John Lennon, Julian aus Johns erster
Ehe mit Cynthia Powell. (Foto: Keystone, Hamburg)

ganz groß zu lesen, sie war jedoch eine einzige Liebeserklärung
Yokos an den verstorbenen Mann und wurde im Januar 1984 in
den USA veröffentlicht. Die viel Zärtlichkeit ausstrahlenden
Coverfotos, von Kishin Shinoyama angefertigt, sehen aus wie
ein Fortsetzungsfotostrip von *Double Fantasy.*
Noch sechs Jahre nach dem Mord an ihrem Ehemann plante
und organisierte Yoko Ono diverse Projekte, bei denen sie in
erster Linie John Lennons Namen als Promotionmittel benutzte. Dazu gehörte die Herausgabe des Albums *Live In New York
City,* auf dem ein Konzert aus der politischen Phase seiner Karriere zu hören war. Gemeinsam mit Yoko Ono und der Plastic
Ono Elephants Memory Band hatte Lennon im August 1972 auf
der Bühne des Madison Square Gardens gestanden. Das Programm damals basierte auf dem Material der *Sometimes In New
York City*-Produktion. Yoko Ono unternahm 1986 eine interna-

tionale Tournee, die das friedensbewegte Leben des Paares Lenono in Erinnerung rufen sollte. Die Reise führte Yoko Ono auch nach Europa, wo am 28. Februar 1986 in Belgien der Tourneestartschuß für die Alte Welt fiel.

Die Kritiken zur damals jüngsten Yoko-Ono-Schallplatte *Starpeace* (November 1985) waren wie immer. Hämisch und oberflächlich kommentierten die Rezensenten dieses Album. Die Idee des Friedens sollte bis ins Weltall weitergetragen werden, so der Wunsch Yokos. Im März des Jahres 1986 trat sie auch in Deutschland, in der Berliner Diskothek »Metropol«, auf. Es war eine wenig erfolgreiche Promotiontour. Insgesamt dreiunddreißig Städte standen auf dem Programm, wozu auch Budapest, Ljubljana, Stockholm, Kopenhagen und Warschau gehörten. Das große Thema »Liebe und Frieden«, das schon das Paar Yoko Ono und John Lennon für sich vereinnahmt hatte, sollte eine Art Wiederauferstehung erleben. Doch die Zeiten hatten sich geändert. Yoko Onos Botschaft war zu simpel: »Die Tournee heißt nicht umsonst ›Starpeace‹. Für diesen Sternenfrieden werbe ich – nicht nur mit meinen Songs. Ich möchte dem Publikum erzählen, wie es mir und meinem Sohn Sean in den letzten fünf Jahren ergangen ist. Die Kriegsindustrie verdient Milliarden von Dollar und schafft natürlich Jobs. Ich glaube aber, daß es noch mehr Jobs gäbe, wenn wir das Geld, das für Waffen vergeudet wird, für eine Friedensindustrie ausgäben. Das gilt selbstverständlich auch für die sozialistischen Staaten, aber wir müssen den Anfang machen, wir müssen die Hand ausstrekken. Die Star-Wars-Pläne werden schließlich von Reagan forciert.«[135] Dem Krieg der Sterne des amerikanischen Präsidenten Ronald Reagan setzte sie ihren Frieden der Sterne entgegen.

Noch immer war Yoko Ono außerhalb des Musikbusineß wenig aktiv, die demütigenden und beleidigenden Begleiterscheinungen und Kritiken der *This Is Not Here*-Ausstellung wirkten bei ihr immer noch nach. Ihre Hauptaufgabe sah Yoko Ono nun im Erhalten des künstlerischen Erbes ihres ermordeten Ehemanns.

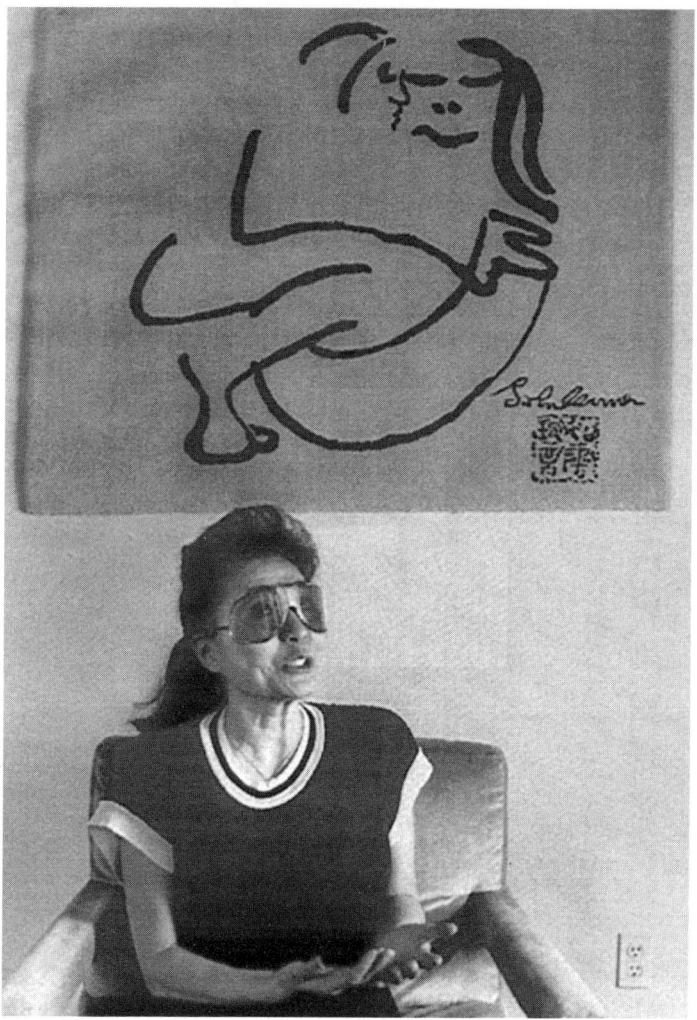

Yoko Ono im Jahr 1987 mit einer Zeichnung von John Lennon.
Die Arbeiten Lennons waren bis dahin unveröffentlich und sollten nun
erstmalig in der Art Gallery in Palm Beach ausgestellt werden.

(Foto: Süddeutscher Verlag, München)

Aus dem Gewinn, den mehrere Hausverkäufe einbrachten, gründete sie die Stiftung »Spirit Foundation«, mit deren Hilfe dann im sozialen Bereich vielfältige Unterstützungen möglich waren.

Am Muttertag (!) des Jahres 1987, es war der 10. Mai, erhielt Yoko Ono in Boston den »Helen Caldicott Leadership Award« für ihr jahrelanges Engagement um den Frieden auf der Welt. Sie nahm zwar aus persönlichen Gründen selbst nicht an der Zeremonie teil, aber Carol Barr von der Marlborough Gallery nahm stellvertretend den Preis entgegen, für den sie sich herzlich bedankte. Die Auszeichnung stiftete die von Helen Caldicott gegründete »Women's Action for Nuclear Disarmament«. Yoko Ono betrachtete diese Ehrung als späte Wertschätzung ihrer Aktivitäten für den Frieden, die sie zusammen mit John Lennon in den sechziger und siebziger Jahren stets als wichtige Aufgabe angesehen hatte: »My decision to accept the award was, one, it is an honor, but two, because it is also to focus attention to this organization which is doing good for the world. The desire we have to survive as a human race is the basis of what we're doing now for peace.«[136] Oft war das exzentrische Paar Lenono belächelt, als weltverbessernde Naivlinge abqualifiziert worden. Nun war Yoko Ono mit dieser Auszeichnung geehrt worden, weil sie nie die Hoffnung aufgegeben hatte, der Menschheit zu sagen, daß Frieden möglich sei. Jeder Mosaikstein als Teil der ganz großen Aufgabe war wichtig, der half, den Weg zum Frieden zu pflastern. Aufsehenerregende und unbequeme Aktionen konnten zwar allein weder Krieg noch Gewalt auf dem Erdball verhindern, aber die Aktivitäten trugen mit dazu bei, daß Politiker weltweit dazu angehalten werden konnten, ihre Kraft für Frieden für alle Menschen einzusetzen. Kein aufrichtiger Mensch konnte es sich erlauben, die Botschaften des prominenten Paares zu überhören und nicht Stellung zu nehmen.

Die Bronzezeit

Die Ausstellung zum fünfundsiebzigsten Geburtstag von John Cage im Jahre 1988 war für Yoko Ono der Beginn der Bronzezeit. Sie begann jetzt nämlich damit, neuartige Objekte anzufertigen, und zeigte sie in einer Ausstellung in Cincinnati zu Ehren Cages. Die Bezeichnung »Bronze Age« benutzte Yoko Ono ganz bewußt, denn sie machte nun Arbeiten, die schon in ihrer Anfangszeit als Künstlerin angefertigt worden waren, ein wenig variiert in Bronzeguß. Damit wollte sie ihrer Kritik an einer Gesellschaft Ausdruck verleihen, die in den achtziger Jahren einem totalen Materialismus verfallen schien.

Zu den nun in Bronze ausgeführten Arbeiten gehörten Exponate wie etwa *Apple* und *Cleaning Piece For A.P.,* die bereits 1966 in der Indica Gallery ausgestellt worden waren. Seinerzeit waren die Besucher aufgefordert worden, in einen echten Apfel zu beißen. Die Wiederholung des Objektes 1988 zeigt einen Apfel aus Bronze, in dem die Bißmerkmale eindeutig zu sehen sind. *Cleaning Piece,* auch von 1988, ist ein Bronzequader mit danebenliegendem Reinigungstuch auf einem marmorartigen Podest. Im Quader sind die Worte »Cleaning Piece – Yoko Ono 1988 – Clean It« eingraviert.

Den Hintergrund für die Arbeiten in Bronze erläuterte Yoko Ono 1988 mit einer Geschichte: Während einer Reise zu einer Friedenskonferenz in der Sowjetunion im Jahre 1987 hatte sie den Sommerpalast in St. Petersburg, das damals noch Leningrad hieß, besucht. In jedem Raum dort hingen zwei Fotos Seite an Seite: Eines zeigte den prunkvollen Raum während der Zarenzeit, das andere präsentierte ihn kurz nach der Zerstörung durch die Nazis. Die Sepiafotographien des Palastes hätten eine sehr schöne Welt gezeigt und Raum zum Träumen gelassen. Die Schwarzweißfotographien der zerstörten Räume hätten keine Träume mehr zugelassen. Das Ende von allem hätte deutlicher nicht gezeigt werden können. Die restaurierten Räume, die sie besichtigt habe, seien leuchtend bunt gewesen, wie ein geschminktes altes Gesicht. Und sie fuhr fort: »It was a story of change and survival. It was a story of all of us. One day in New York, soon after the trip, I was eating spaghetti in an Italian restaurant with a friend. The friend casually suggested I should do some objects in bronze. The suggestion was so offensive to me that my smile froze and tears ran down my cheek. ›This man doesn't know anything about my work‹, I thought. I realized then that I had an absolute fear of bronze. But why?«[137] Sie erinnerte sich in diesem Zusammenhang an die sechziger Jahre und spürte wieder den »Glasschlüssel zum Öffnen des Himmels« ganz nah. Obwohl sie jetzt in den achtzigern lebte, befand sich ein Teil von ihr noch in den Sixties, das wurde ihr deutlich. Tastend pirschte sie sich so langsam künstlerisch an ihre Bronzezeit heran. In dieser künstlerischen Schaffensphase gelang ihr die Verknüpfung der glorreichen sechziger Jahre mit dem Jahrzehnt, an dessen Anfang ihr geliebter John Lennon ums Leben gebracht wurde.

Auf Einladung der UMKC Gallery of Art in Kansas City in Missouri zeigte Yoko Ono ab 4. November 1988 dann die Ausstellung *Three Events* und kam persönlich zur Eröffnung. Dort präsentierte sie ihre Arbeiten *Nail It, Play By Trust* und *Mend It*. Dabei handelte es sich unter anderem um eine Skulptur mit weißem Schachspiel und zerbrochener Tasse, die Stück für Stück wieder zusammengeklebt werden sollte.

Yoko Ono demonstrierte danach in einer ganz anderen Art Action ihr Interesse für den norwegischen Schriftsteller Henrik Ibsen und dessen emanzipatorisches Theaterstück »Nora oder Ein Puppenheim«. Im September 1991, anläßlich des ersten Ibsen-Festivals in Høyvikodden (Henie-Onstad Art Center), veranstaltete sie das drei Wochen dauernde Event: *Hommage To Nora*. Beim alljährlichen Ibsen-Festival erlebten die Teilnehmer eine von Yoko Ono erdachte Aktion in drei Strophen, die besonders vor dem Hintergrund der Nora zeigte, wie wichtig der Künstlerin noch immer feministische und emanzipatorische Forderungen sind.

Die drei Strophen versinnbildlichen die drei Wochen, in denen »Nora oder Ein Puppenheim« dort aufgeführt wurde. Yoko Ono erteilte dem Publikum dabei bestimmte Handlungsanweisungen. In der ersten Woche sollten die Zuschauer Spiegel auf die Bühne legen, in der zweiten ihre Wünsche auf Zettel schreiben und auf die Bühne bringen, in der dritten sollten sie den Zetteln Blumen hinzufügen. Zwischen Ibsens »Nora oder Ein Puppenheim« und Yoko Onos *Cut Piece* lassen sich Parallelen ziehen, die oft aber erst auf den zweiten Blick deutlich werden und Yoko Onos Gedankenarbeit erfassen. Die Zerstörung der Kleider in *Cut Piece* bezieht sich so in einer Metapher auf Ibsens Drama. Nora Helmer verließ ihren Ehemann und die Kinder, weil sie aus den starren Fesseln des Ehelebens ausbrechen und Unabhängigkeit erlangen mußte. Mit dieser Figur wird für Yoko Ono eine urfeministische Kämpferin gezeigt, die sie ihr Leben lang bewunderte und die sie in verschiedenen Perioden und Arbeiten immer aufnahm.

Moloch New York

Die interessanteste und großartigste Stadt der Welt hatte seit jeher auch schreckliche Schattenseiten. Dazu gehörten die Gewalt auf den Straßen, Unregierbarkeit und die Vereinsamung der dort lebenden Menschen. Besonders jugendliche Kriminelle bestimmten das Bild der heruntergekommenen, unsicheren Stadtteile wie Bronx, Harlem usw. Die Ermordung des von der Notwendigkeit des Friedens überzeugten John Lennons verzerrte das weltoffene Gesicht New Yorks ein weiteres Mal zu einer grimmigen Fratze. Yoko Ono blieb dennoch in dieser Stadt, die ihr Heimat geworden war.

Denn Yoko Ono beschäftigte sich mit dem Innenleben der Stadt auch künstlerisch sehr intensiv. Im Frühjahr 1994 stand auf dem Spielplan des WPA Theatre die Premiere ihres Musicals *New York Story*. Es ist die Geschichte eines vaterlos aufgewachsenen neunjährigen Jungen, der seine geliebte Mutter verläßt und in den Kreis gewalttätiger Straßenkids gerät. Das Musical zeigt die Stadt New York als einen unüberschaubaren Moloch. Halbwegs erwachsen geworden, lernt Bill die Schriftstellerin Jill kennen, die ein Verhältnis mit dem gewalttätigen Mafiaboß Coolio hat. Sie verläßt ihn bald, weil sie Bill liebt. Natürlich geht das zunächst nicht gut, die Spirale der Gewalt verhindert einen Rückzug in ein anderes, ein normales Leben. Der Krieg auf den Straßen fordert Opfer. Verwicklungen und Verluste bestimmen die Story. Bill wird erschossen. Jill kann ihn nicht vergessen und trifft nach verschiedenen Irrungen und Wirrungen einen neunjährigen Jungen, der ebenfalls Bill heißt. Auch dieser Junge spielt schon mit einer Pistole. Aber am Ende siegt das Gute, und die Gangmitglieder werfen ihre Pistolen auf den Müll: Etwas Hoffnung im Meer aus Gewalt und Haß bleibt.

Die Songs in *New York Story* stammten von verschiedenen Yoko-Ono-Schallplatten der vergangenen Jahre sowie aus dem letzten Werk mit dem Titel *Rising*. Für das Musical wurden die Songs nur mit anderen Texten versehen. Die *New York Story* war nicht von großem Erfolg gekrönt.

Aber auch die *New York Story* zeigte sich außerhalb des künstlerischen Umfelds als eine für Yoko Ono typisch schwierige Angelegenheit. Sie war mit der New Yorker Produktion nicht einverstanden gewesen und gestattete dem Theater in der Cristallerie in Wadgassen bei Saarbrücken, das Musical noch einmal exklusiv, sozusagen als zweite Uraufführung, zu präsentieren. Was aber noch viel interessanter war: Yoko Ono gewährte dem Regisseur Gerald Uhlig große künstlerische Freiheit. Nur das Handlungsgerippe und die Songs waren noch von ihr. Und so arrangierte Wolfgang Norman Dalheimer die Musik neu, und Uhlig schrieb Texte hinzu. Dieses collageartige Werk fand sogar die Zustimmung von Yoko Ono, was angesichts ihrer Empfindlichkeiten bei Bearbeitungen ihrer Werke überhaupt nicht selbstverständlich war.

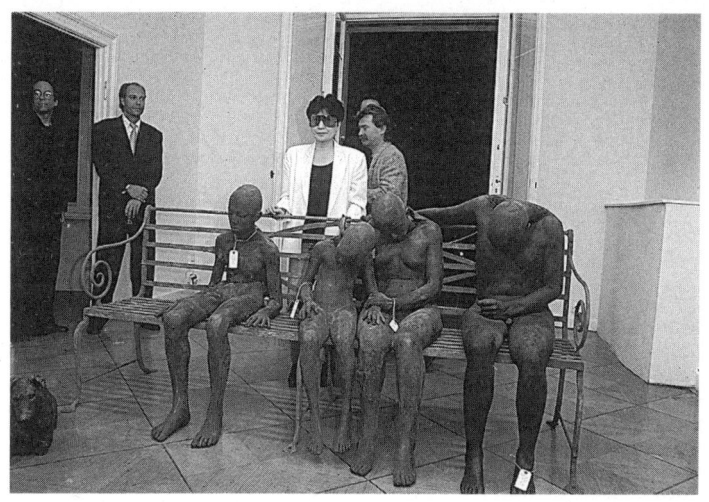

Yoko Ono bei ihrer Ausstellung »Endangered Species« in Berlin im Jahr 1992.
(Foto: Keystone, Hamburg)

Die Gegenwart

Fast am Ende ihres sechsten Lebensjahrzehnts findet Yoko Ono endlich die ihr gebührende Anerkennung ihres künstlerischen Wirkens. Weltweit ehrten verschiedene Museen mit großen und bedeutenden Retrospektiven die Künstlerin. Sie kreierte neue, teilweise eigens dafür geschaffene Kunstwerke.

Die Wirkung Yoko Onos in der Gegenwart festzuhalten – dazu gehört auch die Tatsache, zu berücksichtigen, daß jüngere Musikerinnen und Musiker heute das künstlerische Potential in den Kompositionen der Japanerin entdecken und für ihre Zwecke vereinnahmen. Freilich geht das nicht immer ohne satirische Töne ab. Die deutsche Nonsensband Trio etwa nahm sich Yoko Onos Song *Wake up* und veröffentlichte ihn 1983 auf ihrer Langspielplatte »Bye Bye«. Das kanadische Quartett »Barenaked Ladies« konnte 1991 mit dem vorwitzig-frechen Song »Be My Yoko Ono« die Hitparade stürmen und sich damit eine goldene Schallplatte in seinem Heimatland ersingen.

Ein anderes Beispiel: Das Vorbild vieler Komponisten und Musiker der zeitgenössischen Avantgarde, John Cage, stirbt im August 1992 im Alter von neunundsiebzig Jahren. Er wird 1994 mit einem Doppelalbum geehrt, auf dem auch seine Verehrerin Yoko Ono mit einem Beitrag vertreten ist. Sie nennt ihr Stück *Georgia Stone*. Dabei handelt es sich um eine Klangcollage, in der die Stimmen von John Lennon, Martin Luther King und einem Überlebenden von Auschwitz verwendet werden. Die dreiteilige Komposition erhält ihren Namen von den »Georgia Guidestones« in Elbertson in Georgia. Auf dem Gipfel eines Hügels steht dort ein Stonehenge-ähnliches Monument, in dem die Worte »Be not a cancer on earth, leave room for nature« eingemeißelt wurden. Yoko Ono beginnt mit der Komposition des Stückes bereits 1987, und sie widmete es schließlich ihrem Vorbild John Cage. Ursprünglich konzipiert sie *Georgia Stone* als Ballettmusik: ohne Rhythmus, so wie es die Choreographin Margaret Jenkins gewünscht hatte.

Yoko Ono betrachtete ihren verstorbenen Mann immer noch als ihren eigentlichen künstlerischen Gegenpart und bringt seine künstlerische Kreativität, seinen Stil immer mit ins Spiel. Die seelischen Verletzungen nach dem Mord sind selbst viele Jahre danach noch nicht verheilt. Sie arbeitet unentwegt daran, die Erinnerung an John Lennon wachzuhalten und immer wieder seine Bedeutung der Welt deutlich zu machen.

Im Oktober 1994 zeigt Yoko Ono in einer über das ganze Stadtgebiet von Langenhagen hinweg veranstalteten Kunstausstellung eine neue Version einer alten Arbeit. Hier benutzt sie wieder einmal das Motiv der nackten Hinterteile, das in siebzigtausendfacher Ausführung als Plakat in der Stadt Langenhagen zu sehen war. Die menschliche Kehrseite als Metapher – denn,

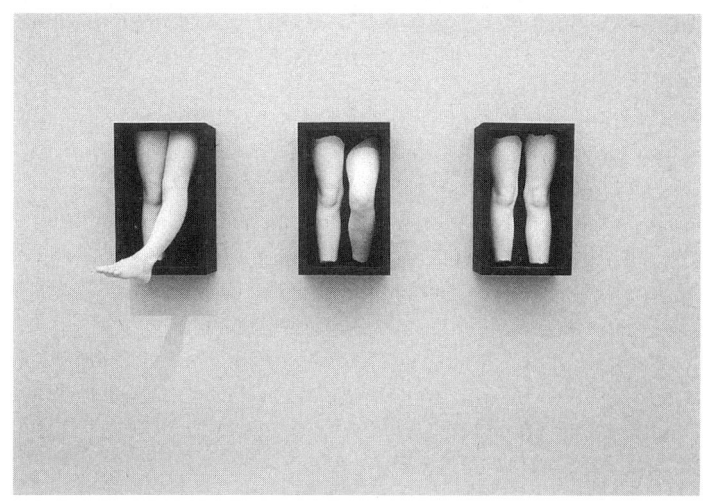

»Endangered Species«, Ausstellung von Yoko Ono in Berlin 1992.

so Yoko Ono, Gesichter seien in der Lage zu lügen, Hinterteile
nicht.

Auch von der populären Musik wird sie wohl nie ganz wegkom-
men. In enger Zusammenarbeit mit ihrem Sohn Sean nimmt sie
1995 das Album *Rising* auf, das gleichzeitig auf der Höhe der Zeit
und dennoch thematisch sehr stark in der Vergangenheit veran-
kert ist und Zitate daraus aufnimmt. Schon 1994 beginnt Yoko
Ono mit der Arbeit an diesem Album. Anregung bekommt sie
vom Dramatiker Ron Destro, der für sein Theaterstück »Hiroshima« einige Songs sucht und an Yoko Ono die Bitte richtet, sie
möge etwas für sein Drama komponieren.

Neben einer erneuten Vergangenheitsbewältigung, die ihr besonders durch das Erleben der Bombennächte und der Atombombenabwürfe über Japan wichtig geworden ist, beschäftigt
sich Yoko Ono auf diesem Album auch mit dem Verhältnis zu
ihrem Sohn Sean. Nach langem Drängen engagiert sie Seans

Trio IMA (Sean Ono Lennon, Timo Ellis, Sam Koppelman) als Studiomusiker. Die ein Jahr später erschienene CD *Rising Mixes* enthält einen interaktiven Multimedia-Track, ergänzt durch Zeichnungen von Yoko Ono, die sie in Franklin im amerikanischen Nordwesten angefertigt hatte. Die Blätter weisen sehr abstrakte Merkmale auf. Mit punktierten Tuscheklecksen, weichen Linien und spermienartigen Gebilden entstehen ihre Bilder. Daneben stehen Auszüge aus dem Buch *Grapefruit*. Verschiedene Artworks und ein Video zum *New York Woman*-Song werden begleitend dazu im CD-ROM-Teil veröffentlicht.

Unter dem Titel *Polish An Orange* werden mehrere Objekte – wie Schuhe, Haarbürste, Spiegel, angebrochener Baseballschläger, gedeckter Tisch – subsumiert, die alle mit roter Farbe, die wie zufällig verlaufen wirkt, bemalt sind. Sie deutet auf vergossenes Blut hin, den Saft, der Leben gibt und Leben nimmt. Dieser Multimedia-Arbeit stellt Yoko Ono folgende Aussagen voran: »The Family Album – The history of the Family of Man is the history of violence. We are all victims of its cruelty.« Zur Erklärung der blutbefleckten Alltagsgegenstände schreibt sie:

»One day, quite suddenly,
after so many years,
blood started to flow
out of the little
black mind box
I thought I had discarded.«[138]

Wie sehr Yoko Onos Musik in den Blickpunkt experimenteller und aufgeschlossener Musiker der jüngeren Generation gerückt ist, zeigte sich besonders bei verschiedenen Remix-Stükken. Künstler, die ähnlich arbeiten wollen wie Yoko Ono, mischen hier ihren Vorstellungen gemäß fünf Songs des *Rising*-Albums um: *Talking To The Universe* von Cibo Matto,

Yoko Ono vor ihrem überdimensionalen Po-Foto. »A Celebration of Being Human« ist das Motto des Kunstprojekts in Langenhagen bei Hannover im Jahr 1994. (Foto: Süddeutscher Verlag, München)

The Source von ABA Allstars (dahinter verbergen sich Adam Yauch und Mario Caldato Jr. von The Beastie Boys), *Ask The Dragen* von Ween, *Where Do We Go From Here* von Tricky und *Rising* von Thurston Moore. Das sechste Stück, *Franklin Summer,* produzierten Yoko Ono und IMA. Besonders die aus der Independent- und Hip-Hop-Szene stammenden Künstler beweisen mit ihrem Engagement, wie aktuell Yoko Onos musikalische Werke sind.

Viele Jahre lang wollte Yoko Ono in England, besonders in London, keine ihrer Arbeiten zeigen. Die Stachel der Ablehnung, die sie vor Jahren erfahren mußte, saßen noch tief. Aber ihre neuentflammte Leidenschaft für die plastische und skulpturelle Kunst brachte es mit sich, daß sie irgendwann ihre Arbeiten auch dort ausgestellt haben wollte. So zeigen die Riverside Studios in London im März und April 1990 vierundachtzig ältere und neuere Kunstwerke aus ihrem Repertoire.

Das Ausstellungsprojekt *Have You Seen The Horizon Lately?* – von Chrissie Iles konzipiert – öffnet der Künstlerin im Jahre 1998 endgültig das Tor zur internationalen Anerkennung ihrer Werke, Ideen und Konzepte. Eine erste breitangelegte Retrospektive im Museum of Modern Art in Oxford macht die Auseinandersetzung mit dem Gesamtwerk Yoko Onos zum ersten Mal möglich. Ausstellungstitel ist der geringfügig abgewandelte Name einer Tintezeichnung aus dem Jahre 1967. Es war auch der Titel, der für *Have You Seen A Horizon Lately* vom Album *Approximately Infinite Universe* aus dem Jahre 1973 benutzt worden war.

Speziell für die Münchner Präsentation ihrer Kunst im Jahr 1998 fertigte Yoko Ono ein das Museum Villa Stuck einbeziehendes Objekt, das sie *Painting To See A Room Through* nannte, an. Es erforderte eine ähnliche Sichtweise wie die älteren Arbeiten *Painting To Let The Evening Light Go Through* oder *Painting To See The Sky* (1961/66): Durch den vergoldeten Rahmen, in dem Franz Stucks Gemälde »Die Sünde« präsentiert wird, schaut das Publikum in einen anderen Raum mit dem weißen Schachspiel (*Play It By Trust*).

Diese Ausstellung fand außerordentlich positive Resonanz und stellte nun auch die Bedeutung von Yoko Ono als etablierter und anerkannter zeitgenössischer Künstlerin heraus. Brita Sachs schrieb in der FAZ über diese Retrospektive: »Am Schachspiel mit ausschließlich weißen Figuren hätte Duchamp seine Freude gehabt. Allein, auch die dadaistischen Funken

*Yoko Ono im Januar 1998. Im Londoner Museum of Modern Art
präsentiert sie ihre Ausstellung »Yoko Ono – Have You Seen The Horizon
Lately«.* (Foto: Süddeutscher Verlag, München)

sind nur Teilaspekte im Œuvre einer Mehrfachbegabung, die den musealen Rahmen sprengt, wenn auch in einem Nebenraum jedenfalls ihrer Popmusik aus jüngerer Zeit Gehör verschafft wird… An nahe stehenden, japanisch geschriebenen Instruktionen zum ›Bildermachen im Kopf‹, die es bei der Vorstellung vom Bild bewenden lassen, bewundert man die frühe Ankündigung von Konzeptkunst. 1965 begann Yoko Ono zu filmen – zu Zeiten also, bevor Videokameras leichten Zugang zum Medium ermöglichten, aber mit Vorgehensweisen, die ihm Wege wiesen.«[139]

Yoko Ono zeigt in dieser Ausstellung ihre Entwicklung von der *Event*-Künstlerin der sechziger Jahre über die Kreateurin von musikalischen Avantgarde- und Popwerken bis hin zur bildenden Künstlerin von größeren raumgreifenden Kunstwerken. Hier wird besonders deutlich, daß es in ihrem künstlerischen Wirken nie einen Stillstand gegeben hat. Ihr zeitweises künstlerisches Schweigen war nur eine gewollte Inszenierung für die Öffentlichkeit. Es hat nie wirklich stattgefunden. An dieser Stelle sei ein Zitat von Joseph Beuys in variierter Fassung wiedergegeben, das er einst für eine seiner Aktionen verwendet hatte: »Das Schweigen von Yoko Ono wird überbewertet«.[140]

Die Beuyssche Aussage richtet sich allgemein gegen den Geniekult und im besonderen gegen den geistigen Übervater Duchamp, der in einer Anwandlung impertinenter Selbstüberschätzung die Fluxus-Künstler gescholten hatte. Beuys: »Nebenbei hatte sich Duchamp gegenüber Fluxuskünstlern sehr negativ geäußert, indem er vorgab, sie bräuchten keine neuen Ideen, denn er hätte alles schon vorweggenommen. In diesen konkret auf Duchamp bezogenen Rahmen spielt auch die Interpretation des Schweigens hinein, wie sie von Ingmar Bergman in dessen gleichnamigen Film gesetzt worden ist. So gesehen enthält der Satz eine komplexe Assoziationsbreite. Man kann ihn natürlich auch als Rätsel belassen, da er zu viele verschiedene Impulse in sich vereinigt.«[141]

Architektonisch überdimensionierte Arbeiten stellen den umschließenden Rahmen der Ausstellung dar. Da wird zunächst das zuerst 1971 in Syracuse präsentierte Environment *AMAZE* gezeigt, ein Labyrinth aus Plexiglasscheiben, an dessen Ziel sich eine Toilette befindet. Der Endpunkt der Arbeit, die Toilette, wirkt wie ein Zitat von Duchamp, der mit dem Ready-made »Fontaine« ein Auffangbecken für menschliche Flüssigkeiten ebenfalls als Kunstwerk ausstellt. Die Wände des Toilettenareals bestehen aus Einwegspiegeln, die den Einsamkeitscharakter des menschlichen Lebensraumes, der nur über vielschichtige, lebenslange Reisen im metaphorischen Sinne zu erreichen ist, dokumentieren. Die jüngste Installation *Cleaning Peace (River Bed)* erfordert (wieder einmal) die unmittelbare Beteiligung der Ausstellungsbesucher. Die werden aufgefordert, aus einem künstlichen Flußbett Steine herauszunehmen und ihrer Stimmung gemäß in die Quadrate »Sorrow« oder »Joy« zu legen. Bevor die Besucher jedoch das Museumsgebäude betreten konnten, sollten sie die Möglichkeit wahrnehmen, an dem draußen aufgestellten *Wish Tree* einen selbstbeschrifteten Wunschzettel zu befestigen. Die Künstlerin spielt mit dieser Arbeit auf ein traditionell japanisches Ritual an, das sie selbst als Kind regelmäßig nutzte. Sie ging damals regelmäßig zum Tempel und schrieb dort einen Wunsch auf einen Zettel. Diesen band sie mit einem Knoten an den Zweig eines Baumes. Die Bäume in Tempelhöfen hätten immer voller Wunschzettel gehangen, die aus der Entfernung wie weiße Blüten gewirkt hätten. Der ursprünglich kahle Baum wird somit im Verlauf der Ausstellung mit weißen (Papier)Blüten vervollständigt. Yoko Ono: »All meine Arbeiten sind eine Form des Wünschens. Höre nicht auf zu wünschen, während du dich auf sie einläßt.«[142]

Mit der veränderten Haltung der Künstlerin oder einer plötzlichen besseren Einsicht kann die gewandelte Einstellung der Kunstkritiker zu ihren Werken nicht erklärt werden. Auch die Öffentlichkeit stellt sich heute ganz offen und positiv zu ihren

Werken. Es dauerte ganz einfach nur kurze dreißig Jahre, bis der japanischen Künstlerin Yoko Ono ein angemessener Platz in der modernen Kunstgeschichte zugewiesen werden konnte. Die Zeit dafür mußte erst einmal reifen.

Leben auf dünnem Eis – eine Gratwanderung zwischen Mut, Abenteurertum und Angst gelingt Yoko Ono. Sie hat es geschafft, nicht einzubrechen und im eisigen Wasser unterzugehen. Das Eis ist im Laufe der Zeit etwas dicker geworden und trägt sie mittlerweile gut.

Yoko Ono hat ihren Platz und einen Weg zu sich selbst gefunden. Ihre Kunst ist angekommen. Ihre lebenslang gezeigte unbeugsame Haltung bezog sie aus einem unerschütterlichen Glauben an menschliche Tugenden wie Freiheitsliebe und Gerechtigkeitsstreben. Dafür kämpfte sie in ihrer Kunst, dafür kämpfte sie in politischen Aktionen. Diese konsequente, aufrechte Haltung kommt aus dem ehrlichen Empfinden heraus, daß ein Mensch seine ganze Kraft für seine lohnenswerte Sache einzusetzen verpflichtet ist. So lebte Yoko Ono ihr Leben, egal wie dünn das Eis war.

»Bild zum Betrachten des Himmels
Mach zwei Löcher in eine Leinwand.
Häng sie dann so auf, daß du beim
Durchschauen den Himmel siehst.
(Häng sie an verschiedenen Stellen auf,
um festzustellen, ob es verschiedene Himmel gibt.)[143]

Anhang

DANK

Vieles gelingt nicht ohne andere Menschen. Erika räumte vieles aus dem Wege, was den Fortschritt beim Schreiben zu behindern drohte. Tanja inspirierte immer wieder durch ihre Neugierde und antreibenden Gespräche. Außerdem übersetzte sie einige Texte, was mir Zeit zum Schreiben gab.

Wenn Harald Justin nicht gewesen wäre, wäre wahrscheinlich nichts gewesen. Einen ganz besonderen Dank an ihn.

Sie alle standen mir hilfreich zur Seite: Inge Broska, Frauenmuseum, Bonn; Jo-Anne Birnie Danzker und Heinz Kieschke, Museum Villa Stuck, München; Uwe Husslein, Pop Dome, Köln; Zelluloid Verein für Kino- und Medienarbeit e. V., Essen; Radio Bremen 2, Bremen; Galerie und Edition Hundertmark, Köln; Kulturamt der Stadt Langenhagen.

Und zum Schluß: Dank an Ulrike Meiser für ihre Kritik und Beharrlichkeit und Zuspruch. Sie hat großen Anteil an dieser Arbeit.

DISKOGRAPHIE

Unfinished Music No. 1. Two Virgins (1968): Two Virgins Side One / Two Virgins Side Two. (Bonus Track auf CD: Remember Love) (Ryko RCD 10411)

Unfinished Music No. 2. Life With The Lions (1969): Cambridge 1969 / No Bed For Beatle John / Baby's Heartbeat / Two Minutes Silence / Radio Play. (Bonus Tracks auf CD: Song For John / Mulberry) (Ryko RCD 10412)

Wedding Album (1969): John & Yoko / Amsterdam. (Bonus Tracks auf CD: Who Has Seen The Wind? / Listen, The Snow Is Falling / Don't Worry Kyoko (Mummy's Only Looking For Her Hand In The Snow)) (Ryko RCD 10413)

Plastic Ono Band (1970): Why / Why Not / Greenfield Morning I Pushed An Empty Baby Carriage All Over The City / AOS / Touch Me / Paper Shoes. (Bonus Tracks auf CD: Open Your Box / »Something More Abstract« / The South Wind) (Ryko RCD 10414)

Fly (1971): Midsummer New York / Mindtrain / Mind Holes / Don't Worry Kyoko (Mummy's Only Looking For Her Hand In The Snow) / Mrs. Lennon / Hirake / Toilet Piece/Unknown / O'Wind (Body Is The Scar Of Your Mind) / Airmale / Don't Count The Waves / You / Fly / Telephone Piece. (Bonus Tracks auf CD: Between The Takes / Will You Touch Me) (Ryko RCD 10415/16)

Approximately Infinite Universe (1973): Yang Yang / Death Of Samantha / I Want My Love To Rest Tonight / What Did I Do! / Have You Seen A Horizon Lately / Approximately Infinite Universe / Peter The Dealer / Song For John / Catman (The Rosies Are Coming) / What A Bastard The World Is / Waiting For The Sunrise / I Felt Like Smashing My Face In A Clear Glass Window / Winter Song / Kite Song / What A Mess / Shiranakatta (I Didn't Know) / Air Talk / I Have A Woman Inside My Soul / Move On Fast / Now Or Never / Is

Winter Here To Stay? / Looking Over From My Hotel Window. (Bonus Tracks auf CD: Dogtown / She Gets Down On Her Knees) (Ryko RCD 10417/18)

Feeling The Space (1973): Growing Pain / Yellow Girl (Stand By For Life) / Coffin Car / Woman Of Salem / Run, Run, Run / If Only / A Thousand Times Yes / Straight Talk / Angry Young Woman / She Hits Back / Woman Power / Men, Men, Men. (Bonus Tracks auf CD: »I Learned To Stutter«/Coffin Car / Mildred, Mildred) (Ryko RCD 10419)

A Story (1974, Erstveröffentlichung1992): A Story / Loneliness / Will You Touch Me / Dogtown / Tomorrow May Never Come / Yes, I'm A Witch / She Gets Down On Her Knees / It Happened / Winter Friend / Heartburn Stew / Hard Times Are Over. (Bonus Tracks auf CD: Anatano Te / Your Hands / Extension / Now Or Never) (Ryko RCD 10420)

Season Of Glass (1981): Goodby Sadness / Mindweaver / Even When You're Far Away / Nobody Sees Me Like You Do / Turn Of The Wheel / Dogtown / Silver Horse / I Don't Know Why / Extension / No, No, No / Will You Touch Me / She Gets Down On Her Knees / Toyboat / Mother Of The Universe. (Bonus Tracks auf CD: Walking On Thin Ice / I Don't Know Why) (Ryko RCD 10421)

It's Alright (I See Rainbows) (1982): My Man / Never Say Goodbye / Spec Of Dust / Loneliness / Tomorrow May Never Come / It's Alright / Wake Up / Let The Tears Dry / Dream Love / I See Rainbows. (Bonus Tracks auf CD: Beautiful Boy / You're The One) (Ryko RCD 10422)

Starpeace (1986): Hell In Paradise / I Love All Of Me / Children Power / Rainbow Revelation / The King Of The Zoo / Remember Raven / Cape Clear / Sky People / You And I / It's Gonna Rain (Living On Tip-toe) / Starpeace / I Love You, Earth. (Bonus Track auf CD: Imagine) (Ryko RCD 10423)

Onobox (6-CD-Set; 1992): Disc 1 (London Jam): No Bed For Beatle John / Mind Holes / O'Wind (Body Is The Scar Of Your Mind) / Why / Why Not / Greenfield Morning I Pushed An Empty Baby Carriage All Over The City / Touch Me / Paper Shoes / Mind Train / Open Your Box / Toilet Piece/Unknown / Don't Worry, Kyoko / Telephone Piece / Midsummer New York / The Path / Don't Count The Waves / Head

Play (Medley Of You – Airmale – Fly) / Is Winter Here To Stay?; Disc 2 (New York Rock): Yang Yang / Death Of Samantha / What Did I Do / Approximately Infinite Universe / What A Bastard The World Is / Catman (The Rosies Are Coming) / I Want My Love To Rest Tonight / Shiranakatta (I Didn't Know) / Peter The Dealer / I Felt Like Smashing My Face In A Clear Glass Window / Winter Song / Kite Song / Now Or Never / What A Mess / I Have A Woman Inside My Soul / Move On Fast / Looking Over From My Hotel Window / Waiting For The Sunrise; Disc 3 (Run, Run, Run): Growing Pain / Yellow Girl (Stand By For Life) / Coffin Car / Warrior Woman / Woman Of Salem / Run, Run, Run / If Only / A Thousand Times Yes / Straight Talk / Angry Young Woman / Potbelly Rocker / She Hits Back / Men, Men, Men / Woman Power / It's Been Very Hard / Mildred, Mildred / Left Turn's The Right Turn; Disc 4 (Kiss, Kiss, Kiss): Walking On Thin Ice / Kiss, Kiss, Kiss / Give Me Something / I'm Moving On / Yes, I'm Your Angel / Beautiful Boys / Open Your Soul To Me / Every Man Has A Woman Who Loves Him / Hard Times Are Over / Don't Be Scared / Sleepless Night / O'Sanity / Your Hands / Let Me Count The Ways / Forgive Me, My Love / You're The One / There's No Goodbye / Have You Seen A Horizon Lately; Disc 5 (No, No. No): I Don't Know Why / Mindweaver / Even When You're Far Away / Nobody Sees Me Like You Do / Silver Horse / No, No, No / Toyboat / She Gets Down On Her Knees / Extension 33 / Never Say Goodbye / Spec Of Dust / My Man / It's Alright / Let The Tears Dry / Dream Love / Hell In Paradise / I Love You, Earth / In Cape Clear / Goodbye Sadness; Disc 6 (A Story): A Story / Loneliness / Will You Touch Me / Dogtown / It Happened / Tomorrow May Never Come / Winter Friend / Heartburn Stew / Yes, I'm A Witch / Yume O Moto / O'Oh / Namyohorengekyo / We're All Water / Joseijoi Banzai / Sisters O Sisters.

Walking On Thin Ice (1992, Compilation): Walking On Thin Ice / Even When You're Far Away / Kiss, Kiss, Kiss / Nobody Sees Me Like You Do / Yangyang / No, No, No / Death Of Samantha / Mindweaver / You're The One / Spec Of Dust / Midsummer New York / Don't Be Scared / Sleepless Night / Kite Song / She Gets Down On Her Knees / Give Me Something / Hell In Paradise / Woman Power / O'Oh. (Ryko RCD 20230)

258

A Chance Operation – The John Cage Tribute (1993): Darauf von Yoko Ono: Georgia Stone (Koch 3–7238–2 Y6 x2)

The Rolling Stones: *Rock And Roll Circus* (1995): Darauf von Yoko Ono: Whole Lotta Yoko (Abkco Records 1268–2)

Rising (1995): Warzone / Wouldnit / Ask The Dragon / New York Woman / Talking To The Universe / Turned The Corner / I'm Dying / Where Do We Go From Here / Kurushi / Will I / Rising / Goodbye, My Love / Revelations. (Capitol 8 35817 2)

Rising Mixes (1996): Talking To The Universe / The Source / Ask The Dragon / Where Do We Go From Here / Rising / Franklin Summer (mit CD-ROM-Track). (Capitol 8 37268 0)

FILME

Eyeblink	4'	1966
Number 1 (Fluxfilm No. 14)	5'	1966
Film No. 4 (Bottoms)	80'	1966
Film No. 5 (Smile)	51'	1968
Two Virgins	19'	1968
Rape	77'	1969
Bed-In	61'	1969
Up Your Legs Forever	70'	1970
Fly	25'	1970
Apotheosis	18'	1970
Freedom	1'	1970
Erection	20'	1971
The Museum Of Modern Art Show	7'	1971
Imagine	70'	1971
Ten for Two:		
Sisters, O Sisters	4' (Ausschnitt)	1972
Woman	3' (Videoclip)	1981
Walking On Thin Ice	6' (Videoclip)	1981
Goodbye Sadness	2' (Videoclip)	1982

AUSSTELLUNGEN

Eine Auswahl

Paintings and Drawings	AG Gallery, New York	1961
Evening with Yoko Ono	Sogetsu Art Centre, Tokio	1962
Destruction In Arts Symposium	Africa Centre, London	1966
One Woman Show	Indica Gallery, London	1966
Half-A-Wind Show	Lisson Gallery, London	1967
This Is Not Here	Everson Museum, Syracuse	1971
Objects, Films	Whitney Museum of American Art, New York	1989
	Cranbrook Academy of Art Museum, Detroit	1989
Fumle	Sogetsu Museum, Tokio	1990
En Trance	Randers Kunstmuseum, Randers/Dänemark	1990
Insound/Instructure	Henie Onstad Arts Centre, Høvikodden, Norwegen	1990
	Porin Taidemuseo, Finnland	
	Reykjavik Municipal Art Museum, Kjarvalsstadir, Island	1991
Film Retrospektive	Public Theatre New York City	1991
Endangered Species: 2319–2322	Galerie Mary Boone, New York	1992
Color, Fly, Spy	Roskilde/Dänemark	1993
	Stiftung Starke, Berlin	1993
	Frauenmuseum, Bonn	1993
Half Full/Half Empty	Santa Barbara Contemporary Arts Forum	1993
	Centro di Arte Contemporanea, Trient	1995

BÜCHER

Ono, Yoko: *Grapefruit.* Wunternaum Press, Tokio, Bellport/NY 1964; Owen, London 1970; Simon and Schuster, New York 1970; Bärmeier & Nikel, Frankfurt am Main 1970; St. Martin's Press, New York 1995.

ders.: *Aspen 7: British box in 15 sections,* Roaring Fork Press. New York 1968 (herausgegeben von Mario Amaya: Objekte verschiedener Künstler).

ders.: *Objects, Films,* Whitney Museum Of American Art. New York 1989.

ders.: *In Facing,* Riverside Studios. London 1990.

ders.: *Homage To Nora. Stage-Setting From Ibsen's »A Doll's House«,* Grøndahl og Dreyers Forlag A/S, Oslo 1992.

ders.: *Instruction Paintings,* Weatherhill, New York 1995.

QUELLENNACHWEISE

1 Yoko Ono: *Grapefruit,* Bärmeier & Nikel, Frankfurt a. M. 1970.

2 Zitiert nach dem Booklet zur CD *Walking on thin ice* (Ryko RCD 20230).

3 Zitiert nach dem in der Ausstellung *Have You Seen The Horizon Lately?,* München, Museum Villa Stuck, 18. Juni – 20. September 1998, verteilten Flyer.

4 Zitiert nach den Bildbeschreibungen in der Ausstellung *Have You Seen The Horizon Lately?* a.a.O.

5 Frederic Seaman: *John Lennon – Geborgte Zeit,* Vgs, Köln 1991.

6 Alan Posner: *John Lennon,* Rororo-Bildmonographien, Rowohlt, Hamburg 1987.

7 *Yoko Ono – Damals und heute.* Fernsehfeature, produziert, geschrieben und erzählt von Barbara Graustark, Sekhmet Production/Polygram Music Video, 1984.

8 Zitiert nach Anthony Fawcett: *John Lennon,* Bastei Lübbe, Bergisch-Gladbach 1978.

9 Zitiert nach den Bildbeschreibungen in der Ausstellung *Have You Seen The Horizon Lately?* a.a.O.

10 vgl. Anmerkung 9.

11 Begleittext zur CD Yoko Ono/IMA: *Rising* (Capitol 35817 2).

12 *Rising,* a.a.O.

13 *Rising,* a.a.O.

14 Albert Goldman: *John Lennon – Ein Leben,* Rowohlt, Reinbek bei Hamburg 1989.

15 Jonathan Cott: *Yoko Ono und ihre 16-Spur-Stimme,* in: Jonathan Cott/Christine Doudna: *Die Ballade von John & Yoko,* Knaur, München 1984.

16 Zitiert nach Fawcett, a.a.O.

17 *Approximately Infinite Universe* (Ryko RCD 10417/18).

18 James Woodall: *Paare – John Lennon Yoko Ono,* Rowohlt Berlin, Reinbek bei Hamburg 1997.

19 Marcel Duchamp: *Der kreative Akt,* Edition Nautilus, Hamburg 1998.

20 Hans Beltin: *Das Ende der Kunstgeschichte. Eine Revision nach zehn Jahren,* C. H. Beck, München 1995.

21 Robert Palmer: *On Thin Ice.* Begleittext zu *Onobox* (Ryko RCD 10224/29).

22 Michael Rumaker: *The Butterfly,* Charles Scribner's Sons, New York 1962.

23 Interview von Mark Webber mit La Monte Young, in: *The Wire,* Ausgabe 178, Dezember 1998.

24 Palmer, a.a.O.

25 Jon Hendricks: *Fluxus aufdecken – Fluxus entdecken,* in: Thomas Kellein: *Fluxus,* Katalogbuch zur Ausstellung in der Kunsthalle Basel, 21. 8.–31. 10. 1994.

26 Zitiert nach *Mr. Fluxus.* Ein Gemeinschaftsporträt von George Maciunas 1931–1978, Harlekin Art, Wiesbaden 1996.

27 Ina Conzen: *Art Games. Die Schachteln der Fluxuskünstler,* Sohm Dossier 1, Oktagon Verlag, Köln 1997.

28 Conzen, a.a.O.

29 Text von Jo-Anne Birnie Danzker im Katalog zur Ausstellung *Yoko Ono – Have You Seen The Horizon Lately?* a.a.O.

30 Interview von Barbara Graustark mit Yoko Ono, in: *Rolling Stone,* (Deutsche Ausgabe) Nr. 1/Dezember 1981.

31 Goldman, a.a.O.

32 Alan Watts: *Vom Geist des Zen,* Suhrkamp, Frankfurt a. M. 1986.

33 Watts, a.a.O.

34 Watts, a.a.O.

35 Watts, a.a.O.

36 *Grapefruit,* a.a.O.

37 Zitiert nach Ausstellungskatalog *Have You Seen The Horizon Lately?* a.a.O.

38 *Grapefruit,* a.a.O.

39 *Grapefruit,* a.a.O.

40 *Grapefruit,* a.a.O.

41 Zitiert nach Begleitheft zur CD-Compilation *Walking On Thin Ice* (Ryko RCD 20230).

42 Woodall, a.a.O.

43 Birgit Sonna: *Der Traumbaum und die Erkenntnis. Yoko Ono in München: Ein Gespräch mit einem scheuen Drachen,* Süddeutsche Zeitung, 18. 06. 1998.

44 *Rolling Stone Nr. 1/1981,* a.a.O.

45 Interview von Dany Jucaud in der Fernsehzeitschrift *Hör zu,* 1985.

46 John Robertson: *Lennon 1940–1980. Eine Reise durch John Lennons Leben in Worten und Bildern,* Edition Olms, Zürich 1996.

47 *Lennon über Lennon: Leben in Amerika,* Rowohlt, Hamburg 1981.

48 *Have You Seen The Horizon Lately?,* a.a.O.

49 *Mr. Fluxus,* a.a.O.

50 Zitiert nach *Mr. Fluxus,* a.a.O.

51 *Grapefruit,* a.a.O.

52 Justin Hoffmann: *Destruktionskunst. Der Mythos der Zerstörung in der Kunst der frühen sechziger Jahre,* Verlag Silke Schreiber, München 1995.

53 Eugen Herrigel: *Der Zen-Weg,* Barth Verlag, München 1990.

54 Interview in SPEX, Nr. 6, Juni 1996.

55 Kristine Stiles: *Unverfälschte Freude: Internationale Kunstaktionen,* in: *Out Of Actions. Aktionismus, Body Art & Performance 1949–1979,* Cantz, Ostfildern 1998

56 *Lennon über Lennon: Leben in Amerika,* a.a.O.

57 Kölnischer Kunstverein (Hg.): *happening & fluxus,* Katalog, Köln 1970.

58 I.M.A.G.E. im Zelluloid (Hg.): *Die Filme von Yoko Ono.* Redaktion: Frank Schramm, Wolfgang Tietze, Elke Toubartz. Retrospektive vom Februar bis Juli 1997 in Köln, Hamburg, München, Stuttgart, Leipzig, Münster, Berlin.

59 Zitiert nach Posener, a.a.O.

60 Zitiert nach Ausstellungskatalog *Have You Seen The Horizon Lately?,* a.a.O.

61 Interview in SPEX, Nr. 6, Juni 1996

62 Amos Vogel: *Kino wider die Tabus,* Bucher, Luzern 1979.

63 *Sweet Toronto.* Ein Film von Don A. Pennebaker, 1969. Die Filmdokumentation des Konzertes enthält neben dem Auftritt der *Plastic Ono Band* bewegte Bilder von *Chuck Berry, Little Richard, Jerry Lee Lewis, Bo Diddley.*

64 Katalog: *John Lennon – Zeichnungen, Performance, Film,* Verlag Cantz, Ostfildern 1995 (zur Ausstellung in der Bremer Kunsthalle, Mai – August 1995).

65 *Lennon über Lennon: Leben in Amerika,* a.a.O.

66 Ray Coleman: *John W. Lennon,* Droemer Knaur, München 1985.

67 Woodall, a.a.O.

68 *Lennon über Lennon: Leben in Amerika,* a.a.O.

69 *Lennon über Lennon: Leben in Amerika,* a.a.O.

70 John Lennon: *Zwei Jungfrauen oder Wahnsinnig in Dänemark,* Pendragon, Bielefeld 1993.

71 Lennon, *Zwei Jungfrauen oder Wahnsinnig in Dänemark,* a.a.O.

72 Zitiert nach Ausstellungskatalog *Have You Seen The Horizon Lately?,* a.a.O.

73 Zitiert nach Woodall, a.a.O.

74 Miles (Hg.): *John Lennon – In eigenen Worten,* Palmyra, Heidelberg 1996.

75 John A. Walker: *Cross-Overs. Art Into Pop – Pop Into Art,* Comedia/Methuen, London, 1987.

76 *Lennon über Lennon: Abschied von den Beatles,* a.a.O.

77 Woodall, a.a.O.

78 Rober Palmer: *Die andere Hälfte des Himmels: Die Songs von Yoko Ono,* in: Jonathan Cott/Christine Doudna (Hg.): *Die Ballade von John & Yoko,* a.a.O.

79 Zitiert nach dem Begleitheft zur CD-Compilation *Walking On Thin Ice* (Ryko RCD 20230).

80 Hans Scheugl/Ernst Schmidt jr.: *Eine Subgeschichte des Films,* in: Lexikon des Avantgarde-, Experimental- und Undergroundfilms, 1. Band, Suhrkamp, Frankfurt a. M. 1974.

81 *John Lennon – In eigenen Worten,* a.a.O.

82 *Lennon über Lennon: Abschied von den Beatles,* a.a.O.

83 *John Lennon – In eigenen Worten,* a.a.O.

84 Yoko Ono in der Live-Sendung von Radio Bremen: *Eine Nacht für John Lennon – Kunsthalle Bremen,* 20. 05. 1995, RB 2 + 4.

85 Zitiert nach dem in der Ausstellung verteilten Merkblatt.

86 Interview mit Yoko Ono von Rüdiger Suchsland: *Regt Ihre Kunst noch jemanden auf?,* Junge Welt, Berlin 27./28. 06. 1998.

87 Robertson: *Lennon 1940–1980,* a.a.O.

88 J. Hoberman: *Die Filme von John und Yoko,* in: Cott/Doudna, a.a.O.

89 Peter Hajek: *Overexposed,* Twen, 1969.

90 Peter Hajek: *Overexposed,* a.a.O.

91 I.M.A.G.E. im Zelluloid, a.a.O.

92 John A. Walker: *Cross-Overs. Art Into Pop – Pop Into Art,* a.a.O.

93 John Robertson: *The Art & Music Of John Lennon,* Omnibus Press, London/New York/Sidney 1990.

94 *Lennon über Lennon: Abschied von den Beatles,* a.a.O.

95 *The Ballad Of John And Yoko.* Text und Musik: John Lennon / Paul McCartney, 1969

96 *Lennon über Lennon: Leben in Amerika,* a.a.O.

97 Palmer: *On Thin Ice,* a.a.O.

98 *The Ballad Of John And Yoko,* a.a.O.

99 *Lennon über Lennon: Abschied von den Beatles,* a.a.O.

100 *Lennon über Lennon: Abschied von den Beatles,* a.a.O.

101 *Water Event* (1971) von Yoko Ono

102 Zitiert nach Ausstellungskatalog *Have You Seen The Horizon Lately?,* Museum Of Modern Art, Oxford, 23. 11. 1997 bis 15. 03. 1998.

103 Zitiert nach: vgl. Anmerkung 96.

104 Pierre Cabanne: *Duchamp & Co,* Finest SA/Editions Pierre Terrail, Paris 1997.

105 Yoko Ono: *Insound/Instructure,* Katalog zu den Ausstellungen 1990–1991 in Norwegen, Finnland, Island, The Sonia Henie and Niels Onstad Foundation.

106 Woodall, a.a.O.

107 *Mr. Fluxus,* a.a.O.

108 Ina Conzen: *Art Games. Die Schachteln der Fluxuskünstler,* Sohm Dossier 1, Oktagon Verlag, Köln 1997.

109 Hoffmann, a.a.O.

110 Coleman, a.a.O.

111 *Lennon über Lennon: Leben in Amerika,* a.a.O.

112 *Spex* Nr. 6, Juni 1996.

113 Yoko Ono: *Die Feminisierung der Gesellschaft.* Zitiert nach dem Covertext der Doppel-CD *Approximately Infinite Universe* (Ryko RCD 10417).

114 David Burchill: *The Beatles – The Legends,* New York 1974.

115 *Lennon über Lennon: Leben in Amerika,* a.a.O.

116 Christine Metzger: *Ostküste USA,* BW Verlag, Nürnberg 1993.

117 May Pang/Henry Edwards: *Geliebter John. Bewegte Jahre mit John Lennon,* Heyne, München 1984.

118 Coleman, a.a.O.

119 Zitiert nach Woodall, a.a.O.

120 Zitiert nach dem Textheft zu *Ono Box* (Ryko RCD 10224/29).

121 Zitiert aus den liner notes zu Disc 3 der *Ono Box,* a.a.O.

122 Zitiert aus den liner notes zu Disc 6 der *Ono Box,* a.a.O.

123 May Pang, a.a.O.

124 May Pang, a.a.O.

125 *John Lennon – In eigenen Worten,* a.a.O.

126 Barbara Graustark: Interview, a.a.O.

127 Zitiert nach Ray Coleman, a.a.O.

128 Goldman, a.a.O.

129 Umfangreiche Informationen über Mark Chapman und seine Tat finden sich in: Jon Wiener: *Come Together. John Lennon In His Time.* Faber and Faber, London 1985 und in: Jack Jones: *Ich bin der Fänger im Roggen – Der Mann, der John Lennon erschoß,* Goldmann, München 1993.

130 Zitiert nach John Robertson: *Lennon 1940–1980,* a.a.O.

131 Barbara Graustark: Interview, a.a.O.

132 Zitiert nach Coleman, a.a.O. Der englische Originaltext ist als Fotokopie in John Robertsons Buch *Lennon 1940–1980,* a.a.O., abgedruckt.

133 Zitiert nach Jack Jones, a.a.O.

134 Zitiert nach Robertson, *Lennon 1940–1980,* a.a.O.

135 Interview in: *Der Spiegel,* Nr. 11/1986.

136 Zitiert nach *Peacemother of the Year: 1987,* in: *Instant Karma!,* Ausgabe 32, Sommer 1987.

137 Yoko Ono: *Insound / Instructure,* Ausstellungskatalog, The Sonia Henie and Niels Onstad Foundation, Høvikodden 1990.

138 Zitiert nach *Rising Mixes* (Capitol 83 7286 2).

139 Brita Sachs: *Die bessere Hälfte,* Frankfurter Allgemeine Zeitung, 18. August 1998.

140 Bei Joseph Beuys stand anstelle von »Yoko Ono« der Name »Marcel Duchamp« (11. 11. 1964, Düsseldorf).

141 Zitiert nach Götz Adriani/Winfried Konnertz/Karin Thomas: *Joseph Beuys Leben und Werk,* DuMont, Köln 1981.

142 Zitiert nach Ausstellungskatalog *Have You Seen The Horizon Lately?,* a.a.O.

143 *Grapefruit,* a.a.O.

REGISTER

Annette Seemann

»Ich bin eine befreite Frau«
Peggy Guggenheim

304 Seiten, 20 Abbildungen

TB 26512-1

Originalausgabe

»Ich habe schon immer getan, was ich wollte. Women's lib? Ich war schon eine befreite Frau, bevor es den Namen überhaupt gab.« Die stets gelangweilte Amerikanerin aus reichem Hause, Venedigs letzte Dogeressa, war immer auf der Suche nach dem Funkeln in ihrem Leben. Alle zerrissen sich die Mäuler über sie: Und allen hat sie es gezeigt, die unverbesserliche, kunstwütige, zugleich schüchtern und provokant wirkende Peggy Guggenheim.

Ein unglückliches Kind, aber eine reiche Erbin, ihre legendäre Kunstsammlung machte sie zu einer der bedeutendsten Frauen ihrer Zeit.

Jochen Schmidt
Tanzen gegen die Angst
240 Seiten, 20 Abbildungen
TB 26513-X
Originalausgabe

Pina Bausch ist die wichtigste Tänzerin und Choreographin dieses Jahrhunderts. Ihr Tanztheater erlangte Weltgeltung, weit über Wuppertal hinaus.

Ihre revolutionären Inszenierungen haben das Publikum in höchstes Erstaunen versetzt: Sie lockte alle an – die begeisterten Fans, die skeptischen Kritiker und das entsetzte Establishment. Alle wollten ihr huldigen, auf ihre Art.

Das einstige Genie der Essener Folkwang-Schule hatte es geschafft: In zehn Jahren konnte sie alles niederreißen, was bis dato für das Tanztheater galt. Es gab kein Ensemble, das sich nicht an ihrer Kunst orientiert hätte. Sie definierte das Genre völlig neu. Und Grenzen zu überschreiten, das ist ihr großes Ziel – noch heute.

Katharina Zilkowski
»Le style c'est moi!«
Coco Chanel
288 Seiten, 20 Abbildungen
Originalausgabe
TB 26563-6

Modegöttin, Spionon und Vamp. Sie ist die Ikone der Modewelt. Ohne sie wäre der Ruhm der französischen Couturiers undenkbar. Sie kam vo ganz unten, war aber mit 21 schon eine Diva – ganz oben im Olymp der Mode.

Coco Chanel (1883 – 1971) schöpfte keine Mode, sondern kreierte Stil: Ihr unnachahmliches Kostüm verwandelt die brave Sissi in die betörende Romy Schneider, und aus Grace Kelly wird erst durch Chanel eine wirkliche Fürstin.

Mit Fleiß und Besessenheit, aber auch mit Lüge und Gerissenheit hat sie aus sich eine unsterbliche Legende der Mode geschaffen.

Unterwürfige Frauen sind fad, freche sind gefragt – lautete damals schon ihre aufmüpfig trotzige Botschaft. Aber Mademoiselle bleibt stets im Hintergrund, der Glorie wegen, »denn Herzöge gibt es viele in England, aber auf der Welt nur eine Coco Chanel«.